한국인의 근대 국가관, '민주공화국' 재고

식민지시기 국가의 이중성과 민족문제의 상관관계를 중심으로

이 저서는 2013년도 대한민국 교육부와 한국학중앙연구원(한국학진흥사업단)의 창의연구지원 시범사업 지원을 받아 수행된 연구임(AKS-2013-ORS-1120005).

한국인의 근대 국가관, '민주공화국' 재고

식민지시기 국가의 이중성과 민족문제의 상관관계를 중심으로

초판 1쇄 발행 2017년 4월 25일

지은이 ㅣ 전상숙
펴낸이 ㅣ 윤관백
펴낸곳 ㅣ 도서출판 선인

등록 ㅣ 제5-77호(1998.11.4)
주소 ㅣ 서울시 마포구 마포대로 4다길 4 곳마루 B/D 1층
전화 ㅣ 02)718-6252 / 6257   팩스 ㅣ 02)718-6253
E-mail ㅣ sunin72@chol.com
Homepage ㅣ www.suninbook.com

정가 27,000원
ISBN 979-11-6068-085-0 93900

· 잘못된 책은 바꿔 드립니다.

한국인의 근대 국가관, '민주공화국' 재고

식민지시기 국가의 이중성과 민족문제의 상관관계를 중심으로

전상숙 지음

차례

I. 서론

1. 문제의식과 연구 목적

이 글은 교과서문제로 표출되었던 한국사회의 역사문제와 이념갈등의 기저에 개항 이후 시작된 근대적인 국가적 개혁의 노력이, 일본의 '병합(倂合)'으로 인하여 단절되고 식민치하에서 정치적으로 활용되는 한편 해방 이후에도 냉전과 분단이라는 현실 정치의 구조적 제약 속에서 추진됨으로써 한국 사회의 '근대 국가관'과 민족문제 인식이 다의적이고 불명확하게 노정되어왔다는 문제의식에 입각하고 있다.

현대 한국 사회에서, 근대적인 지향과 전근대적인 관습이 착종되어 변화되고 있던 상황에서 국가 주권이 상실되었던 식민지시기는, 정치사회적으로는 물론이고 학문적으로도 상대적으로 소외된 채 한 · 일 간의 역사갈등과 우리 사회 이념갈등의 기원으로 자리하고 있다. 식민지화 이전 곧 국가가 존재했던 개항 전후 시기와 해방 이후 시기를 대상으로 하여 전근대의 전통과 근(현)대의 한국 사회와 국가를 비교하거나 양 시기를 대칭적인 관점에서 한국 사회와 국가의 연속과 변용이 논의되기도 한다. 그렇지만 그러한 논의에서 국가 주권이 부재했던 식민지시기는 논의의 대상이 되지 못하고 생략되곤 하였다. 개항 이후 일본의 한국 '병합(倂合)' 이전 구한말시기도 자주적 근대화의 노력이 시작된 특수한 또는 주목해야 할 시기로써 그 전후 시기와의 연속과 변용의 관점에서 논의되면서도 일본의 병합으로 단절되고 만 '비극의 역사'로 정리되고 있는 것이 현실이다. 한국사에서 식민지시기는 식민지시기에 국한해서 논하거나 연구할 때만 한국인의 역사

속에서 재현되는 한국근(현)대사에서 섬과도 같이 존재하고 있다고 해도 과언이 아니라고 생각한다.

그러나 국가 주권을 박탈당했던 식민지시기는 구한말과 해방 이후 대한민국 현대 곧 한국의 근대와 전근대의 역사적 과정에 위치하며 자주적 근대화의 노력이 타율적으로 단절된 가운데 수동적 또는 타율적으로 진행될 수밖에 없었던 한국 사회의 근대화가 전개된 시기였고 식민지 '조선(朝鮮)'1) 은 그 시기를 살아낸 한국인의 생활공간이었다. 다시 말해서 식민지시기는 현대 한국인과 한국사회의 전사(前史)이자 개항 이후 전개된 한국인의 자주적 근대화의 노력이 '식민지적'으로 변용되고 변용될 수밖에 없었던 그래서 해방 이후 한국사회에 그 그림자를 드리우고 있는 현재의 연속성 속에서 존재한다는 것이다.

일본의 한국 '병합'은, 한국병합안을 작성한 일본 외무성 정무국장 구라치(倉知鐵吉)의 술회를 통해서 알 수 있는 바와 같이, 단순히 식민지화한 것이 아니었다. 일본의 '병합'은 "한국이 완전히 폐멸(廢滅)하여 제국(帝國) 영토의 일부가 된다는 의미를 분명히" 하고자 당시 사용되지 않던 새로운 용어를 찾아내 활용한 것이었다.2) 병합 직후 일본이 조선지배정책의 기본 이념으로 '일시동인(一視同人)'을 표방하며 이른바 동화주의(同化主義) 정책을 실시한 것은 일본 제국주의의 그와 같은 민족말살 의도를 가지고 이루어진 것이었다. 개항 이후 자주적 근대화를 추구했던 한국 사회의 모든 노력을 부정하고 한국인을 일본인화하고 한반도를 일본 '국가'화 하고자 한

---

1) 현대 한국인의 국가관을 재고하기 위하여 한국인의 근대적인 국가인식과 국가관을 역사적으로 고찰하는 이 글에서는 기본적으로 한국과 한국인이라는 용어를 사용한다. 식민지시기의 경우에는 일본에 '병합'된 이후 '일본제국'의 한 지역명으로써 '조선'이 사용되었던 용례에 따라 일본제국주의와 관계되는 경우 '조선'이라고 하였다. 또한 기본적으로 일본과 조선총독부라는 용어를 사용하며, '조선'과 관련한 제국주의 지배정책이나 그와 연계되어 일본과 조선총독부 양자를 지칭할 때 '일제'라는 용어를 사용하였다.

2) 倉知鐵吉(1939), 『倉知鐵吉氏述韓國併合ノ經緯』, 外務省調査部第四課, pp.11~12.

것이었다. 다시 말해서 일본의 한국 '병합'과 일시동인의 식민지배정책은 한국의 일본 국가화(일본 국가의 한 지역으로의 포섭)을 목적으로 한 것이었다.

1910년대 일시동인으로부터 1920년대의 내지연장주의(內地延長主義), 1930년대의 내선융화(內鮮融和)에서 내선일체(內鮮一體)에 이르기까지 일본은 한국인들에게 일본의 국가와 국민 의식을 수용하라고 직접적으로 강제하고 그 강제를 강화해갔다. 그러므로 일본 제국주의 지배 아래 항일 독립운동은, 단순히 빼앗긴 국권을 회복하기 위한 것이 아니라 병합으로 단절된 국가 주권을 회복하여 자주적인 근대 국가의 주권을 확립하고 근대적인 국가체제를 정립하기 위한 것이었다.

그러한 항일독립운동의 근대 국가 건설 구상은 일본의 식민지배하에서 러시아혁명 이후 전개된 세계 사조의 영향을 받으며 자유주의적 근대 국가 건설 구상과 공산주의적 근대 국가 건설 구상으로 크게 양분되어 전개되었다. 그런데, 항일독립운동 선상에서 자유주의와 공산주의로 이념적으로 분화된 독립 국가 구상은 일본의 군국주의화와 함께 전개된 조선식민지배정책의 대내외적인 필요에 의해서 강화되어갔던 일본 제국주의의 자본주의적 친일 세력 회유정책과 반공정책(反共政策)으로부터 자유로울 수 없었다.

그리하여 일본 제국주의의 자본주의적 친일 세력 회유정책과 이해를 같이 한 한인 세력과, 그에 대한 저항과 비판을 반제국주의·공산주의에 의거하여 전개한 한인 세력 간의 반목이, 일본 제국주의 지배 아래 항일민족독립운동 선상의 이념적 분화와 맞물리며 전개되었다. 그리고 이는 일본 제국주의 지배로부터 한민족이 해방을 맞이하게 한 제2차 세계대전의 종전 이후 국제적 냉전 및 국내적 분단 상황과 맞물려 해방 이후 한국 사회의 이념적 반목 및 갈등 현상과 연계되었다. 그 결과 현대 한국 사회의 이념적 갈등은 일본 제국주의 지배 아래 친일과 항일, 미군정기의 친미, 그리고 반공으로부터 자유로울 수 없는 식민지 유산의 일부로써 오늘 우리 사회에

투영되게 되었다.[3]

이러한 현상은 오늘날 한국 사회 갈등의 중요한 요인의 하나로써 교과서 문제를 비롯한 이념갈등이, 친일진상규명위원회를 통해서 드러난 바와 같이, 식민지시기의 경제적 성장과 해방 이후 국가 발전에 중요한 역할을 한 정치가 또는 정치세력의 일본 제국주의 지배 시기 행적과 직결된 형태로 전개되는 것으로 상징된다고 할 수 있다. 그러므로 근현대 한국 사회의 연속적인 관점에서 역사문제와 이념갈등의 정치사회적 뿌리를 고찰하여 그 갈등의 연원과 구조를 밝혀 이해하고 그 이념갈등의 해소를 위한 방안을 현실적으로 모색하는 것이 긴요하게 요구된다.

개항 이후 국가적 차원에서 추진되던 근대적 개혁을 단절시킨 일본의 한국 '병합'은 열강의 일원이 되고자 했던 일본이 섬나라의 지리적인 한계와 과잉 인구 문제를 해결하기 위한 것이었다. 일본은 섬나라의 한계를 한반도의 병합을 통해서 '대륙국가'가 됨으로써 해결하고자 하였다. 병합은 그 목적을 달성하는 첫 걸음이자 초석이 되는 것으로써 한반도, 한국의 일본국가화를 목표로 한 것이었다.[4] 때문에 일본은 일시동인(一視同人)이라는 미명 아래 일본 국가의 근대적 성장 경로에 조응하는 일본 '국가'에 대한 인식을 조선인들에게 수용하도록 강조·강제하였다. 일본 제국주의의 일시동인의 동화주의 조선지배정책은 그와 같은 목적을 내재한 상징적인 것이었다.

이러한 일본의 식민지배에 대항하여 조선인들은 민족적 저항의지를 결집해 저항하며 독립된 근대 국가를 건설하고자 하였다. 그러므로 국가 주권을 상실했던 일본 제국주의 식민지배 시기 '국가'라는 용어는, 그 사용되는 맥락에 따라서 현실의 한국 국가 주권을 강탈해 장악하고 있는 국제법

---

3) 이에 대하여는 전상숙(2011), "친미와 반미의 이념갈등 : '반미'를 통해 본 이념갈등의 역사적 기원과 구조", 『동양정치사상사』 10-1 참조.

4) 전상숙(2012), 『조선총독정치연구 : 조선총독의 '상대적 자율성'과 일본의 한국지배정책 특질』, 지식산업사, p.252.

상의 국가 일본을 칭하기도 하고 그 치하에서 조선인들이 염원하는 독립된 한민족의 국가 또는 한민족이 지향하는 독립된 근대 국가를 지칭하기도 하는 상반된 의미의 이중성을 갖는 것이었다.

'병합'으로 국권을 상실하게 되면서 국제관계에서 대한제국은 소멸하고 '국가'라는 용어는 대외적 공식적으로는 식민지 모국을 의미하는 국가, 일본, '대일본제국(帝國)'을 의미하게 되었다. 그와 동시에 식민지 한국인들에게 국가는 항일민족독립운동을 통해서 국권을 회복하고 정립해야 할 한(韓)민족의 근대 국가를 지향하고 의미하는 것이 되었다. 그 결과 식민지시기 '국가'라는 용어는 한국인들에게 공식적인 용도와 비공식 또는 사적인 용도에 따라서 의미하는 바와 지향이 다르게 사용되었다. 그에 따라 국가라는 용어를 사용하는 사용자의 의도에 따라서도 분명하게 드러나지 않기도 하는 모호한 이중성을 내포하게 되었다.

이러한 국가라는 용어가 칭하는 대상과 의미의 이중성은, 중일전쟁 이후 내선일체(內鮮一體)를 표방하며 일본이 한국인에 대하여 일본제국의 국가의식을 더욱 강하게 강요하면서 극대화되었다. 또한 한편에서 조선인들이 생존을 위하여 현실적이고 절충적인 방안을 모색하기도 하면서 그에 비판적인 비타협적인 민족적 저항 의지와 대립하게 되어, 지배와 피지배의 한일 민족 간의 민족문제와 더불어 조선 민족 내부의 민족적 갈등과도 착종되었다.5) 식민지시기 국가라는 용어가 갖는 모호한 이중성은 식민모국 '일본제국'의 식민지배에 대한 관점이나 태도와 직결된 민족문제에 대한 인식

---

5) 만주사변 이후 중일전쟁을 거치며 격화된 일본의 내선일체 시책은 식민지 국가의 중의성조차 허용하지 않는 단일한 일본 국가와 국민 의식을 강제하였다. 이는 1925년 치안유지법 실시 이후 항일 운동가들에게 정책적으로 시행했던 '전향'의 내용이 강화돼간 것을 통해서 드러나는 바와 같다. 그러한 시책의 변화와 함께 식민지 조선인과 일본인 간에는 물론 조선인 간의 민족문제 또한 분화 갈등적으로 되었다. 구체적인 내용에 대해서는 전상숙(2005), "일제 파시즘기 사상통제정책과 전향", 『한국정치학회보』 39-3, pp.195~212 참조.

과 불가분의 관계를 갖는 것이었다.

  개항 이후 발아되기 시작한 한국의 근대 국가에 대한 인식은 병합 이후 일본 제국주의의 식민지배에 대한 민족의식의 각성 및 이후 일본 제국주의에 대한 문제의식과 입장 또는 태도에 따라서 각기 다르게 구체화되며 내면화되기 시작했다고 할 수 있다. 그러므로 병합 이전 발아되기 시작한 근대 국가에 대한 인식이 구체적으로 내면화되기 시작한 식민지시기 '국가'라는 용어와 관념이 갖는 이중성은 민족문제와의 상관관계 속에서 고찰될 필요가 있다. 그 필요는 그와 같이 중층적으로 착종된 '국가' 인식의 이중성과 '민족문제' 인식의 이중성이, 독립의 방법과 가능성에 대한 인식과 직결되어 독립 이후 수립하고자 한 근대 국가관의 분열, 대립으로 연계되었다는 점에서도 유의미하다.

  이와 같이 자주적인 근대적 개혁을 좌절시킨 일본의 한국 병합은, 한국인이 근대적인 국가관을 형성하기 시작하는 단계에서 이루어짐으로써, 일본 국가관의 이식을 강제하는 조선식민지배정책과 이에 대항하는 조선인의 민족의식 및 독립 이후의 근대국가관이 현실적으로 상호 작용하며 착종되는 결과를 낳았다. 그리하여 조선인들은 항일 독립운동 과정에서 분화된 민족문제 인식과 그와 결부되어 형성, 분화된 독립 이후 근대국가관을 가지고 종전과 해방을 맞이하게 되었다. 이러한 분화된 민족문제 인식과 근대국가관은 해방 이후에도 세계사적인 냉전과 민족적 분단이라는 정치적 현실의 제약과 맞물려 결과적으로 그 해소를 위한 통합적인 모색이 제한됨으로써 해소되지 못하고 지속되어 한국 사회 갈등의 주요 요인의 하나가 되고 있다.

  이러한 문제의식에서 이 글은 일본의 식민지시기, 일시동인의 동화주의를 토대로 한 일본의 식민지배정책의 시책 속에서 표출되고 강제된 식민지 국가 인식의 강제화 속에 내포된 국가와 이에 저항하며 표출된 조선인들의 근대국가관을 고찰하고자 한다. 그리하여 식민지시기 국가라는 말이 칭하는 대상과 의미의 이중성을 구명하고자 한다. 이와 함께 일본 제국주의 지배 아래 국가의 이중성이, 항일 독립운동 과정에서 실질적으로 자각되어 형성된 민족문제 인식과 결부되어 드러나는 독립 이후 근대국가관을 분석하고자 한다. 이러한 작업은 한국 사회에 내재된 '근대국가관'과 민족문제 인식의 차이와 불명확성의 뿌리를 밝히는 것이 될 것이다. 그리고 식민지 시기의 이중적인 근대 국가 인식과 민족 문제 인식을 통해서 현대 한국인의 '근대국가관'을 제고하는 기초가 될 수 있을 것이다. 그리하여 현대 한국 사회의 역사문제와 이념갈등의 정치사회적 뿌리를 이해하고 차이와 다의성을 드러내 해소하고 소통하기 위한 배경이 되어 그 해결의 실마리를 제공할 수 있는 단초를 제공하기를 기대한다.

2. 근대 국가와 한국 근대 국가 연구

인류가 오늘날 '국가(the state)'라고 제도화된 지배체제 속에서 살게 된 것은 역사상 그리 오래된 일이 아니다. 인류는 거의 예외 없이 나름의 정치적 공동체를 형성해 생활하였고 그것들은 일반적으로 국가 또는 '나라'라고 통칭된다. 그러나 주어진 정치의 지배적 현상이, 문자 또는 그와 유사한 기록 수단을 바탕으로 존재론적인 지위를 갖게 되거나 정당화된 것은 '나라'로 표상되는 포괄적인 정치공동체 단계가 아니었다. 모든 억압적 물리력이 정치적으로 제도화되고 법제화되어 그 사용을 공식적으로 위협적, 폭력적으로 독점 사용할 수 있는 국가(the state)가 형성된 것은 근대에 들어서이다.[6] 그리고 그 국가 생활은 근대 사회에서 안정된 지배질서의 구체적인 표현으로 여겨진다. 정치문제와 관련된 일반적인 관념이나 토론이 대부분 국가

---

6) Elman R. Service(1975), *Origins of the State and Civilization*, New York : Norton, pp.10~14.

생활을 전제로 하고 또한 그것을 중심으로 이루어지는 것이 자연스럽게 받아들여지는 것은 그 때문이다. 국가는 일반적인 정치 행위의 기초가 되고 정치적 담론의 출발점이자 중심점이 되고 있다.[7]

이러한 국가 현상이 인류사의 특정 단계, 근대에 형성되었다는 것은 주지의 사실이다. 서구에서 절대적이고 초월적인 신성에 대한 권위를 부정하는 세속화 과정에서 자아를 가진 인간형이 탄생되고, 이들을 통제하고 훈육할 필요에서 역설적으로 초월적인 권력자와 그 권위가 주창되어 그것이 주권 개념과 주권을 가진 권력기구인 근대국가로 귀결되었다. 그리하여 16세기 후반 근대 국가(state)가 등장하기 시작한 이래 인류의 지배관계 문제는 국가를 통해서 해결되어 왔다. 그리고 프랑스 혁명 발발 이후 국가는 모든 신분적 의미들을 포용하는 독점적이고 배타적인 요구를 하는 행위주체이자 기관을 의미하게 되었다.[8] 이러한 근대 국가의 형성과정과 함께 전개된 서구 사회의 역사적 대변환은 노베르트 엘리아스(Norbert Elias, 1897~1990)가 '문명화과정'이라고 한 것에 다름이 아니었다.[9]

이러한 역사적 사실을 배경으로 한 국가(the state)는 이제 의문의 여지없이 자명한 실체로 여겨진다. 근대의 특수한 현상인 국가는 역사적 실체이자 철학적 이념으로 이해된다. 그러나 국가란 무엇인가라는 물음에 대해서는 매우 다양한 이론(異論)이 전개된다. 일반적으로 국가는 제도화된 지배/복종관계를 칭하는 추상화된 개념으로 제시되고, 이것을 통해서 경제적인 담론을 가능하게 한다. 그러나 현실은 시대와 지역에 따라 서로 다른 모습으로 나타난다. 때문에 국가(the state)라는 말은 다의적이며 애매하고 모호하기도 하다. 상이한 역사적 배경과 정치발전을 경험한 국가들의 지배/복

---

7) 박상섭(2008), 『국가·주권』, 소화, pp.15~16.

8) Q. Skinner(1989), "The State", Terence Ball, James Farr and Russell L. Hanson (eds.), *Political Innovation and Conceptual Change*, Cambridge : Cambridge Univ. Press, pp.90~131 ; R. Koselleck, 한철 옮김(1998), 『지나간 미래』, 문학동네, pp.2~3.

9) 엘리아스, 박미애 옮김(1999), 『문명화과정』 2, 한길사.

종관계와 이를 통한 경제적 실제가 같을 수 없기 때문이다. 국가의 실제는 결국 다양한 역사적 전통의 결과라고 이해해야 할 것이다. 국가의 형식이 일단 완성되면 국가의 추상성은 주권 국가 간의 체제가 아직 존재하지 않았던 근대 이전의 국가에까지 투영된다. 이를 통해 국가의 역사는 영토화된 동일한 국가적 틀 안에서 다양한 집단이 그 시대의 통치를 담당해왔던 역사로서 표상된다. 여기서 국가의 연속성이라는 관념에 근거한 민족적인 (national) 역사관도 탄생하게 된다. 그런데, 상대적으로 동질적인 역사적 배경 속에서 이른바 근대화의 세계화를 이끈 서구 사회에서조차 다양한 국가의 실제는 문제시된다. 그리하여, 결국 그 차이의 구체적인 내용과 그러한 차이를 만들어낸 정치사회적 뿌리를 찾아내는 작업으로 연계되었다. 특정 이데올로기나 관념 속에 투영되어 있는 현실의 역사를 이해함으로써 궁극적으로 오늘의 우리의 삶 곧 정치현실을 이해할 수 있기 때문이다.[10]

　이러한 사실은 현재 한국 사회의 정치현실과 그에 대한 학문적 기반을 돌아보게 한다. 민주화와 탈냉전은 대한민국의 정체(政體)인 민주주의의 공고화와 새로운 국가적 발전 구상을 모색하게 하였다. 그러나 탈냉전 이래 본격화된 일본의 보수화는 한반도를 중심으로 한 동아시아 영토문제를 야기하였다. 이는 기본적으로 일본의 대륙침략의 역사에 대한 문제제기와, 이와 결부된 관점의 문제, 또한 그와 분리될 수 없는 국제적인 역사인식의 문제이다. 그 가운데 한국사회에서는 일본의 식민 지배 아래에서 진행된 '근대적 변화'가 대한민국 수립 이후 성공적으로 추진된 국가발전의 토대로써 어떠한 의미를 갖는가 하는 문제가 일본의 식민지배와 친일 문제와 관련한 식민지시기 평가 문제가 되어 갈등이 촉진되었다. 이른바 '신우파(뉴라이트)'와 '신좌파(뉴레프트)'라고 불리며 전개된 과거 정치사를 둘러싼 갈등은 그것이 정치적 갈등이 되어 결국 교과서문제를 중심으로 하여 국가적

---

10) 박상섭(2008), pp.15~19. 각주 2-4 ; 카야노 도시히토, 김은주 역(2010), 『국가란 무엇인가 : 국가의 본질에 대한 역사적 고찰』, 산눈, pp.157~159.

인 문제로까지 전화되기도 하였다. 그러한 정치적, 이념적 갈등의 핵심에는 교과서문제를 통해서 드러난 바와 같이 근대 국가와 민족문제에 대한 인식의 차이와 불명확성이 내재해있다고 할 수 있다.

근대 국가관의 차이와 문제는, 논란이 되었던 1948년 8월 15일의 '대한민국정부수립'을 대한민국의 '건국'이라고 할 것인가 하는 문제를 통해서도 알수 있다. 1948년 8월 15일의 '대한민국정부수립'이 명실 공히 한반도를 생활터전으로 한 한민족이 근대적인 국가체제를 처음으로 수립한 것임에 틀림없다. 이 사실에 이의를 제기할 사람은 없다. 그러나 그 이전, 식민지시기이전까지 근대적인 것은 아니었지만 오랜 시간 정치적 공동체로서의 국가를 이루고 나름의 문화를 발전시켜온 한민족의 역사적 실제와 사실은 어떻게 볼 것인가, 개항 이전은 물론이고 개항 이후 식민지화되기 이전까지 추진되었던 한국인의 자주적인 근대 국가 체제 정립을 위한 노력은 어떻게 볼 것인가 하는 문제들을 제기하지 않을 수 없다. 있었던 사실과 역사를 연속과 변용의 관점에서 자기 정체성의 토대로 삼아야 하는 것처럼, 비록 실패했다고 밖에는 말할 수 없어도 자주적으로 노력했던 사실을 무위(無爲)로 돌릴 수도 없고 그래서도 안 될 것이다.

대한제국이 1910년 일본에 의해서 병합된 이래 1945년 8월 15일 해방될때까지 국가 주권이 박탈됨으로써 한국(대한제국·조선)이 국제법적으로 국제사회에서 존재하지 않았던 것 또한 사실이다. 그렇다고 해서 일본에 의한 병합 이전부터 그리고 병합 이후에도 국권이 박탈당한 가운데에도 한반도에서 실재하며 생활했던 우리의 역사는 일본에 의한 병합으로 대한제국을 칭하는 한국에 대신하여 일본제국의 한 지역을 의미하는 지역명 '조선'이라고 불리고 한국인에 대신하여 '조선인'이라고 불리웠던 식민지시기는 국권이 없었던 시기였으니 역사도 아니라는 것인가? 한반도에서 존재했던 '우리' '민족' 한민족의 존재와 그 역사적 전통과 문화 및 국가는 어떻게 자리매김해야 할 것인가?

식민지화 이전에도 그리고 식민지시기에도 한반도는 한민족 생존의 공간이었고 그 생존의 역사가 면면히 이어졌다. 그것은 식민지배를 받으면서도 민족의 해방과 자주적인 근대 민족국가의 건설을 모색하는 역사였다. 식민지시기는 일본에 의해서 박탈된 국권을 회복하여 일본 제국주의의 병합으로 단절된 국가 주권을 근대적으로 확립하고 그것을 수호할 수 있는 방안을 모색하고자 노력했던 역사의 한 부분이다. 항일 민족독립운동/민족해방운동의 역사가 그것이다.[11] 그렇기에 일본 제국주의의 무단통치에도 불구하고 병합 이후 10여 년이 지난 1919년에 거족적인 3·1운동이 일어날 수 있었던 것이다. 그렇기에 민족적 독립과 근대국가 건설의 의지를 결집하여 비록 임시정부의 형태이기는 했지만 근대적인 '민주공화국'을 정체(政體)로 한 '대한민국임시정부'가 수립될 수 있었다. 또한 그렇기에 1948년 대한민국은 그것을 토대로, 전사로 하여 수립되었던 것이다. 식민지시기 한민족 생존의 역사적 맥락에서 확보된 민족적 근대 독립국가 수립 의지가 대한민국 건설의 정당성이 되고 그 정통성이 거족적으로 인정되었던 것이다. 그것이 1948년 8월 15일에 수립된 대한민국의 헌법 첫 번째 조항에 대한민국이 대한민국상해임시정부의 법통을 계승한 정당한 국가라고 명시된 바이다.

---

11) 식민지시기 민족운동은 기본적으로 민족의 독립을 목적으로 하는 '민족독립운동'이다. 그런데 냉전기 한국 사회의 일본 제국주의 식민지시기 독립운동 연구가 당대에 민족독립운동의 한 축을 담당했던 사회주의(공산주의) 세력의 민족독립운동을 제외하고 민족주의 세력의 민족독립운동을 중심으로 일원적으로 진행되었다. 이에 대하여 1980년대 중반 이래 한국 사회주의운동에 대한 연구가 국내에서 본격적으로 시작되면서 사회주의 계열의 민족독립운동이 단지 민족의 독립만을 지향한 것이 아니라 궁극적으로 전근대적인 신분제 아래서 억압되었던 한국인 민중 개개인의 개인적 인격과 권리를 회복하기 위한 인간 해방을 지향한 것이었다는 의미에서 민족독립운동에 대신하여 '민족해방'운동이라고 사용하기 시작하였다. 시간과 함께 기존 연구가 축적되어 양자 모두 근대 민족국가 건설을 지향했다는 의미에서 민족독립운동과 민족해방운동의 차이를 굳이 논하지 않아도 되게 되었다고 할 수 있다. 그러나 이 글에서는 각 용어가 갖는 의미의 차이를 염두에 두고 사용하였음을 밝힌다.

물론, 동구권의 몰락으로 탈냉전이 전개되던 1991년 남·북한이 유엔에 동시 가입한 이래 한민족은 국제적으로 사실상 일(一)민족 이(二)국가체제를 이루고 있다. 이 사실로부터 본다면 1948년 8월 15일 대한민국정부수립은 결과적으로 대한민국의 건국이 될 것이다. 그러나 1948년 8월 15일 당시 한국인들은 한반도 전체를 대상으로, 그러나 미·소가 한반도를 분할 점령한 국제정치의 역학관계를 극복하기에는 역부족이었으므로, 38선을 경계로 한 민족의 분열을 현실로 여기면서 38선 이북까지 포괄하는 통일 민족 국가를 상정한 '대한민국정부'를 38선 이남에 수립하였다. 이 사실은 당시 어느 언론의 지면을 보더라도 확인할 수 있다.[12] 대부분 1948년 8월 15일 '대한민국정부수립'이라고 하고 거의 '국가' 건설이라고 하지 않았던 것도 바로 그러한 이유에서였다. 한반도 전체를 포괄하는 정부가 사실상 한반도 전체를 대상으로 하지 못하고 38선 이남에 국한하여 남한에서 1948년 8월 15일에 수립되어 출범하지만 남북으로 분열된 한민족이 통일되는 날이 바로 대한민국 국가 건설이 완성되는 날이 되어 '진정한 민족의 독립이 완성되는 것'이라고 생각했기 때문이다.[13] 이러한 사실이 반영된 역사적 증거가 곧 대한민국헌법의 영토 조항이다.

이와 같은 역사적인 사실을 무시하고 현재의 정치적인 관점에서 1948년 8월 15일을 건국이라고 본다면 38선 이북에서 존재하는 한민족과 그 한반도 1/2의 1948년 8월 15일까지의 역사는 어떻게 볼 것이며 식민지시기 항일 민족해방운동의 역사는 어떻게 볼 것인가. 또한 해방 직후부터 제기되었던 민족통일에 대한 요구는 어떻게 해결할 것인가 등 문제를 제기하지 않을 수 없다. 1948년 8월 15일을 건국으로 보는 것은 이렇게 해방 이래 지속된 이산가족 문제를 필두로 한 '분단체제' 극복의 문제와 한민족 '통일' 문제와

---

12) 이범석, 「大韓民族과 建國」, 『대조』 3-3, 1948.8; 「민족통일의 지표」, 『동아일보』, 1948.10.9 사설.
13) 전상숙, 『한국사회의 변혁이념과 민족주의』, 신서원, 2017 근간.

직결된 중요한 역사관의 문제이자 한국인 한민족의 정체성과 관련된 문제
이다. 이렇게 우리 사회에서 전개되고 있는 이념적, 정치적 갈등과 균열의
핵심에는 식민지시기 역사인식의 문제를 중심으로 한 근대 국가 인식의 차
이와 불명확성 또는 다의성이 내재하고 있다.

그럼에도 불구하고 그러한 인식의 차이와 불명확성의 구체적인 내용과
그것을 만들어낸 정치사회적 뿌리를 찾아내는 작업은 거의 이루어지지 않
았다고 할 수 있다. 현대 사회의 성격을 표상하는 특정 이데올로기나 관념
에는 현실의 역사가 투영되어 있다. 굳이 역사란 "현재와 과거의 끊임없는
대화"라고 했던 카아(E.H. Carr, 1892~1982)를[14] 언급하지 않더라도, 그 현실
의 역사를 이해함으로써 궁극적으로 오늘의 우리의 삶 곧 정치 사회적 현
실을 이해할 수 있다. 그러므로 역사적 고찰을 통해서 인식의 차이와 불명
확성의 실체를 고찰하고 밝히는 것이 그 차이와 불명확성을 해소하기 위한
소통과 통합적 논의의 출발점이 되어야 할 것이다.

사실 한국사회에서 국가에 대한 관심이 본격적으로 고조된 것은 상대적
으로 그리 오래지 않은 1980년대 민주화운동 과정에서였다고 할 수 있다.
당시 서양 학계에서 관심이 고조되던 국가에 대한 논의 곧 다양한 국가론
이 번역 소개되면서였다. 서양의 국가론을 당대 한국 사회와 국가에 적용
하여 논하며 민주 국가의 상(像)을 이론적으로 고찰하는 동시에 민주 대한
민국 국가의 상을 모색하는 노력이 고조되었다.[15] 그러나 국가의 개념을
일반적인 정치 행위의 기초로써 정치적 담론의 출발점이자 중심점으로 보

---

14) Edward Hallett Carr(1961), *What is History?* New York: Random House, Inc, p.35.
15) 해롤드 J. 라스키, 김영국 역(1983), 『국가란 무엇인가』, 두레 ; 마틴 카노이, 김태
    일·이재덕·한기범 옮김(1985), 『국가와 정치이론 : 현대자본주의국가와 계급』,
    한울 ; 연세대학교 사회과학대학 국가론연구회(1986), 『한국에 있어서의 국가와
    사회』, 한울 ; 임지현 엮음(1986), 『민족문제와 마르크스주의자들』, 한겨레 ; 바
    이·비른봄 외, 최장집·정해구 편역(1987), 『국가형성론의 역사』, 열음사 ; 한국
    정치학회 편(1987), 『현대한국정치와 국가』, 법문사 외.

고 근원적으로 고찰하고, 그 국가 개념이 한국 사회에서 자리하게 된 정치사회적 뿌리를 찾고자 하는 연구 관심은 그보다 훨씬 나중에서야 구체화되기 시작하였다. 이 점에서 2000년 서양 근대 국가 사상의 수용이라는 관점에서 근대 한국의 국가사상과 관련된 문헌들을 광범위하게 수집, 분석하고 그 계통적인 특징을 종합적으로 정리해 간행한 김효전의 연구는16) 연구사적으로 전환적인 중요한 의미를 갖는다. 김효전의 연구는, 종래 연구의 필요와 의미를 논하면서도 단편적으로 소재 중심으로밖에 진행되지 않았던 한국의 서양적 근대 국가사상과 개념을 역사적 실증적으로 본격적으로 고찰하기 시작한 근대 한국 국가 연구의 효시이자 집대성이라고 할 만한 것이었다.

그리하여 이후 선행한 역사학적 연구를 기반으로 하면서도 서구의 주요 사회과학 개념들이 어떻게 한국사회에서 수용, 충돌, 변용되며 전개되었는지 밝혀 근대의 사회과학적 개념들이 한국 사회에서 수용된 맥락과 특성을 구명하려는 개념사연구의 한 토대가 되었다고 할 수 있다.17) 이러한 개념사 연구의 일환으로 주권 개념과 함께 근대 국가의 개념을 사상사적으로 고찰한 박상섭의 연구는 또한 정치적 논의의 중심이 되는 국가 개념 연구의 정점에 있다고 할 수 있다.18)

이와 같은 연구 성과들이 나오면서 근대 국가의 개념이 한국 사회에 수용된 맥락과 한국 사회의 근대 국가에 대한 인식 내지 근대 국가관, 국가론을 역사정치적으로 고찰하는 연구가 진행되었다.19) 그러한 국가에 대한 선

---

16) 김효전,『근대 한국의 국가사상』, 철학과 현실사, 2000.
17) 김기봉, "국가란 무엇인가 : 개념사적 고찰",『서양사론』82, 2004 ; 이화연대 한국 문화연구원,『근대계몽기 지식개념의 수용과 그 변용』, 소명출판, 2004 ; 이화여대 한국문화연구원,『근대 계몽기 지식의 굴절과 현실적 심화』, 소화, 2007 ; 김용구,『만국공법』, 소화, 2008 ; 박상섭(2008) ; 김효전,『헌법』, 소화, 2009 ; 박명규,『국민, 인민, 시민』, 소화, 2009 ; 하영선 외,『근대한국의 사회과학 개념 형성사』, 창작과비평사 2009 외.
18) 박상섭(2008).

행 연구들은 종래 한국 사회만이 갖는 특수한 역사정치적 또는 역사사회적 성격을 고찰하는 연구가 부재했던 가운데 이루어졌다. 그리하여 사회과학에서 일반적으로 통용되는 서양 근대의 개념에 기초하여 논의되던 국가의 개념과 그 한국적 수용 및 특성에 대한 인식, 그리고 연구의 필요와 관심을 제고하는 데 크게 기여하였다.

그러나 아직 한국 근대 국가에 대한 역사정치·사회적 고찰은 미흡한 실정이다. 특히 개항 이후 한국 사회의 근대적 변혁의 노력을 중단시키고 식민지적 근대화를 통해서 해방 이후 한국 사회에 다양한 식민지적 유산을 남긴 식민지시기를 대상으로 한국 근대 국가에 대한 인식의 정치사회적 뿌리와 연혁을 밝히는 작업은 이루어지지 않았다고 할 수 있다. 식민지시기 독립운동과정에서 이념적으로 분화된 항일운동 방식과 이로 인한 독립 이후 근대 국가관의 차이는 세계적 냉전 및 분단과 맞물린 현대 한국의 국가와 사회의 이념갈등에 내재하고 있다. 그럼에도 불구하고, 일본의 병합 전후로부터 식민지시기를 거쳐서 해방으로 이어지는 한국 근대 국가관을 역사정치적으로 고찰하고 이를 통해서 그 다의성과 차이, 특성을 고찰한 연구는 없다고 해도 과언이 아니다.

종래 식민지시기 항일독립운동사 연구에서 국권회복 이후 수립할 근대 국가의 구상과 3·1운동 이후 러시아혁명의 세계적인 사조(思潮)의 영향 속에서 수용된 공산주의의 유입, 그리고 이와 함께 분화된 항일독립운동 선상의 민족문제에 대한 인식의 분화 문제가 함께 고찰된 바 있다.[20] 또한 그

---

19) 김동택, "근대 국민과 국가개념의 수용에 관한 연구", 『대동문화연구』 41, 2002 ; 박찬승, "20세기 한국 국가주의의 기원", 『한국사연구』, 2002 ; 홍원표, "독립협회의 국가건설사상 : 서재필과 윤치호", 『국제정치논총』 43-4, 2003 ; 김동택, "『독립신문』의 근대국가 건설론", 『사회과학연구』 12-2, 2004 외.

20) 한국사회사연구회 편, 『한국의 근대국가형성과 민족문제』, 문학과지성사, 1986 ; 김준, "1920~30년대 노동운동에서의 민족문제와 계급문제", 『한국사회사연구회논문집』 25, 1990 ; 김경일, "일제하 노동운동에 있어서의 민족주의와 민족문제", 『한국학보』 64, 1991 ; 서중석, "일제시기 민족국가 건설운동", 『한국현대민족운동연

와 갈등관계를 형성했던 식민지시기 민족주의 세력의 국가관에 대해서도 시론적인 연구가 진행되기도 하였다.[21] 이들 연구는 항일독립운동의 한 부분인 한국 공산주의운동사 연구의 일환으로써 그리고 그와 대립적인 의미의 민족주의 국가관을 고찰하는 연구로써 의미를 갖는다. 그러나 한국 사회 전반의 근대 국가나 민족문제에 대한 인식의 역사정치·사회적 맥락을 고찰하는 것으로 연계된 것은 아니었다.

이러한 점에서 한국 사회의 역사문제와 이념갈등의 주요한 정치사회적 뿌리라고 할 수 있는 식민지시기에 착종된 한국 사회의 근대 국가에 대한 인식과 민족문제에 대한 인식을 역사정치, 역사사회적으로 고찰해야 할 필요가 있다고 생각한다. 앞에서 언급했듯이, 근대 국가의 다양한 실제는 근대 국가의 형성을 통해서 근대화의 세계화를 주도한 서양 사회에서조차 그 차이의 구체적인 내용과 차이를 만들어낸 정치사회적 뿌리를 찾아내 다양성과 다의성을 설명하는 작업을 필요로 하였다. 이제 우리도 한국 근대 국가에 대한 역사정치적, 역사사회적 고찰을 통해서 한국 근대 국가와 사회의 이념적 분단의 역사를 이해하고 그 문제를 본격적으로 논할 역사적 논리적인 기반을 마련할 필요가 있다. 그것은 무엇보다도 특정 개념이나 이데올로기 속에 투영되어 있는 현실의 역사를 이해함으로써 궁극적으로 오늘의 정치사회적 현실과 삶을 이해하고 소통의 실마리를 모색하는 것이기 때문이다.

구』, 역사비평사, 1991 ; 임경석, "일제하 공산주의자들의 국가건설론", 『대동문화연구』 27, 1992 ; 박찬승, 『한국근대정치사상사연구』, 역사비평사, 1992 ; 방기중, 『한국근현대사상사연구』, 역사비평사, 1992 ; 한국사연구회 편, 『근대 국민국가와 민족문제』, 지식산업사, 1995 ; 김형국, "1920년대 한국 지식인의 사상분화와 민족문제 인식 연구", 한국정신문화연구원 박사학위논문, 2003 ; 전상숙, 『일제시기 한국 사회주의 지식인 연구』, 지식산업사, 2004 ; 전상숙, "사회주의운동에 나타난 계급문제와 민족문제 인식", 김영작 엮음, 『한국 내셔널리즘의 전개와 글로벌리즘』, 백산서당, 2006 외.
21) 박찬승, "항일운동기 부르주아민족주의 세력의 신국가 건설구상," 『대동문화연구』 27, 1992.

이 글은 위에서 언급한 바와 같은 기존 연구 성과들에 기초하면서도 개항이후 현재에 이르는 통시적이고 거시적인 관점에서 실증적인 사료와 문헌해석에 기초하여 역사정치학, 역사사회학적의 연구방법을 기본으로 지식사회학적인 접근방법을 활용하여 한국 사회의 근대 국가관과 민족인식의 정치사회적 뿌리를 구명해 보고자 한다. 구체적으로, 본 연구는 개항 이후 식민지시기를 대상으로 정치적 신념체계 혹은 이념으로서의 근대 사조가 수용되는 지적·역사정치적 경로를 먼저 살펴보아 이를 배경으로 논의를 전개하고자 한다. 이를 한말, 일본 제국주의 식민통치기를 거쳐서 해방 이후 오늘에 이르기까지 정치적 사회적 영역에서 전개된 학문적·실천적 담론의 주요 개념으로 부상한 국가의 의미를 논하는 논의의 맥락과 주체를 중심으로 추적하고, 그 변이 양상을 시기별로 논하고자 한다.

이러한 연구는 기존의 역사학 중심의 근현대사 서술이 갖는 사실관계의 인과적 기술을 사회과학적 개념 및 경험 연구를 통해서 보완하며 당시의 정치적 사유와 실천 양상에 대한 구조적인 개념 정의를 인과적으로 끌어냄으로써 향후 한국 근대국가관을 연구, 분석하는 첫걸음으로서 의미가 있다고 생각한다. 최종적으로 본 연구는 근대화, 곧 민주 국가의 정치질서의 제도적, 행태적 구현 방안에 대한 담론의 영역과 맥락, 주체와의 접근방식을 또한 통시적으로 추적하여 실천적 전략의 차원에서 드러나는 일관성과 다양성을 추적하고자 한다. 그것은 본 주제의 연장선상에서 해방이후 한국 '민주공화국' 체제의 국가의 일관된 흐름이 서구 민주주의 국가의 답습에 그친 것이 아니라 '자주적'인 '근대국가'의 완성을 위한 역사적 필연의 방향이었다는 것을 논하는 기초가 될 것이다.

여기서 '근대'라는 용어의 사용은, 기존 학계의 논의에 입각하면서 1876년 강화도조약이 국제법(만국공법)에 기초한 한국 최초의 근대적 조약으로써 한국사회를 전지구적인 근대 자본주의체제에 편입시킨 것이라는 사실에 주목하고자 한다. 1960년대 식민사관을 비판하는 연구가 본격화되면서 한국의 근대, 근대사의 시점에 대한 학문적인 연구가 전개되었다. 그와 함께 조선후기의 사회경제적 발전에 대한 실증적인 연구 성과가 쌓이고 일본 제국주의에 의해서 구성된 조선사회 정체성론을 비판하며 한국 근대사의 기점에 대한 논의가 본격화되었다. 그러나 1967년과 1968년 한국경제학회가 시기구분 논쟁을 주관했지만 통일된 기준을 정립하는 데는 이르지 못하였다.

그러한 가운데 1980년대 초반 다시 근대의 시기구분 논쟁이 재론되었다. 그 결과 사회구성에 따라서 시대구분을 해야 한다는 점에 합의가 이루어졌다. 그렇지만 이 또한 크게 1860년대와 1876년으로 의견이 나뉘었다. 1860년대를 주장하는 것은, 1862년의 전국적인 농민항쟁과 1866년의 병인양요와 같이 한국근대사의 시대적 과제였던 반침략 반봉건운동이 1860년대부터 본격적으로 제기되었다는 사실에 주목한 것이었다. 이에 비해서 1876년 개항을 강조하는 것은, 개항을 기점으로 하여 한국사회가 대외적으로 세계자본주의체제에 편입되었다는 사실과 대내적으로 한국사회의 근대화가 진전되어간 전환점이 되었다는 사실에 주목한 것이었다. 그리고 1894년 갑오정권이 실시한 정책이 한국사회의 근대화를 거스를 수 없는 대세로 만들었고, 그것에 의해서 한국사회가 자본주의체제로 편성되어갔다고 파악한 것이다.

이 글은 이러한 기존 한국학계의 시기구분논쟁을 참조하면서 강화도조약이 근대적인 국제법에 기초하여 한국사회를 근대 자본주의체제에 편입시킨 것이라는 사실에 주목하였다. 최근 근대 학문의 수용과 한국 사회의 근대적 개념에 대한 연구 및 만국공법 연구 등을 통해서 암묵적으로 동의되고 있는 바와 같이[22] 본 연구는 한국 최초의 근대적 조약인 강화도조약을 한국 근대의 기점으로 하여 연구를 진행한다. 또한 1960년대 한국 역사

---

22) 기존 연구 성과에 대하여는, 전상숙, "한말 '민권' 인식을 통해 본 한국 사회의 '개인'과 '사회' 인식에 대한 원형적 고찰 : 한말 사회과학적 언설에 나타난 '인민'관과 '민권' 인식을 중심으로", 『한국정치외교사논총』 33-2, 2012 참조.

학계에서 식민사관을 비판하며 한국 근대의 시점에 대한 학문적 노력이 진행된 이래로 한국 학계에서 1970년대에 들어서면서 한국 학문의 '외생성'을 비판하고 이른바 '자아준거'적인 한국 사회에 대한 인식과 연구를 위한 노력과 방법을 모색해야 한다는 자성이 본격적으로 제기되기 시작하였다는[23] 점에도 주목하였다. 그것은 한국 사회에 대한 연구가 한국의 역사적 경험 속에서 서양의 '근대'를 접하는 가운데 타율적인 '근대화'를 경험하게 되며 그에 대처하기 위하여 모색했던 '자율적' 근대화의 방안을 모색한 노력과 그 논의의 측면들을 구체적으로 분석·정리하는 것으로부터 시작해야 한다는 문제의식이다.[24]

그러므로 이 글은, 외세와의 타율적인 조우를 계기로 모색하게 된 자주적인 근대화의 노력이, 일본에 의한 병합으로 좌절된 가운데 일본 제국주의의 식민지배정책 특히 대륙진출정책의 필요에 입각하여 추진된 근대적 변화와, 그에 대한 한국인의 저항과 대항의 논리가, 상호 길항관계를 구축하며 면면히 이어지며 변용되고 체계화되어간 것이 한국 근대의 주요한 특징을 이룬다고 본다. 그로 인하여 한국의 '근대'는 한국 사회의 구조적 변화 곧 내적 요인에 준거하여 체계적으로 발전하기보다는 이른바 '외세' 다시 말해서 저항의 대상으로서의 일본과 그로부터 벗어나는 데 도움이 되고 배워야 할 대상으로서의 서양 근대 국가 따라잡기 식의 '외생성'을 특징으로 하게 되었다고 할 수 있다. 이는 해방이후에도 냉전과 분단의 국제정치 구조 속에서 극복되지 못하고 오히려 과학적 '객관'과 세계적(서양적) '보편'이라는 명목아래 확대 재생산되어왔다고 할 수 있다.

---

23) 문승익, "한국정치학의 정립문제 : 정치이론의 경우", 『한국정치학회보』 3, 1979, pp.3~12.
24) 전상숙, "한말 신문·잡지 언설을 통해 본 근대 서양 '사회과학' 수용의 역사정치적 성격 : 한국 초기 '사회과학' 형성의 문제의식과 특성", 『담론201』 15-1, 2012.

그러므로 한국 사회의 근대는, 그러한 한국의 역사적 경험 속에서, 서구적 '근대'와 타율적 '근대화'의 경험, 그리고 그에 대처하기 위하여 국내외적으로 모색했던 '자주적' 근대 국가 수립을 위한 노력 및 모색했던 근대화의 방안과 그 논의들을 불가분의 관계 속에서 고찰하여 그 특성과 일반적 성격을 드러내 정립해야 한다고 본다. 이러한 입장에서 이 글은 일반적으로 해방을 분기점으로 하여 근대와 현대라고 하는 관점에서 벗어나 개항 이후 현재에 이르는 시점을 총칭 '근대(Modern Times)'로 보고 논의를 전개한다.

또한 비록 일본 제국주의가 표방한 동화주의 방침과 실질적으로 시행한 시책 사이에 괴리가 존재하고 그로 인하여 일본 제국주의의 조선지배방침이 실제로 동화주의라고 할 수 있는가에 대한 이견이 논란되고 있지만, 일본의 한국 병합의 기본 목적은 한국을 일본 국가의 일부로 일본국가화하여 섬나라 일본이 대륙국가가 되기 위한 것이었다. 때문에 일본은 이를 위하여 궁극적으로 동화주의를 지향하였고, 일본 제국주의의 한국 병합의 궁극적인 목적은 식민지시기 내내 변함이 없었다. 그러므로 이 글에서는 그러한 일본 제국주의의 한국병합 및 조선지배정책의 근본적인 목적과 입장 및 그에 입각하여 관철된 정책을 일시동인의 동화주의 이데올로기 정책이라고 본다. 이러한 관점에서 일본이 조선인들에게 주입하고자 했던 일본 국가에 대한 인식과 그 성격을 고찰하고자 한다.

Ⅱ. 일본의 '병합(倂合)' 이전
근대 국가 인식의 발아

1. 제2차 한일협약 이전 서양 근대 국가와 정치체제에 대한 인식

1) 근대적 서양 문물의 수용과 일본에 의한 '개국(開國)'

한국에서 서양의 학술과 문물이 처음 소개되기 시작한 것은 17세기 초반 중국을 통해서였다. 중국 연경에서 활동하고 있던 서양 선교사들이 쓴 책들이 서학(西學) 또는 서학서(西學書)라는 이름으로 그곳을 다녀온 사대부들을 통해서 유입되었다. 천주교리(天主教理)에 관한 것을 비롯해서 한자로 번역된 서학서의 유입은 실학파를 중심으로 큰 영향을 미쳤다. 서양 학문의 합리성을 인식하고 서학수용론이 제기될 정도였다. 그렇지만 서양 학술의 수용은 쇄국정책으로 인하여 일부 제한적인 지식인의 지적 호기심에 국한되고 더 이상 발전될 수 없었다.[1] 그러나 개국 이후 서양 학문과 사상이 들어오는 토대가 되었다.

중국을 통한 서양 학술과 문물의 수용은, 1844년 12월 중국에서 간행된 『해국도지海國圖志』를 1845년 3월 사은사(謝恩使) 겸 동지사(冬至使)로 중국에 다녀온 호조참판 권대긍(權大肯)이 가지고 온 것에서 알 수 있는 바와 같

---

[1] 이원순, "明淸來 西學書의 韓國思想史的 意義", 『한국 천주교회 논문선집』 11, 1979, pp.138~144 ; 이원순, "조선 후기 실학지성의 서양교학론", 『교회사연구』 2, 1979, p.140 ; 최종고, 『한국의 서양법수용사』, 박영사, 1982, pp.18~20 ; 최종고, 『한국법학사』, 박영사, 1990, p.67 ; 이원순, "조선실학지식인의 한역 서학지리서 이해", 『조선시대사논총』, 느티나무, 1992, p.135 ; 이태진, "서양 근대 정치제도 수용의 역사적 성찰", 『진단학보』 84, 1997, p.75.

이, 거의 실시간으로 이루어졌다고 할 수 있다. 1868년 연행사(燕行使)를 수행해 북경에서 신학문을 공부하고 온 이정직(李定稷)이 귀국 후 저술한『연석산방고燕石山房稿』의 "미정문고별집未定文稿別集"속에 실려 있는 "강씨철학설대략(康氏哲學設大略)"은 중국인에게 칸트 철학이 소개되기도 전에 칸트 철학에 관해서 쓴 글이었다. 당시 서양 학문이 중국을 통해서이기는 하지만 얼마나 빨리 그리고 나름의 깊이를 가지고 수용되었는지 가늠할 수 있는 좋은 예라고 생각된다.2) 세계 각국의 지리와 역사를 소개하고 서양 문명을 받아들일 것을 역설한『해국도지海國圖志』는, 아편전쟁에 패한 중국에서 사상적인 패러다임의 전환을 촉진하며 조선 말기에 우리나라에도 전해져 해외지식의 수용에 이바지하였다.『영환지략瀛環志略』과 함께 한국 지식인들 사이에서도 필수도서와 같이 보급되어 세계에 관한 견문을 넓히는 길잡이 역할을 하였다.3) 이와 함께 동양을 서양의 근대적인 체제로 편입하는 근거가 된 국제법(萬國公法)도 도입되었다. 1864년에서 1876년 사이 중국에 왕래하던 조공사절이 휘튼(Henry Wheaton)의 글(Eliments of International Law)을 한자로 번역한『만국공법萬國公法』을 반입했을 것으로 추정된다.4)

그런데 한국 사회에서 국제법에 대한 인식이 실질적으로 구체화되기 시작한 것은 '개국(開國)'을 전환점으로 해서였다. 일본에 의한 한국의 개국교

---

2) 신귀현, "서양 철학의 전래와 수용",『한국문화사상대계』제2권, 영남대 민족문화연구소, 2000, pp.460~461. 박종홍은 이 글이 1912년 서양 고대 철학사를 소개한 최초의 본격적인 철학 서인 李寅梓의『古代希臘哲學攷辯』보다 먼저 '철학'이라는 용어를 사용하여 서양 철학을 연구한 최초의 것이므로 이정직을 우리나라에 서양 철학 연구의 선구자로 간주해야 한다고 한다(이광래,『한국의 서양 사상 수용사』, 열린책들, 2003, pp.225~226).

3) 이광래(2003), pp.204~205 ; 김영작,『한국 내셔널리즘의 전개와 글로벌리즘』, 백산서당, 2006, pp.101~102 ; 전상숙, "유교 지식인의 '근대' 인식과 서구 '사회과학'의 이해 : 개국 전후 김윤식의 개화 인식과 서양학문 수용론을 중심으로",『사회이론』42, 2012, p.281.

4) 이광린,『한국 개화사의 제문제』, 일조각, 1986, pp.152~153 ; 하영선(2009), pp.217~218.

섭, 강화도조약은 서양 근대 국제법에 의거하여 한국이 중국의 속국이 아니라 독립국이라는 것을 분명히 하는 외교문제를 핵심으로 한 것이었다. 중국과 한국 간의 전통적인 조공책봉관계를 부정하고 일본이 한국과 밀접한 관계에 있음을 드러내고자 한 것이었다. 그러한 국제법을 활용한 한국 문호의 개방은 일본이 페리(Matthew C. Perry) 제독의 함선에 의해서 개항하게 된 경험을 그대로 재연하여 한국을 서양 근대 국제법체제 속에 편입시킨 것이었다.

1861년 러시아의 쓰시마(對馬島) 점거를 한국에 발판을 마련하려는 것으로 본 일본에서는 서양 열강에 앞서서 먼저 한국을 복속해야 한다는 외교적 명분이 제기되었다. 한국의 개국은 그 연장선에서 이루어졌다.[5] 서양 함포의 위력 앞에 개국해야 했던 굴욕의 경험을 갖고 있던 일본은 국익의 관점에서 러시아의 쓰시마점거를 이른바 "조선문제"라고 칭하며 동아시아의 질서 유지를 책무로 자처하였다. 이는 서양 열강의 반도 한국 진출에 직면한 섬나라 일본이 그에 대하여 자구책을 마련하는 명분론이 되었다. 이후 일본의 동아시아 질서 유지를 명분으로 했던 일본의 이른바 '조선문제'와 그 해결이라는 외교적 명분은 정한론으로 연계되었다.

일본은, 서양 열강이 한반도에 진출할 경우, 섬나라로서 반도를 통해서 대륙으로 진출하고자 했던 자국의 잠재적인 이익이 침해될 것이라는 위기의식을 '조선문제'라고 치환하였다. 그리고 조선문제가 동아시아의 평화 곧 동아시아의 질서 유지와 직결된 문제이기 때문에 그 해결책을 강구해야 한다고 하면서 그 해결자임을 자임한 것이다. 그 첫 걸음이 강화도사건과 강화도조약을 통해서 서양 열강에게 한국은 중국의 복속국이 아니라 독립국이라고 일본이 자처해서 알리는 것이었다. 다시 말해서 한국은 중국이 아니라 일본과 특수한 관계에 있다고 열강에 선언한 것이었다. 그러한 '조선

---

5) "朝鮮事務一件" 4. p.939, 松菊公傳記編纂委員會 編, 『松菊木戶公傳』上, 1927, 東京: 明治書院, p.286.

문제'의 해결을 일단락시킨 것이 강화도조약이었다. 강화도조약은 일본이 '조선문제'를 명분으로, 중화질서를 균열시키며 서양 열강보다 앞선 한국에 대한 영향력의 확보를 천명한 것이었다.[6] 잘 알려진 바와 같이 그것이 한 국이 근대 국제법에 의거하여 처음으로 체결한 '근대적' 조약이었다.

그러한 강화도조약을 통해서 한국은 일본과 무역을 위한 외교관계를 개 시하였다. 또한 일본에 시찰단을 파견하여 서양 근대의 문물과 제도 등을 본격적으로 도입하기 시작하였다. 이 사실은, 한국의 근대화, 근대와 관련 하여 중요한 의미를 갖는다. 무엇보다도, 서양 문물을 비롯한 학문 등 서양 근대 문물 수용의 주요 통로가 중국으로부터 일본으로 바뀌었다는 점이다. 이는 전통적인 중화사상에 입각하여 선진 문물을 받아들이던 방식에 변화 를 가져왔다. 근대적인 서양 선진 문물의 수용은 기본적으로 중화사상의 틀 속에서 이루어지던 일련의 변화를 수반하는 것이었다. 국제법에 의거하 여 이루어진 강화도조약으로 상징될 수 있는 바와 같이 중화질서가 아닌 서양 근대 국제법 체계를 비롯해서 그것을 운용하는 서양적 근대 문물과 사상을 수용하는 것이었다. 그러므로 중화사상, 중화질서의 총체적인 변화 와 연동된 것이었다. 그런데, 그러한 서양 근대의 문물과 체계를 서양과 직 접 교우하기에 앞서서 일본을 통해서 수용하게 된 것은 곧 일본인들이 받 아들인 것을 다시 배우는 것이었다. 따라서 거기에 내재되어 있는 당시 일 본의 세계관과 사상을 배제할 수 없는 것이었다.

강화도조약 이후 한국은 일본을 통해서 일본화 된 서양적 근대를 접하기 시작하였다. 서양 열강의 동진으로 인해서 비롯된 동아시아의 근대적 전환 기에 일본을 통해서 간접적으로 서양 근대 문물을 수용하게 되면서 한국 사회는 전통적인 중화사상의 균열과 변용을 일본과의 직접적인 관계 속에

---

6) 전상숙, "한국 식민지시기 전후의 연속성 속에서 본 한·일 독도문제의 역사성과 정치적 함의". 이원덕 외, 『한일공문서를 통해 본 독도』, 동북아역사재단, 2013, pp.44~45.

서 경험하게 되었다. 그러한 중화사상의 균열과 변용은 물론 근대적 변화는 일본과의 관계와 비례하며 대일 의존도가 높아질 수밖에 없는 것이기도 하였다. 결국 강화도조약 이후 선진 문물 수용 통로의 변화는 그것을 받아들이는 한국인들의 세계관 변화를 수반하며 직접적으로 일본의 영향을 강화하는 것이었다. 이러한 점에서 일본에 의한 개국 이후 일본을 통한 서양 근대 문물의 수용은 한국 사회의 근대화와 근대에 큰 영향을 미치는 것이었다.

게다가 일본은 한국을 개국시키면서 강화도조약의 준거가 된 국제법을 비롯하여 근대적인 개혁에 성공한 자국의 경험과 근대적인 시설을 직접 보고 배울 것을 권하고 실행하게 하였다. 공식적으로 강화도조약은 서양 근대의 국제법에 의거한 국가의 기본권과 의무 개념을 도입하여 한국의 자주권과 평등권을 인정한 것이었다. 물론 그 목적은 일본이 전통적인 한·중관계를 국제적으로 단절시켜서 중국의 한국에 대한 종주권 의식을 부정하는 데 있었다. 그렇지만 다른 한편으로 일본이 국제법에 의거해서 한·중 간의 사대관계를 공공연히 부정한 것은, 결국 한국이 국제법상 독립국가라는 것을 국제적으로 천명해준 것과 같은 것이었다. 서양적 근대화에 성공한 유일한 동양 국가 일본이 솔선해서 한국이 독립국이라고 국제적으로 천명해주고 나아가 자국의 근대화 경험을 전수하며 한국의 근대화를 적극 촉구하고 도와주는 것과도 같았다.

강화도조약 체결 직후 한국 정부는 일본의 제안을 받아들여 수신사를 파견해 일본의 근대화된 시설을 둘러보고 학습하게 하였다. 김기수(金綺秀, 1832~?), 김홍집(金弘集, 1842~1896) 등으로 구성된 수신사는 두 차례에 걸쳐서 일본을 시찰하고 돌아왔다. 1881년에는 신사유람단(紳士遊覽團)도 파견되었다. 이들 중 어윤중(魚允中 1848~1896)의 수행원이던 유길준(俞吉濬 1856~1914), 유정수(柳正秀 1856~?), 윤치호(尹致昊 1865~1945) 세 사람이 동경 도착 후에 학교에 입학하여 최초의 일본유학생이 된 것은 잘 알려진 사실이다. 이후 관비(官費) 내지 사비(私費)로 근대화된 선진국 일본에 유학하는 사람들이 증가하였다. 1881년에서 1884년 사이에 67명 이상이 일본으로 유학갔다. 초기 유학생들은 대부분 1년 정도 일본에서 유학하며 근대적인 기술을 습득하는데 목적을 두었다.[7] 근대적인 문물을 적극적으로 배우고자 하였던 것이다.

이와 같이 개국 이후 한국에서는 일본을 통해서 간접적으로 서양적 근대화의 성과와 접하며 그 불가피함과 필요성을 인식했고 그러한 인식은 사회적으로 확산되었다. 1880년대 들어서면서 한국 정부는 신문물을 수용하기 위한 대책을 적극적으로 강구하기 시작하였다. 이 무렵 국왕이 중국에서 한자로 번역된 서양문물에 대한 소개서로 구입한 도서가 3천여 종 4만여 권이 될 정도였다고 한다.[8] 고종은 1880년 12월 통리기무아문을 설치하여 제도개혁을 시행하였다. 그리고 개화정책의 일환으로 1883년 통리기무아문의 산하기관인 박문국에서 『한성순보』와 『한성주보』를 간행하였다. 정부의 개화정책은 개명군주제에서 한 걸음도 더 나가지 않은 것이었고 간행된 신문은 정부의 공식적인 개화정책을 뒷받침하는 홍보지와도 같았다. 그렇지만, 이들 매체들을 통해서 본격적으로 서양의 근대 국가와 정치체제 등이 소개되기 시작하였다. 입헌정치체제와 정당정치 등 서양의 근대 정치체제와 기구가 소개되고, 직공학교 규칙 등이 소개되며 경제학이라는 용어가 활자화되어 알려졌다. 외신을 통해서 포셋(寶節德, H. Fawcett)과 마샬(抹刺, T. Malthus) 등의 경제학설도 초보적인 형태로나마 소개되기 시작하였다.[9]

---

7) 정옥자, "紳士遊覽團考", 『역사학보』27, 1965, pp.534~535 ; 김영모, 『조선지배층연구』, 일조각, 1981, pp.418~419 ; 이광린, 『한국개화사의 제문제』, 일조각, 1986, pp.40~63.

8) 이태진, "규장각 중국본 도서와 集玉齋 도서", 『민족문화논총』6, 1996 ; 이태진 (1997), p.76.

9) 『漢城旬報』제1호 "西班牙內亂" ; 『한성순보』19, 1884.4.25 ; 『한성순보』26, 1884. 7.3 ; 『漢城週報』22, 1886.6.28 ; 이광린, "한성순보와 한성주보에 대한 일고찰", 『역사학보』38, 1968 ; 이기준, 『한말 서구경제학 도입사 연구』, 일조각, 1985, 서

이러한 국가적 차원의 개화정책은 한국에 대하여 중화체제의 사대관계를 유지하려는 중국의 직접적인 강압에도 불구하고 이루어졌다. 그리하여 1883년 최초의 근대식 학교인 원산학사를 설립하여 법률과 만국공법을 가르치게 하고, 1886년에는 육영공원을 1891년에는 관립 영어학교와 같은 교육기관을 설치하며 근대적인 개혁이 추진되었다.

특히 1894년 갑오개혁은 개혁 작업의 일환으로 서양 문물이 본격적으로 수용되는 일대 전기가 되었다. 갑오개혁을 계기로 본격적으로 서양 문물이 수용되면서 서양의 정치체제에 대해서도 본격적으로 소개되기 시작하였다. 청일전쟁에서 중국의 패배는 한국인들의 '사대' 관념의 종식을 촉진하였다. 그리고 한국 사회 전반에서 서양적 근대 문물을 수용해야 할 필요를 넘어서서 근대적인 사회개혁의 불가피성을 인식하는 계기가 되었다.

또한 갑신정변의 실패로 물러났던 개화세력들이 정치사회 전면에 재등장하게 하였다. 그리하여 전 사회적으로 서양적 근대의 문명화에 대한 인식이 확산되며 제고되었다. 서양의 역사·철학, 사회과학 분야 등 다양한 지식과 정보가 한국에 대거 전파되고 수용되었다. 이와 함께 서양 근대에 대한 이해가 급속히 깊어졌다. 갑오개혁 이후 새로이 간행되기 시작한 근대적인 신문과 잡지 등을 통해서 서양 근대와 근대적 가치관이 이전보다 체계적으로 소개되었다. 서양의 근대 국가와 정치체제 등도 본격적으로 소개되었다.10)

1896년 대조선인일본유학생회의 기관지 『친목회회보』가 출간되고, 갑오개혁 시행 이후 미국 유학을 경험하고 귀국한 서재필(徐載弼, 1864~1951)과

___

장 pp.1~2 ; 이수룡, "한성순보에 나타난 개화.부강론과 그 성격", 『손보기박사정년기념한국사학논총』, 지식산업사, 1988, pp.736~749 ; 이태진, "서양 근대 정치제도 수용의 역사적 성찰 -개항에서 광무개혁까지-", 『진단학보』 84, 1997, pp.77~79.
10) 강동국, "근대한국의 국민/인종/민족 개념", 하영선 외(2009), p.257 ; 전상숙, 『조선총독정치연구 : 조선총독의 '상대적 자율성'과 일본의 한국지배정책 특질』, 지식산업사, 2012, pp.54~55.

윤치호 등이『독립신문』을 출간하였다. 특히『독립신문』은 갑신정변과 같은 쿠데타로 권력을 탈취하려다 실패한 것을 반성하고 새로운 방식으로 국가구조를 개편하고 개혁하고자 한 서재필의 국가개혁 작업 시도의 일환이었다고 할 수 있다. 국·영문판으로 간행된『독립신문』의 영문판에서는 서양 사상가들이 폭넓게 소개되었다. 독립신문은 이전까지 중국이나 일본을 통해서만 서양 문물이 수용되던 것과는 달리 서양 유학을 경험한 한국인이 경험적으로 직접 서양 문물을 도입하기 시작하는 의미를 갖는 것이었다. 이때부터 한국에 서양 문물이 직접 수용되는 '제3의 길'이 열리기 시작했다고 할 수 있다.[11]

이와 같이 근대적인 매체들은 서양의 문물과 서양적 가치관을 본격적으로 소개하였다. 1898년에는 남궁억(南宮憶 1863~1939), 나수연(羅壽淵 1861~1926) 등이 근대적인 국민 계몽을 목적으로 일간신문『황성신문』을 출간하였다.『황성신문』은 한국 최초로 자본가를 모아 간행된 민간 자본 신문이었다. 순 한글로 발간된『독립신문』에 비해서 국한문 혼용으로 간행되어 한문을 많이 사용하던 지식층에서 많이 읽혔다. 이와 같이, 전 계층을 아우르며 전개된 갑오개혁 이후 한국사회의 변화는 학부에서『태서신사 泰西新史』나 유길준의『서유견문 西遊見聞』이 교과서로 채택될 정도였다. 독립협회운동에 가담했던 한 유생(儒生)이 경사(經史)와 과문(科文)을 준비한 10년 공부가 웃음거리가 되었다고 술회할 정도였다.[12]

그런데 그러한 갑오개혁 이후의 전사회적인 변화는 청일전쟁에서 승리한 일본의 영향력이 확대되어간 것과 동전의 양면을 이루는 것이었다. 청일전쟁의 결과 중화관념의 동요와 함께 시작된 한국 사회의 변화는 갑신정변의 실패로 물러났던 개화세력이 전면적으로 재등장하게 했을 뿐만 아니라 관비일본유학생의 파견 등 일본의 영향력 확대와 함께 이루어졌다. 일

---

11) 이광래(2003), pp.224~225 ; 최정운, "서구 권력의 도입", 하영선 외(2009), pp.92~93.
12)『황성신문』, 1898.11.5. "別報 : 學部訓令" ;『황성신문』, 1898.9.13. "論說".

본이 청일전쟁에서 승리한 후 새로운 주한공사 이노우에 가오루(井上馨)가 부임하였다. 그는 일본의 영향력을 확대하기 위하여 새로운의 정치체제를 새롭게 정립하고자 하였다. 그 일환으로 학부대신 이완용을 통해서 관비일본유학생의 파견이 성사되었다. 이완용은, 게이오기주쿠(慶應義塾)의 후쿠자와(福澤諭吉)와 합의하여 1895년 7월에 182명을 오늘날 게이오대학으로 파견하였다. 그리고 1897년에 제2차 관비유학생 64명을 파견하였다. 그들은 대부분 게이오기주쿠에서 수학한 후 사관학교, 해양학교, 전수학교, 동경공업학교, 동경법학교 등 각급 전문학교로 진학하거나 각 관청 또는 동경우편전신국 등과 같은 전문기관에서 견습하며 실무적인 교육을 받았다. 관비일본유학생들은 일본 정부가 한국 정부에 제안해서 한국정부의 비용으로 파견된 뒤 일본에서는 후쿠자와의 관리를 받았다. 후쿠자와는 관비 조선인 일본유학생들의 교육과 학비 지급 등을 총괄 위임받아 진행하였다. 그와 같은 관비 일본유학생의 파견을 제안한 일본 정부가 일정한 목적(친일 관료, 친일파 양성)을 갖고 있었으리라는 것은 쉽게 추측할 수 있다.[13]

물론 한국정부가 관비일본유학생을 파견한 것은 일본의 앞선 근대화를 배우게 하기 위한 것이었다. 그러나 청일전쟁 이후 중국이 본격적으로 흔들리기 시작한 자국의 영향력을 만회하고자 한국 정부에 대한 압력을 강화하고 있던 때에 일본은 그에 대항하면서 장기적으로 자국의 영향력을 더욱 확대 강화해 가기 위한 기반을 구축하고자 하였다. 일본 정부의 조선인 관비일본유학생 파견 제안과 관리는 그러한 일본의 장기적인 국가 이익 확보를 위한 목적에서 적극적으로 추진해 성사된 것이었다. 일본 정부의 목적은 친일 엘리트를 양성하여 한국에 대한 영향력을 확대하는 보루로 삼고자 한 것이었다.

관비일본유학생들은 대부분 중인·상인 출신이었다.[14] 그렇지만 그들이,

---

13) 『친목회회보』 제1호, "雜報" ; 김영모, 『한국 지배층 연구』, (1981), pp.420~424 ; 이태진(1997), p.92 ; 안용준(1998), p.133.

일본의 볼테르라고 불린 대표적인 지식인 후쿠자와의 지도 아래서 근대적
인 엘리트 교육을 받고 귀국할 때는, 국가 개혁의 사명감과 일본 네트워크
를 가진 선진 엘리트가 되어 돌아왔다. 한편 한국사회에서 일본의 영향력
이 점점 커지면서 사비로 일본에 유학 가는 학생들도 증가하였다. 갑오개
혁기인 1895년에 200명 정도 되었던 일본유학생 수가 러일전쟁을 전후해서
는 500명 이상으로 증가하였다.[15] 유학생이 거의 없던 당시 선진문물을 배
우러 일본으로 갔던 일본유학생들이 일본에서 일본인들이 일본인의 눈으
로 서양으로부터 수용해 변용시켜 적용한 것을 다시 배워오면서 한국의 초
기 근대화와 근대 국가에 대한 구상도 일본과 일본적인 것으로부터 큰 영
향을 받지 않을 수 없었다.

2) 보호국화 이전 서양 근대국가와 정치체제에 대한 인식

강화도조약 다음 해인 1877년에 일본 공사대리 하나부사(花房義質)는 예
조판서 조영하(趙寧夏 1845~1884)에게 중국에서 마틴(William A. p.Martin 丁
韙良)이 1864년 중국 동문관(同文館)에서 한자로 번역한 『만국공법』을 전하
며 국제법에 대한 관심을 환기시켰다. 그리고 1880년 제2차 수신사로 일본에
다녀온 김홍집이 『조선책략朝鮮策略』과 함께 중국의 대표적인 양무론자
정관응(鄭觀應)의 『이언易言』을 가져왔다. 이후 국제법에 대한 관심이 고조
되었다. 서양 열강의 진출에 대하여 자강(自强)의 방법을 주요 내용으로 한
이 책들에서 한국 지식인들은 '균세(均勢)'와 '자주(自主)'라는 데 주목하며
국제법에 대한 관심을 제고하였다. 1883년에 복각판으로 간행된 『이언』이
한글로도 번역되며 널리 읽혔다. 같은 시기에 미국인 울시(Theodor Woolsey,

---

14) 김영모(1977), pp.427~432.
15) 阿部洋, 「舊韓末의 日本留學 - 資料的 考察」(1), (2), (3), 『韓』 3-5, 1974 ; 이광린
(1986), p.63.

吳爾)의 *Introduction to the Study of International Law*를 한역한 『공법편람
公法便覽』과 독일인 블룬출리(Johannes C. Bluntschli, 步倫)의 *Das moderne
Volkerrecht der Civilisierten Staaten als Rechtsbuch dargestellt*를 한역한 『공법
회통公法會通』도 전래되었다.16) 이들 도서들은 독일 국가학 관련 도서로써
메이지유신 이후 구축된 일본 국가학에 큰 영향을 미친 것으로 동아시아
각국의 근대 국가관에도 큰 영향을 미쳤다.

이와 같이 하여 개국 이래 선진 근대 기술로 무장한 서양 제국(諸國)이
함포와 함께 동양의 '비문명' 국가들에게 개국을 강요했던 이른바 '국제법
(만국공법)'이라는 무기가 한국에서도 수용되었다. 국가 간의 평등한 관계
를 전제로 성립된 서양의 국제법은 정치적인 무기로 활용할 수 있는 것이
었다. 국제법은 기본적으로 서양 제국을 위한 것이었지만 국가 주권론에
입각한 평등한 국가 관계라는 국제법의 기본 개념은 그것을 신속히 소화할
수 있는 능력을 갖춘 비서양 국가도 자신의 이익을 위하여 역으로 활용할
수 있는 체계이기도 하였다. 비서양 국가가 평등한 주권을 국제법 체제 속
에서 관철시킬 수 있다면 국제법은 서양 열강에 대하여 자국의 이익을 보
호하기 위해서 활용할 수 합법적이고 정당한 무기가 될 것이었다.

막부 말기부터 시작된 일본의 만국공법 곧 국제법에 대한 연구는 메이지
정부 관료들이 신생 일본 국가의 독립권과 평등권을 대외 교섭의 최대 목
적으로 삼아 열강과 담판을 추진하는 훌륭한 장비가 되었다. 그러한 국제
법과 함께 일본이 개국하며 체험했던 서양 제국의 교섭통상 방식은 한국을
개국시키는데 유용하게 모방되어 활용되었다. 그렇게 일본은, "현대일본의
기원"이라 불리는 메이지유신을 단행한 후 개국의 방향을 근대화로 잡고
국제법 개념을 전폭적으로 도입하여 질서화 함으로써 근대화의 추진력으
로 이용하며 한국의 개국도 이끌었던 것이다.17)

---

16) 이광린(1986), pp.154~156, pp.159~160 ; 김세민, 『한국근대와 만국공법』, 경인문
    화사, 2002 ; 하영선(2009), pp.219~220.

일본에 의한 개국 이전에 한국도 국제법을 앞세우며 통상을 요구하는 서양과 직면한 바 있었다. 두 차례에 걸친 양요(洋擾)가 그것이었다. 당시 한국은 1801년 이래 서학(西學)은 곧 사학(邪學)이라는 인식을 갖고 쇄국정책을 고수하며 서양의 접근을 막아냈다. 폐쇄적인 한국의 방어는, 대륙 국가 중국과 섬나라 일본의 사이에 위치한 한반도가 서양 열강이 전쟁까지 불사하며 개방을 촉구할 정도로 교통의 요충지이거나 풍부한 자원을 가진 광대한 지역도 아니었으므로 유지될 수 있었다고 할 수 있다. 그러나 쇄국정책 하에서 자주적으로 싹튼 실학자들의 서양 과학기술에 대한 탐구는 제한된 그들의 범주를 넘어서 사회적으로 활성화될 수 없었다. 국제법 또한 마찬가지였다. 중화체제와는 다른 서양 근대 국제법체제의 현실이나 국제법을 현실적으로 인식하고 그것을 통해서 국제정치적 역학관계나 근대 국가의 외교 등을 배우고 활용하기에는 역부족이었다. 때문에 결국 일본에 의해서 개국의 현실에 직면해서야, 그것도 강화도조약을 체결하고서야 국제법을 현실적으로 인식하기 시작하였다.

그러나 개국 이후 국제법의 현실에 대한 인식은 앞에서 본 바와 같이 한국을 개국 시킨 일본의 국가적 목적 아래 일본 국가의 강한 영향을 받으며 전개되었다. 그리하여 한국을 개국시킨, 그러나 한국을 서양 열강과 중국에 대항하여 대외적으로 독립국이라고 선언한 강화도조약을 작성한 일본에 대한 인식은 중국이나 서양 열강보다 상대적으로 호의적이었다. 중화체제 하에서 근대 국제법체제의 경쟁관계에 대해서 제대로 알 수 없었던 한국은 그와 같은 일본에 대한 의문이나 문제의식보다는, 개국의 상황을 원천적으로 야기한 서양 국가들에 대한 위기의식이 앞섰다. 또한 일본은 동양의 질

---

17) 井上勳, "開國と近代國家の成立", 『近代日本思想史』, 有斐閣雙書, 1980, p.2 ; 이한기, "한국 및 일본의 개국과 국제법", 『학술원논문집 인문사회과학편』 19, 1980, pp.180~226 ; 전상숙, "유교 지식인의 '근대' 인식과 서구 '사회과학'의 이해", 『사회이론』 42, 2012, p.283.

서를 균열시키고 국가적 위기를 조장한 서양과 서양 문명에 대한 저항의식과 대결의식을 강조하며 동양 국가끼리 서로 협조하여 위기를 극복해야 한다고 역설하였다. 그와 같은 일본의 언설과 그 영향력은 일본 국가의 독립 문제와 관련해서 메이지 초년부터 제창되어 확산되었던 아시아연대, 아시아주의가 한국인들 사이에서도 공감대를 형성하며 확산되었던 사실로도 잘 알 수 있다. 특히, 아시아연대론은 일본 정부의 제안으로 이루어진 한국 정부의 수신사 일행이 일본 방문을 통해서 아시아주의자들의 회합에 참여한 이래 확산이 점증되었다.[18]

 그러므로 개국의 현실은, 국제법을 앞세워 문호 개방을 강제한 서양 국가들의 동진으로 인해서 불가피해진 것으로 여겨졌다. 개국은 서양 근대 국제법체제로의 편입과 직결된 것이었다. 일본이 한국을 독립국이라고 선언했다고는 하지만 중국에서의 열강의 각축과 근대화를 이룬 일본에 의한 개국은 결국 서양적 근대화의 위력에 굴복한 것이었다. 따라서 국가적 위기를 극복하고 독립 국가로서 국권을 확고히 하려면 서양과 같은 근대화, 근대적 개혁이 필요하다는 것을 인정하지 않을 수 없었다. 따라서 서양 국제법체제로의 편입은, 그 국제법질서와 그것을 뒷받침하는 서양 근대 국가 체제를 수용하여 굴욕을 극복하고 국권을 수호해야 한다고 강제하는 것과도 같이 받아들여졌다. 전근대적인 국가체제에서 그러한 새로운 근대 국제법체제의 수용은 필히 그와 연동된 국내 체제의 변화와 변혁을 수반하는 것이었다. 그러므로 국제법을 앞세운 개국의 강제는 곧 새로운 정치질서의 변화를 상정하는 것이었다고 하겠다.[19]

 개국의 현실은, 그 대응책으로써 서양적 근대화를 이루어 위기에 처하게

---

18) 전상숙, "근대적 전환기 일본의 '아시아연대론'에 대한 한국의 인지적 대응 : 국권 인식을 중심으로", 『동아연구』 33-2, 2014 참조.

19) 전상숙·노상균, "병합 이전 한국 정부의 근대적 교육체제 개혁과 관학", 『동양정치사상사』 12-1, 2013, p.91.

한 동진한 서양 국가들에 대처하면서 국권을 수호하기 위한 방안을 강구하게 하였다. 개국을 불가피하게 한 서양 근대의 위력이 국가의 주권을 수호하자면 그들과 같은 서양적 근대화를 하지 않을 수 없다는 의식을 갖게 하였다. 따라서 문호를 개방하는 기본 규범이 된 서양의 국제법과 국제법체제, 그리고 그 주체인 근대 국가 특히 국가체제(國體)와 정치체제(政體)에 관심이 집중되었다. 그것은 서양 근대의 힘을 반영하는 것으로써 근대적 개혁의 상징이자 근대화를 위하여 가장 우선되어야 할 것으로 여겨졌다. 서양 근대 국민국가체제를 견인한 것은 과학의 발달에 힘입은 자본주의적 산업화와 부르즈와지였다. 그렇지만 동양 각국이 개국의 상황에서 대면한 것은 그들의 이익을 대변한 서양 근대 국가였고 그것을 견인한 정치체제였다.[20]

그리하여 본격적으로 근대적인 개혁이 시작되면서 간행되기 시작한 언론 매체들은 거의 모두 정치에 대해서 논했다고 해도 과언이 아닐 정도로 전 사회적으로 근대적인 정치와 정치체제에 대해서 관심이 고조되었다. 특히 갑오개혁 이후 다양한 서양의 근대 정치체제가 본격적으로 소개되기 시작하면서 정치체제 개혁에 대한 논의 또한 활성화 되었다. 혼란한 개국의 정국을 수습하여 문명국가가 되어야 한다는 사회적인 요구가 반영된 것이었다. 우리 국가도 서양 열강과 같이 근대적으로 개혁해서 문명국이 되어야 한다는 바람이었다.[21] 그와 같은 바람은 곧 근대적인 정치체제에 대한 논의로 이어졌다. 전제정치, 공화정치, 입헌정치, 대의정치 등 다양한 서양의 정치체제가 소개되었다.[22] 당시 그러한 논의는 러시아를 전제정치를 대표하는 국가로, 일본을 입헌정치를 대표하는 국가로, 미국을 공화정치를 대

20) 전상숙·노상균(2013), pp.88~89.
21) 전상숙, "한말 신문·잡지 언설을 통해 본 근대 서양 '사회과학' 수용의 역사 정치적 성격", 『담론 201』 15-2, 2012, p.55.
22) 임재덕, "善事業者는善察時機", 『친목회회보』 6, 1896.4 ; 안명선, "정도론", 『친목회회보』 5호, 1897.9 ; 어용선, "경제학개론", 『친목회회보』 5호, 1897.9 ; 안명선, "정치의 득실", 『친목회회보』 3호, 1896. 1.

표하는 국가로 전개되었다.23) 또한 소공화국까지 소개될 정도로 전세계에 존재하는 각종 근대 정치체제와 그에 기초한 국가 형태에 대한 관심이 높았다.24)

여기서 주목되는 점은, 미국의 대통령제를 선위라고 인식하기는 했지만25) 민주주의(民主主義)에 대해서는 부정적이었다는 점이다. '데모크라씨'가 과거에는 악정체(惡政體)였지만 현재는 선(善)정체로 불린다고 하면서도 "데모프라씨는 다수정치의 나쁜 예"라 하여 민주주의에 대해서 부정적으로 평가하였다.26)

이와 같은 다양한 정치체제에 대한 논의와 더불어 근대 국가를 이루는 주요한 구성 요소가 정치와 법률, 병비, 경제 등이라고 소개되고27) 그에 대해서도 탐구되었다. 근대 국가에 대한 인식이 전반적으로 발전해갔다. 서양의 근대적인 사회과학적 논의들과 함께 근대 국가의 국체와 그 구성 요소가 소개되면서도 직접적으로 근대 국가가 발생한 역사적 맥락이나 그 이유와 의미에 대해서 소개하고 그에 대하여 구체적으로 논하는 글은 거의 찾아보기 어렵다.

이 사실은 대부분의 글들이 근대 국가의 정치체제나 이를 위한 인민 교육에 대해서 논한 것과 극명하게 대조를 이룬다. 인민 교육에 대한 많은 글들은 단지 "부강의 방법은 국민교육, 국민양성"이라고만 강조할 뿐이었다.28) 그와 같은 맥락에서 근대적인 '국민의 양성'과 그 토대로서의 "민족"이 언급되고,29) "민권"이 논의되었다.30) 구체적으로 근대 국가의 국민이 되

---

23) 김상순, "법률의 정의", 『친목회회보』 5호, 1897.9.

24) "소공화국", 『친목회회보』 2, 1896.3.

25) 박정수, "친목회 서설", 『친목회회보』 1호, 1896.2.

26) 안명선, "정도론", 『친목회회보』 5호, 1897.9.

27) 홍석현, "대조선군주국형세여하", 『친목회회보』 1호.

28) 임병구(1896.2).

29) 유치학, "민법의 개론", 『친목회회보』 6호, 1898.4.

30) 신해영, "국민의 희노", 『친목회회보』 2호, 1898.4.

는 것, 곧 국민을 양성하는 것과 근대 국민국가의 민족이나 민권이 서로 어떤 관계에 있는 것인지, 어떠한 의미에서 강조되는지, 그리하여 궁극적으로 구체적으로 어떤 근대 국가를 수립할 것인지, 어떻게 그러한 근대 국가의 국권을 확립할 것인지, 나아가 근대 국가의 필수 요건이라고 한 국권이 국제관계에서 어떤 의미를 갖는 것인지 등 제반 문제에 대해서까지 구체적으로 논의가 나아가지 않았다.

당시 한국 사회에서는 강화도조약 이후 청일전쟁을 경과하며 일본의 영향력이 심화되고 있는데 대하여 전반적으로 심각한 문제의식을 갖고 있지 않았던 듯하다. 다시 말해서 일본의 영향을 국권상실의 위기의식이나 문제의식과 직결시켜서까지 심각하게 여기지 않았던 것으로 보인다. 강제로 개국하기는 했지만, 그 당사자인 일본은 한국의 국가적 독립을 강화도조약을 통해서 대외적으로 분명히 선언하였고 한국은 여전히 독립국이었기 때문이었다고 생각할 수 있다. 게다가 일본은 이후에도 청일전쟁을 통해서 한국이 독립국가라는 사실을 중국이 문서상으로 인정하도록 명문화하기까지 하였다. 그러한 일본은 다수의 한국인들에게 한국 국가의 근대화를 지원해 주는 선린국(善隣國)이자 문명국(文明國)으로 인식되었다.

언론을 통해서 보면 일본에 대해서 매우 호의적이었음을 알 수 있다. 일본은 "일찍이 서양에 출입하여 … 30년 동안에 몇 천 년 내려오는 완고한 풍속을 다 버리고 제도를 일신케 하여 오늘날 동양에 제일가는 나라가 되었으니 같은 인종으로 같은 대륙에서 이같이 서로 유열이 같지 아니"하다 하여 문명국으로서 높이 평가되었다.[31] 또한 일본은, 중국을 노년시대라고 하고, 미국을 장년시대가 되었다고 한 반면에, "유년시대"라고 하여[32] 앞으로 더욱 발전해 갈 것이라고 전망하였다.

---

31) 『독립신문』, 1899.3.2, "명담 : 국가의 성쇠".
32) 『독립신문』, 1898.12.7, "명담 : 정치가 론".

이러한 일본에 대한 평가와 함께 한국의 독립에 대해서도 긍정적으로 생각하고 있었음을 알 수 있다. 현실적으로 한국의 독립 상황이, "조선 사람들이 강하고 영악하고 학문이 있고 충심이 있어서 된 것이 아니"라는[33] 사실은 분명하게 자각하고 있었다. 다시 말해서 한국인들이 영악하지도 학문(근대)이 있는 것도 충심이 있는 것도 아닌데 한국이 독립국 상태를 유지하고 있다는 것이었다. 그런데도 한국이 독립국가일 수 있는 것은 일본이 "두해 전에 청국과 싸워 이긴 후에 조선이 분명한 독립국이 되었"다고[34] 여겼던 것이다. 일본이 개국을 강제한 강화도조약에서 대외적으로 한국이 독립국가임을 명시하고, 이를 다시 청일전쟁을 종결한 시모노세키조약 1조에서 중국도 한국이 자주독립국이라고 인정하지 않을 수 없게 한 것을 높이 평가하며 일본을 선린우호국이라고 본 것이었다.

따라서 일본인들 가운데 눈앞에 있는 사소한 이익을 쫓거나 한국인을 박대하기는 사람이 있기도 해서 감정적으로 분한 마음이 들기도 하지만, 기본적으로 일본인들에게 감사한 마음이 있다는 것이었다. 그러므로 이웃나라 일본과는 정치, 경제적으로 "정부와 인민이 친밀이 지내고 서로 도와주어야 피차 유익한 일이 많"다고 하였다. 일본과 친밀한 우호협력 관계를 맺어야 한다는 것이 공공연하게 논의되었다.[35] 이러한 일본에 대한 인식은 개국 이래 초미의 관심사가 된 근대적 전환의 필요와 맞물려서 전통적인 중화체제의 종주국이었던 중국으로부터 벗어나 근대 국제법에 의거해서 한국이 근대적인 주권을 갖는 독립국이라고 일본이 선언해 줌으로써 중화체제의 예속으로부터 벗어나 자유롭게 근대화를 추진할 수 있게 되었다는 인식과 같은 것이었다. 국제관계의 이면까지 고려하지 못한 일본 국가에 대한 그와 같은 우호적인 인식은 일본 정부에서 한반도의 식민지화가 논의

---

33) 『독립신문』, 1986.9.12, "논설".
34) 『독립신문』, 1896.4.18, "논설".
35) 『독립신문』, 1896.4.18, "논설".

되고 있다는 사실이 언론을 통해서 전해지고 있었음에도 불구하고 그것을 실질적으로 심각하게 받아들이지 않는 심각한 부작용을 낳았다.[36]

당시 한국인들 지식인들의 주요 관심은 어떻게 일본과 같이 부국강병할 수 있는 근대적인 개혁을 이룰 것인가 하는 문제에 집중되어 있었다고 하겠다. 일본에 대한 호감과 영향 아래서 신지식을 습득한 지식인들은, 갑신정변의 예에서 알 수 있는 바와 같이, 존황양이(尊皇攘夷)운동의 지사로 출발한 메이지관료들과 같이 부국강병론으로부터 한말의 국가적 위기를 극복하기 위한 근대적인 정치체제 개혁안을 모색하였다. 우리 국가가 서양 근대 국가들과 같이 근대화되지 못했고, 따라서 그들만큼 강하지 못하므로 근대적인 독립 국가라고 할 수는 없다고 인식하였다. 그리고 그 원인을 한국인의 폐쇄성에서 찾았다. "나라이 독립이 되려면 남과 달라 독립이 아니라 남과 같아야 독립이 되는 것인데" "조선사람들이 대개 완고하여 좋은 것이라도 남의 것을 본받기를 좋아 아니하고 조선 것만"[37] 고집하기 때문에 스스로 독립국이 되지 못한다고 보았다. 이러한 논조는 일본은 개방적으로 남(서양)과 같이 근대화하여 독립국이 되었다고 전제하고 있는 것이었다. 이와 같은 사고 속에서 일본에 의한 개국 이래 일본의 행적을 객관적으로 추론하며 대자적으로 보기는 어려웠다.

그 결과 일본에 있는 영국인이 하는 영자 신문에서, 『독립신문』이 "대한을 독립국이라고 한다고 흉을"[38] 볼 정도라며 한국의 현실을 자조적으로 한탄하면서도 국제정치의 현실을 자각하지는 못하였다. 위의 기사는 한국인들이 스스로 '대한제국'을 외치고 '독립국'이라고 선언했다고 해도 서양인들이 볼 때 자기네 국가들과 같은 독립국이라고 할 수 없는 미개한 비문명 국가에 불과하고 단지 한국인들 스스로 독립국임을 역설하며 계몽을 외치

---

36) 『독립신문』, 1899.11.16, "명담 : 론설".
37) 『독립신문』, 1897.8.5, "논설".
38) 『독립신문』, 1897.10.26, "논설".

고 있을 뿐이라는 것이었다. 그와 같은 내용을 전하는 것은 "조선 인민이 독립이라는 것을 모르는 까닭에 외국 사람들이 조선을 업수이 여겨도 분한 줄도 모르"는[39] 것이 문제라고 역설하는 것이었다. 점차 근대적인 교육을 받게 된 학교 학생들을 중심으로 국가적 독립의 의미를 깨달아갈 기미가 있어서 나아지기는 하겠지만[40] "자주 독립하는 나라이 될 기미는 없"다는 것이었다.[41] 이러한 인식은 서양 문물을 수용해서 서양과 같이 진정한 자주독립국이 되어야 하고 또 그러기 위해서 배워야 한다는 것을 강조하는 것이었다.

그런데 이때 그와 같은 배움을 해야 할 주체는 "조선 것만" 고집하는 "조선사람"들 곧 "독립이라는 것을 모르는" "조선 인민"이었다. 인민은 국가의 독립이 어떤 것인지도 모르니 그들을 교육해서 전근대적인 폐쇄성을 탈피하게 하고 서양의 근대적인 것들을 알도록 계몽해야 한다는 것이었다. 인민에 대한 교육은 그들이 근대적인 '국가적 독립'이 어떤 것인지 알 수 있도록 하는데 필요한 것이었다. 교육을 통해서 "조선 인민"을 국가적 독립을 이룰 수 있는 '근대 국가'의 '국민'과 같이 다시 말해서 "남과 같"은 '국민'으로 만들어야 한다는 것이었다.

이와 같은 '조선 인민'에 대한 교육과 인민교육을 통한 '국민'화를 통한 근대 국가 정립의 논의 속에는 그것을 논하는 지식인이나 계몽 관료들 자신들의 국가적 소명의식이 느껴진다. 그렇지만 다른 한편으로 '민족'을 말하고 '국민'과 '국가적 독립'을 논하며 근대적 독립 국가를 논하는 그들의 논의 속에는 자신들과 같은 민족, 동등하고 대등한 관계로 나아가야 할 '조선 인민'의 주권과 그에 기초한 근대 국민 국가에 대한 지향보다는 무지한 '조선 인민'을 계몽하고 이끌어 가야 할 지도의식이 강조되고 있다고 할 수 있다.

---

39) 『독립신문』, 1896.6.20, "논설".
40) 『독립신문』, 1897.1.19, "논설".
41) 『독립신문』, 1897.6.10, "논설".

세계적인 근대적 변환기에 위기에 처한 국가와 그에 대한 소명을 갖고 국가와 사회의 현실 문제를 비판적으로 인식하며 그것을 극복하기 위한 대안을 모색하여 인민(대중)을 이끌어가야 할 지식인의 실천적 소명에 대한 인식이었다. 그러나 위기 극복의 방안을 서양 열강과 같아지기 위한 근대 국가, 근대 국민국가에 대한 성찰과 그에 입각한 성찰적 지식인으로서의 사회적 역할과 책임까지 상정하며 모색하고 있었는지는 의문스럽다.

그러한 당시 지식인들의 인식은 근대적으로 개혁하고자 했던 정치체제에 대한 구상 속에도 그대로 반영되어 나타난다. 지식인들은 개국 이후 서양 국가들의 부의 원천을 근대적인 정치제도에서 찾아 각국의 정치제도와 이론 등을 수용하고 소개하기 시작하였다. 그들은 국체와 정체를 구별하고 그 차이를 파악하였다. 일찍이 국가 주권의 개념을 본격적으로 논했던 유길준은 국체는 주권의 소재가 어디에 있는지를 나타내는 국가의 형식이며, 정체는 그 주권이 실행되는 형태 곧 주권을 집행하는 형식에 관한 것이라고 하였다.[42] 근대 국가의 형태와 국가적 집무의 집행양식에 대하여 당대 지식인들이 잘 알고 있었음을 알 수 있다. 주권에 대해서도 "일국의 권리"로서 "內用하는 主權"과 "外行하는 主權"이 있다고 하였다. 근대 국가의 주권이 대내적 최고성과 대외적 독립성을 양면으로 한다는 것도 익히 알고 있었던 것이다.[43]

그런데 앞에서 보았듯이 근대 국가의 구성 요소가 소개되고 다양한 정치체제가 논의되었지만 **국체 곧 국가 주권의 소재에 대해서는 구체적으로 논하지 않았다.** 개국 이후의 국가적 위기를 극복하기 위한 근대적 개혁을 통해서 대외적 독립성을 확고히 하기 위한 국가 주권만이 강조되었을 뿐이었다.

그 이유 또한 유길준이 "其國의 最上位를 점한 자는 其 君主며 최대권을

---

42) 유길준, 『정치학』, pp.47~48.
43) 유길준, "邦國의 權利", 『서유견문』, 1895, pp.85~99.

執한 자도 其君主"라고[44] 한 것을 통해서 알 수 있다. 대내적 최고성으로서
의 국권은 군주에게 있다고 본 것이다. 그런데 그 군주의 주권은 전통적인
전제군주제를 지향하는 것이 아니었다. 그것은

> "세계의 개화한 나라들이 정부를 조직할 때 의사와 방책을 생각하는 관
> 원이 있고 그 생각을 시행하는 관원들이 있어 의회원과 내각으로 구분되
> 어 있다. 이는 두뇌와 수족의 구분과 같은 원리이다. 행정관이 의정관의
> 역할까지 하기가 어려우니 의정원에 학문이 있고 지혜있는 이들을 뽑아
> 의논하고 작정하는 권리만 주자. 그 결과를 황제에게 품하여 재가를 얻
> 은 후에 내각에 옮겨 시행하도록 하자"

는 것이었다. 그리고

> "내각과 대신과 협판은 님군이 친히 뽑으시는 것이 마땅하고 외임은 그
> 도와 그 고을 백성으로 시켜 인망있는 사람들을 투표하여 그 중에 표 많
> 이 받은 이를 뽑아 관찰사와 군수들을 시키거드면 백성이 정부를 원망함
> 이 없을 것이오 또 그러케 뽑은 사람들이 서울서 하나나 두 사람의 천거
> 로 시킨 사람보다 일을 낫게 할 터"

라고 하였다.[45]

갑신정변, 갑오개혁에서와 마찬가지로 당시 지식인들은 전통적인 군주주
권을 부정하지 않았다. 앞에서 언급한 바와 같이 "데모크라씨는 다수 정치
의 나쁜 예"라[46] 하여 민주주의를 부정적으로 인식한 것도 바로 그와 같은
맥락에 있음을 알 수 있다.

그런데 의회원과 내각을 논하는 내용을 통해서 알 수 있는 바와 같이, 당
시 지식인들은 군주주권을 전제로 한 근대적 개혁의 요체로 입헌군주제를

---

44) 유길준, 『정치학』, p.85.
45) 『독립신문』, 1896.4.14. "논설".
46) 안명선, "정도론", 『친목회회보』 5호, 1897.9.

염두에 두고 있었다. 일본을 근대적인 문명국으로 선망하며 입헌정치를 대표하는 국가라고 인식한 것과 같은 맥락이었다. 입헌은 법은 "민국 간에 공동한 이익을 보전하며 영원히 치평케 함을 위함"이라고 하였다. 법은 정부와 백성 사이에 이루어진 "약조"이니 이 법률을 공평히 집행하는 것이 "나라 기초를 안전히 하는 것"이라 하여 입헌을 강조하였다.[47]

그런데 현실에서 그러한 법의 정신과 입헌이 지켜지지 않아서 문제라는 것이었다.[48] 서양 각국이 실학을 숭상하여 문명의 기계를 발명하고 세계적으로 진보하여 위세를 크게 떨치고 있는데, 대한제국은 "허학만 숭상"하여 "대한국"을 "빈약"하게 만들었다고 비난하였다.[49] 그러한 대한제국의 문제는 법과 입헌이 없어서가 아니라 법률이 공평히 집행되지 않아 문제라고 평하였다. 법의 집행이 공정한 나라는 곧 "개화한 나라"이고 "개화한 나라에서는 … 법에 범하는 일을 행하는 사람이 적"고, 법을 지키지 않는 "천한" 사람이 적은데 한국의 현실은 그렇지 않다는 것이었다.[50] 그것은 대한제국의 법 집행이 공정하지 않아 문제가 있다고 지적하고, 그렇기 때문에 법을 어기는 사람이 많아 입헌의 의미가 유명무실하니 하여 그 또한 문제라고 역설하는 것이었다. 입헌과 입헌의 엄격한 준수가 강조되었다. 공정한 법의 집행을 통해서 국가의 기강과 체계를 잡아야 한다는 것이었다. 그리하여 "법률을 공평히 하여 황권을 존숭하고 국체를 보중하야 국민간 억만년 무강하기를"[51] 기원하였다. 대한제국을 비판하지만 황제권을 부정하지는 않았던 것이다.

---

47) 『독립신문』, 1897.3.18, 6.10, 6.15, "논설", 1899.3.3. "명담 : 법률의 이해", 3.14, "명담 : 법률의 관계".
48) 『독립신문』, 1897.3.18, 6.10, 6.15, "논설", 1899.3.3. "명담 : 법률의 이해", 3.14, "명담 : 법률의 관계".
49) 『독립신문』, 1898.6.14. "논설".
50) 『독립신문』, 1896.7.14, 12.19, "논설".
51) 『독립신문』, 1899.4.12, "명담 : 학문과 법률".

입헌은 국가의 기강과 체계를 정립하기 위한 근간으로써 강조되었다. 그러한 입헌과 함께 '백성(국민)'의 중요성도 역설되었다.

> "설령 원이 원노릇을 잘못하는 것이 그 책망이 원에게만 있을 뿐이 아니라 백성에게 더 있는 것이라. 만일 그 백성들이 모두 합심하여 그 원이 원노릇을 잘 하지 아니 하였다면 당초에 원노릇을 못하게끔 백성들이 말하거드면 그 원이 감히 백성을 무리하게 토색한다던지 송사를 법률에 어기게 작정한다든지 감히 못할지라"

는 것이었다.52) 원이 잘못하면 그것은 백성에게 더 책임이 있다고 하여 백성들이 모두 합심해서 원이 잘못하면 잘하게 하고 못하면 원노릇을 못하게 해야 한다는 것이었다. 민주주의를 비판적으로 보면서도 백성(인민)의 주권을 분명하게 언급하지는 않지만 인민주권론과 같은 인식이 기저에 있음을 알 수 있다.

이와 같은 인식은, 앞에서 의회원과 내각 및 행정관과 의정관을 논한 것에서 알 수 있는 바와 같이 대의제를 염두에 둔 것이라고 할 수 있다. 황제권을 부정하지 않는 입헌군주제, 그러나 황제의 전권과 전횡을 개혁해야 할 입헌군주제는 곧 내각책임제를 염두에 둔 것이었다.

그러면서도 "하의원은 급하지 않다"고 하였다. 인민주권론이나 의회에 대하여 구체적인 논의가 이루어지지 않은 가운데 논의된 내각책임제는 인민주권론에 입각한 서양과 같은 의회제도를 구상한 것도 아니었던 것이다. 메이지유신을 통해서 천황제를 중추로 설립된 일본형 입헌군주제와 추밀원을 염두에 두고 지향했다고 할 수 있다.53) 개국 이후 확장되어간 일본의 영향력 아래서 전개된 당시 한국 지식인들의 근대적 개혁의 요체는 결국

---

52) 『독립신문』, 1896.4.14. "논설".
53) 주진오, "19세기 후반 개화 개혁론의 구조와 전개−독립협회를 중심으로−", 연세 대학교 대학원 박사학위 논문, 1995, p.185 ; 이태진(1997), pp.114~115.

일본식 입헌군주제를 염두에 두고 지향했던 것이다. 또한 자신들을 존황양
이운동의 지사로 출발한 메이지관료들과 같은 존재로 여긴 것이었다고 할
수 있다.

1897년 말 대한제국 출범 이후 정국이 더욱 혼란스러워지자 지식인들은
정치적 혼란을 극복하고 문명국으로 거듭나기 위한 정치체제 개혁의 필요
를 더욱 긴요하게 여기며 근대 국가체제의 정립을 추구하였다. 이전보다
본격적으로 근대 정치체제, 근대 국가의 정립이라는 입장에서 국가와 정부,
그리고 민(民)·인민(人民)의 역할과 관계가 논의되었다. 이와 함께 그 체
계와 질서를 정립하기 위한 법과 법률의 집행에 대해서도 논의가 구체화되
어갔다. 그러면서 종래 '국'(國)과 '민'(民) 또는 '인민'이라고 표현되던 대중
이, 물론 함께 사용된 것이기는 하지만, 명확하게 '국가'(國家)나 '국민'(國民)
이라고 표현되기 시작하였다.

국가와 국민에 대해서는, "國은 民이 아니면 不成하고 민은 국이 아니면
不生하니 이럼으로 국은 민을 撫愛하고 민은 국을 보호하나 이 양자에 缺
一하면 國民이 相忘할지라"고[54] 하였다. 국가 형성의 기본적인 조건인 국
민과 국가의 불가분성이 강조되었다. 또한 "國家의 國民治平하는 義務는
國民의 權利를 균일히 보호하는데 在할 것이오 국민의 國權服從하는 의무
는 국가의 보호를 평등히 均受하는데 在할지니"라고 하였다.[55] 근대 국민
국가체제의 국가와 국민의 상관관계 곧 인민주권론적인 국민의 권리과 국
가의 의무에 대한 인식이 기저에 있음을 알 수 있다. 종래 일방적인 지배와
복종의 관계에 있던 전통적인 전제군주제의 국가와 국민의 관계에 대한 계
서적인 신분관계에 대한 인식에 변화가 시작되었다고 할 수 있다.

그런데,

---

54) 『황성신문』, 1898.9.19, "논설".
55) 『황성신문』, 1900.1.19, "논설 : 국민의 평등권리".

> "人民의 知識이 不足한 國은 純然히 其人民에게 國政參涉하는 權을 許함
> 이 不可한 者라 萬若 不學한 人民이 學文의 先修함은 無하고 他邦의 善
> 美한 政體를 慾效하면 國中에 大亂의 萌을 播흠인故로 當路한 君子는 其
> 人民을 敎育하야 國政參與하는 知識이 有한 然後에 此政體를 議論하니
> 此政體가 有한 然後에 其國의 開化하기를 冀圖할디라"

고 하였다.[56] 정치에 참여할만한 교육을 받지 못한 인민이 정치에 참여하
게 되면 국가에 큰 혼란을 일으키게 될 것이므로, 인민은 먼저 정치에 참여
할 수 있는 교육을 받은 후에 정치에 참여할 수 있는 권한을 허용해야 한다
는 것이었다.

인민이 정치에 참여할 수 있도록 교육을 받아서 정치에 참여할만하다고
판단될 때까지 인민의 참정권은 유보되어야 한다는 것이었다. 교육받지 못
한 인민은

> "其君主를 服事하며 其政府를 承順하여 일국의 體貌를 保守하고 萬姓의
> 안녕을 유지"

해야 하는 존재였다.[57] 정치에 참여할 수 있을만한 교육을 받을 때까지 인
민은 군주에 복종하고 정부에 순응함으로써 국가가 무사히 유지되도록 해
야 한다는 것이었다. 대한제국 출범 이후 대한제국의 황제권 강화에 대항
하여 지식인들의 근대적인 정치체제 개혁에 대한 논의가 구체화되고는 있
었지만 그 속에서 인민은 여전히 피지배의 대상으로써 교육과 계몽의 대상
일 뿐이었다. 인민주권론에 입각하여 근대적 정치체제 개혁을 논하는 지식
인들과 더불어 함께 근대적 정치체제 개혁을 이루어 가야할 동등한 대상은
아니었던 것이다.

---

56) 유길준, "정부의 종류", 『서유견문』, 1895, p.152.
57) 유길준, 『정치학』, p.85.

반면에 "政府는 人民의 標準"이라고 하여, 입헌군주제의 군권과 행정부를 구별하였다. 그러면서 정부가 바르면 인민도 바르고 정부가 바르지 못하면 인민 또한 바르지 못하니 정부가 "賢良方正"하게 솔선해서 인민(국민)이 본받도록 모범이 되어야 한다고 하였다.[58] 정부는 솔선해서 인민의 모범이 되어 인민을 이끌어가고 인민은 그러한 정부의 계도(계몽)을 필요로 하는 존재라는 것이었다. 이러한 인식은 정부를 "國家를 위하여 만사를 경리하는 大職"이라[59] 하고, "政府는 인민의 법률과 章程을 任하는 창고요 인민은 정부의 법률과 장정을 施하는 基址라"는 것으로 연계되었다.[60] '인민'에 기초한 정부의 입법과 행정이 논의된 것이라고 하겠다. 인민주권론을 유보하면서 그러나 인민주권론적인 인식에 기초하여 서양과 유사한 의회제가 논의되었던 것이다. 이 또한 메이지유신 이후 일본식 입헌군주제와 같은 것이었다.

이와 같이, 갑오개혁 이후 전사회적으로 근대적 개혁의 소용돌이가 거세지는 가운데 주권 개념을 비롯해서 서양 근대 국가와 정치체제 등이 소개되고 수용되어 근대 국민국가 체제의 기본인 국가 주권에 대해서 분명하게 인지되면서도 국권의 토대가 되어야 할 '인민'의 '주권'에 대한 인식은 아직 현재화되기 어려웠다. 인민이 아직 정치에 참여할 만한 지식이나 역량을 갖추지 못했다고 여겨 단지 계몽과 계도, 교육의 대상으로만 여겼기 때문이다.

그러므로 인민주권에 대한 논의는 근대 국가와 국민을 언급하면서 유보되었다. 국권 상실의 위기의식에서 비롯된 국가체제의 근대적인 개혁 구상은, 기존 국가체제의 근본이었던 군주주권을 전제로 근대적인 지식을 습득한 지식인들을 중심으로 전개되었다. 외세에 의한 국권 상실의 위기의식은

---

58) 『황성신문』, 1903.1.21, "논설 : 政府人民之標準".
59) 『황성신문』, 1899.7.10, "논설".
60) 『황성신문』, 1898.10.1, "논설".

대외적인 독립성 곧 근대적 국가 주권 문제로서의 국권의 확립을 대내적인
체제개혁을 통해서 모색하게 했지만, 근대적인 민권에 대한 인식은 아직
전근대적인 수준에 머물러 있었다. 그러므로 근대 국민국가를 지향하는 체
제개혁 논의에서 대내적인 국가 주권의 문제는 개혁적인 지식인들을 중심
으로 논의될 뿐이었다. 근대적 정치체제개혁안은 일본식 입헌군주제와 같
은 것을 지향하며 자신들을 메이지관료와 같은 존재로 상정한 것이었다.

2. 애국계몽운동기 입헌군주제로 표상된 근대 국가 구상과 성격

1) 보호국체제와 국권 인식

국권 확립을 위한 근대적인 정치체제 개혁안이 구체화되어 본격적으로
논의되기 시작한 것은 1905년 11월 18일 한일협상조약(을사조약, 을사보호
조약)이 체결되어 대한제국이 일본의 '보호국'으로 전락하면서였다. 조약
체결 이전부터 언론을 통해서 러일전쟁의 종결을 위한 강화회담이 진행되
고 있는 한편으로 일본에서 추진하고 있는 한국의 보호국화에 대한 소식이
포츠머스조약 소식과 함께 전해졌다.[61] 그 소식을 접한 한국인들, 지식인
들은 국가 간의 '보호'란 무슨 의미인지 '보호국'이 어떤 의미인지 알아보고
자 사례를 연구하면서 일본에 대해서 한일의정서에서 명문화한 '한국 독립'
의 약속을 지켜야 한다고 촉구하였다.[62] 그러나 결국 일본의 강제로 보호
조약이 체결되었다. 대한제국 황제는 조약을 거부했고 잘 알려진 바와 같

---

61) 『대한매일신보』, 1905.9.17. "日露講和條約".
62) 『대한매일신보』, 1905.9.26. "日本이將何以爲之"; 1905.9.30. "請議保護"; 1905.10.7.
"日本對韓政策"; 1905.10.18. "保護權之實質"; 1905.10. 25-27. "論保護國性質"; "伊
藤候", 『대한매일신보』, 1905.11.11.

이 장지연의 '시일야방성대곡(是日也放聲大哭)'을 비롯해서 일본 제국주의의 보호조약에 대한 반대와 조약 체결의 강압성에 대한 비판이 일었다.[63]

을사보호조약의 체결은 한국인들이 일본 제국주의에 대해서 방심했던 국권 상실의 위기의식을 현실적으로 자각하게 하였다. 국권의 문제가 어느 때보다 긴박하게 논의되었다. 일본의 보호국화는 종래 근대적인 정치체제 개혁을 논하던 것이 실질적인 국권을 확립하기 위한 구체적인 정치체제개혁과 그에 기초하여 정립해야 할 근대 국가의 형태에 대하여 실질적으로 구체화하는 전환점이 되었다. 주지하듯이, 을사보호조약 체결 이후 다양한 구국운동이 촉발되었다. 식자층에서 그것은 근대적 독립국가로 거듭나기 위하여, 국가의 자주와 독립의 내실을 기하기 위한 민지(民智)의 계발(啓發)을 촉구하는 애국계몽운동으로 전개되었다. 일본유학생들의 기관지보다는 늦었지만 다양한 신문과 잡지들이 출간되었다.

1904~1910년 사이 『황성신문』, 『대한매일신보』 등 한국어 신문만 8개가 서울에서 간행되었고 잡지가 36종에 달하였다. 그 대부분은 자주독립을 갈망하여 국권의 만회를 주장하고 자유민권의 옹호와 신장, 교육과 산업발달 등을 위한 계몽적, 구국적 각 기관의 기관지들이었다.[64] 여러 단체와 학회들이 결성되어 어느 때보다 학문연구, 특히 신학문 교육의 중요성이 강조되며 신학문 곧 근대적인 학문 수용을 통한 국권회복의 애국계몽운동이 경주되었다.[65]

---

63) 張志淵, 是日也放聲大哭, 『황성신문』, 1905.11.20 ; "勅語嚴正", 『대한매일신보』, 1905.11.18 ; "新條約成立", 『대한매일신보』, 1905.11.19 ; "危哉韓日關係", 『대한매일신보』, 1905.11.22 ; "別報", 『대한매일신보』, 1905.11. 22-25. 보호조약의 불법성에 대해서는 이태진 편, 『일본의 대한제국 강점』까지 ; 이상찬, "을사조약과 병합조약은 성립하지 않았다", 『역사비평』 1, 1995 ; 이태진 외, 『한국병합의 불법성연구』, 서울대학교출판부, 2003 참조.
64) 이기준, 『한말 서구경제학 도입사연구』, 일조각, 1985, p.28 ; 이광린(1986), p.239.
65) "잡보 : 學部만習", 『대한매일신보』, 1905.9.23 ; "논설 : 서적이 爲開發民智之指南", 『대한매일신보』, 1905.10.12 ; 양재건, "敎子弟新學", 『소년한반도』 1호, 1906.11 ; "논설 : 의무교육", 『황성신문』, 1906.12 ; "성질", 『소년한반도』 1호, 1906.11 ; 구자

동시에 조약 체결 이전부터 언급되었던 보호국에 대한 연구도 활성화되었다. 그것은 보호국의 현실과 국가 주권의 문제를 논하며 그 해결책을 구하는 것이었다. 그런데 당시 한국 지식인들이 일본 제국주의에 의한 보호국의 실태를 파악하는 데에도 그 당사자인 일본인들의 논의가 큰 영향을 미쳤다는 사실은 개국 이래 일본의 영향이 얼마나 컸는지 반증한다. 이렇게 압도적인 일본의 영향 속에서 한국은 보호국으로 그리고 병합으로 일본 국가의 일부로 되어갔던 것이다.

메이지유신 이래 독일 국가학을 수용하여 이를 채용한 일본 국가학의 체계와 전통을 구축해온 일본 사회에서는[66] 한국의 보호국화에 앞서서 그들 나름의 보호국에 대한 이론과 사례를 정리하며 논리를 축적하고 있었다. 특히 일본 국제법학계의 권위자였던 아리가 나가오(有賀長雄)의 보호론은 황성신문이나 태국학보 등에 소개되어 한국인들이 보호국체제를 인식하는 데 큰 영향을 미쳤다.[67] 아리가의 보호국론은 보호국을 일종의 국제정치적 현상 내지 원리로 체계화한 것으로 지극히 일본 중심적인 것이었다.

그것은 외교권과 내정권을 분리하고, 보호국은 내치(內治)의 권한을 갖는 것이므로 식민지가 아니라 독립국이라는 궤변을 역설한 것이었다. 국제관계에서 자국을 대변하고 대표하는 외교적인 권리를 상실한다는 것은 곧

국, "제국교육대가에 경고", 『공수학보』 3호, 1907.7 ; 정구창, "국민교육", 『친목』, 1907.10 ; 유영진, "興學講究 勸告 국민 급무", 『기호흥학회월보』 3호, 1908.1 ; "논설 : 人智程度가 시대변천에 因함", 『황성신문』, 1908.2.22 ; "논설 : 세계지식양성론", 『황성신문』, 1909.6.8 ; "논설 : 我韓學生의 구미어의 수양을 권함", 『황성신문』, 1909.7.31 ; "논설 : 학술가의 책임", 『대한매일신보』, 1910.2.12 ; 浮田和民原, "彙設 : 교육정치의 상호관계", 『교남교육회잡지』 12호, 1910.5

66) 전상숙, "근대 '사회과학'의 동아시아 수용과 메이지 일본 '사회과학'의 특질 : 블룬칠리 국가학 수용을 중심으로", 『이화사학연구』 44, 2012, pp.181~220.

67) 『황성신문』, 1906.3.13. "別報 : 保護國硏究論" ; 1906.3.15. "論說 : 論保護國硏究問題" ; 有賀長雄, 『保護國論』, 早稻田大學出版部, 1906 ; 有賀長雄, 1906 ; 日本法學博士 有賀長雄 原著 · 金志侃 譯述, "保護國論", 『太極學報』 21, 1908.5 ; 李沂, "國家學設", 『湖南學報』 1, 1908.6

실체는 있으나 권리를 주창할 수 없는 것이었다. 사실상 식민지와 다름없는 것이었다. 외교권의 상실은 대외적 주권을 상실한 것이었다. 근대 국가 주권의 중요한 주요 요소인 대외적 독립성을 상실한 것이기 때문이다. 그러므로 보호국화 되었다는 것은 실제로는 대외적으로 식민지와 같은 상태에 처하게 된 것이었다.

그럼에도 불구하고 한국의 지식인들은 한국을 보호국화하여 외교권을 대행하며 내정(內政)은 인정한다고 한 내정의 통치권한이 대체 무엇인지, 그 의미가 무엇인지, 과연 그러한 것이 가능하기나 한 것인지, 근본적으로 근대 국가에서 형식적으로 외교와 내정을 분리한다는 것이 가능한지, 또한 그렇게 한다고 해서 정치 행위에서 외교와 내정이 실제로 분리될 수 있는 것인지, 등과 같은 실질적인 부분을 현실적으로 깊게 고민하지 않은 듯하다.

아리가와 같이 외교권과 내치의 권한을 분리하는 논리로 일본 제국주의의 한국 보호국화가 한국인들을 위한 것이라고 설파하는 것은 당시 일본인들의 일반적인 입장이었다. 대한자강회의 고문이자 대한자강회월보의 핵심 필자였던 오가키 다케오(大垣丈夫)도 마찬가지였다. 오가키의 언설은 교묘하게 한국인들에게 일본에 대한 패배적인 정서를 스스로 인정하게 하면서 통감부의 지배와 외교권 박탈을 마치도 한국을 위하여 일본이 배려하는 것처럼 설명하였다. 그는 일본이 한국을 보호국화하여 외교권을 통해서 복잡한 외교 문제를 전담해주니 이제 한국은 실력의 양성에만 힘을 쏟을 수 있는 좋은 기회를 갖게 되었다고 궤변을 역설하며 일본의 보호국화를 정당화하였다.[68] '화평당' 또는 일본 내 온건한 '동맹파'라고 여겨졌던 그의 보호국론은 아리가의 보호국 논리와 함께 곧이곧대로 한국사회에서 수용되었다.

이들 일본인들의 보호국 논리로부터 영향을 받은[69] 한국인들은 1906년

---

68) 大垣丈夫, "本會趣旨", 『대한자강회월보』 1. p.24 ; 홍인숙 · 정출헌, "『대한자강회 월보』의 운동성과 지향 연구", 『동양한문학연구』 30, 2010, pp.358~362.

3월에 통감부가 설치되어 일본인 통감이 한국의 내정을 본격적으로 장악해 가기 시작하는데도 이를 식민지화의 전단계라고 여기지도 국권 상실의 위기라고도 거의 생각하지 않았던 듯하다. 보호국체제에서 통감은 한국에 대한 외교권만 갖는 것이므로 시정개혁에 대해서는 충고만 할 뿐이지 정치적으로 직접 간섭할 권한을 갖고 있는 것은 아니라고 생각하였다.[70] 그들의 언행을 내정간섭이 아니라 충고라고 생각하였다. 그러면서

> "若政府諸公이 大奮發大激勵하야 革除宿弊하고 刷新政治하야 改善而實施하면 國權挽回之力이 必於此基礎矣오"

라고 하였다.[71]

　통감은 단지 내정에 충고만 할 뿐이니, 정부 관료들이 분발해서 정치를 쇄신하면 국권은 만회할 수 있다고 여긴 것이다. 한국의 지식인들은 아리가의 보호국론과 같이 보호국체제를 일종의 국제정치의 원리 중 하나로 이해하고[72] 이를 순응적으로 받아들였다. 그것은 일본에 의한 한국의 보호국체제는 "식민적 보호국"과는 달라서, 외교권은 상실했지만 내정에 대한 주권은 지니고 있는 것이므로 국권이 상실된 것은 아니라는 것이었다.[73]

　이와 같이, 을사조약의 체결로 제고되기 시작했던 보호국화로 인한 국권 상실의 위기의식 또한 일본의 보호국론을 통해서 내정 권한 곧 대내적 주권은 유지되니 국가 주권 또한 유지되는 것으로 이해함으로써 더 이상 제

---

69) 이현종, "대한협회에 관한 연구", 『아세아연구』13-3, 1970, p.157 ; 유영렬, "대한자강회의 애국계몽사상과 운동", 『대한제국기의 민족운동』, 일조각, 1997, p.105 ; 백동현, "대한협회계열의 보호국체제에 대한 인식과 정당정치론", 『한국사상사학』 30, 2008, p.259.

70) "論說 : 又一警告政府", 『황성신문』, 1906.3.24.

71) "論說 : 姑息政府", 『황성신문』, 1906.4.12.

72) 김성희, "論外交上經驗的歷史", 『대한협회회보』8, 1908.11.25.

73) 일본법학박사 유하장웅 원저, 김지간역술, "保護國論", 『태극학보』21, 1908.5 ; 이기, "國家學設", 『호남학보』1, 1908.6.

고되지 못하였다고 할 수 있다. 이러한 보호국에 대한 인식은 당시 지식인 사회에서 일반적으로 공유된 듯하다. 을사보호조약이 체결되자 '시일야방성대곡'을 게재하여 보호국화 된 한국 사회의 현실을 통탄했던 장지연조차도 보호국화 이후 다음과 같이 논하였다.

> "試以今情形而觀컨대 社會之程度가 梢梢進步而國民之思想이 漸變하고 外人之移植이 日日 增加而接觸之感覺이 漸生하야 自然之中의 爲一轉變之基本하니 操權而握炳者 利用機關하야 培養萌芽復權之機가 實惟在此而東洋之平和를 可復矣오"[74]

사회가 진보하고 국민의 사상이 변하여 점점 변화가 이루어지고 있으니 자연히 그것이 기본이 되어 국권이 회복될 수 있으리라는 것이었다. 이러한 인식은 오가키가 대외적인 업무는 일본이 알아서 돌봐줄 터이니 보호국화된 한국은 내정의 개량과 진보에만 전력해 부강하게 되기만 한다고 한 바와 일맥상통하는 것이었다. 그러한 오가키의 논지에 『황성신문』이 "感謝大垣君子書"라는 글을 게재하여 공개적으로 공감을 표명한 것도[75] 같은 맥락이었다. 국권상실의 위기의식은 내정 내치의 권한을 갖는 것으로 해소되고 말았던 것이다.

이러한 보호국체제에 대한 인식은 보호국화 이전, 다시 말해서, 대외적으로 야기된 국권 상실의 위기를 대내적인 정치체제의 근대적 개혁으로 극복함으로써 국권을 확립하고자 했던 것과 대비해서 고찰할 필요가 있다. 대외적인 국권 상실의 위기에 직면해서 그것을 극복하기 위하여 모색한 근대적인 정치체제 개혁의 방안이, 대외적인 주권이 사실상 상실된 보호국체제에서 어떤 의미를 갖는가 하는 점이다. 대내적으로 정치체제를 근대적으로

---

74) 張志淵, "現在의 情形", 『대한자강회월보』 12, 1907.6.
75) 大垣丈夫, "告韓國諸君子書", 『황성신문』, 1906.2.26 ; "論說 : 感謝大垣君高義", 『황성신문』, 1906.2.27.

개혁하여 대외적으로 국권을 확립하고자 하는데 대외적으로 국가를 대표할 권한은 이미 상실한 것이다. 그러한 상태에서 대내적인 정치체제의 근대적 개혁은 여전히 유효한 것인가? 당대에 군권(君權)으로 상징된 국권은 과연 어떤 의미이며, 그것이 의미하는 바는 무엇이었는가? 정치체제를 개혁하면 대외적으로도 주권을 회복할 수 있다고 생각한 것인가? 대내적으로 근대적으로 국가체제를 개혁하면 일본이 다시 대외적인 외교권을 돌려줄 것이라고 생각한 것인가. 어떻게 대외적 대표권을 회복할 것이었는지, 회복할 수 있다고 생각한 것인지. 이미 일본의 기세에 눌려 친일의 길로 접어든 것이 아니라고 한다면 근대 국제법체제와 그 기본이 되는 근대 국가의 주권에 대한 인식이 거의 없었다고 해도 과언이 아닐 정도로 부족했음을 알수 있다.

2) 보호국화 이후 입헌군주제로 표상된 근대 국가 구상과 국가 주권

을사보호조약의 체결로 긴박해진 국권 상실의 위기의식 속에서 국가의 자주와 독립의 내실을 기하고자 촉발되었던 애국계몽운동은, 신학문인 서양의 근대 학문을 통해서 일반 민중의 지식과 지혜(民智)를 계발(啓發)하여 인민의 국가에 대한 인식을 근대적으로 제고하고 국권을 공고히 한다는 것이었다. 앞에서 보았듯이 인민은 정치에 참여할만한 교육을 받지 못하여 국가에 대해서 냉담하게 관심이 없거나 국가의 의미(진의)를 오해하고 있다고 여겼기 때문이다. 반면에 국가주의가 발달된 서양의 국민은 국가에 대하여 항상 관심을 갖고 주의를 늦추지 않아 사람마다 국가의 정의를 분명하게 이해하여 잘 안다고 여겼다.[76] 그러한 서양 사람들과는 대조적으로

---

76) 최석하, "국가론", 『태극학보』 1호, 1906.8 ; "잡록 : 국가의 본의", 『대한자강회월보』 3호, 1906. 9 ; 장홍식, "재정정리의 교란은 부기법이 없음을 증명이라", 『태극학보』 4호, 1906.11 ; 최남선, "국가의 주동력", 『대한유학생회학보』 2호, 1907.4 ; 이원생,

한국의 인민은 국권이 위기에 처한 현실에 직면해서, 국가를 걱정하며 정치체제를 개혁해 국가적 위기를 극복하고자 하는 지식인 자신들과 같은, 국가 의식이 부족하거나 없다고 본 것이었다.

이러한 연유로 지식인들은 인민을 근대의 다양한 국가에 대한 정의와 해석을 알리고 계몽하여 근대 국가란 무엇인지 깨닫게 하면서 국가의식을 고취시켜서 서양 근대 국민국가의 '국민'과 같은 존재로 이끌어야 하는 존재라고 생각하였다. 국권의 위기에 직면해서 부강한 서양의 국민국가와 대비해 보니, 인민이 국가에 대한 인식이 없어 서양의 근대적인 국가의 국민만 못하므로 인민을 '국민'이 되도록 교육시켜서 국가 의식을 갖게 해야 한다는 것이었다. 그리하면 국민적 단결로 국가를 지켜낼 수 있다는 의미였다.

이러한 애국계몽운동의 인민과 국민에 대한 논지는, 서양에서 근대 국민국가가 형성된 역사적 사실이나 그 과정에서 관철되어 기본이 된 인민주권론의 실질적인 의미에 대해서는 구체적으로 고찰하여, 국가에 대한 인식이 전근대적인 인민을 근대적인 국민으로 만들기 위한 계몽과 교육에 어떻게 연계시킬 것인지, 어떻게 실제화해야 할 것인지, 실제적인 문제들을 신중하게 고민한 흔적을 찾아보기 어렵다. 다시 말해서, 개항 이후 결과적으로 그 위력을 인정하고 수용해 개혁하지 않으면 안 된다고 판단된 서양 근대 국민국가와 같은 국체와 정체에 준해서 인민주권론을 인식하고 그것을 인민에 대한 교육을 통해서 실제화 하는 데까지는 나아가지 못했던 것이다. 전근대적인 한국의 '인민'은 서양 근대의 학문을 수용해 학습시킴으로써 근대

"논설 : 국가의 범론", 『친목』 3호, 1907.4 ; 김성희, "정치부 : 국가 의의", 『대한자강회월보』 13호, 1907.7 ; "국가의 성질", 『대동학회월보』 2호, 1908.3 ; "국가학", 『호남학보』 2호, 1908.7 ; "논설 : 토지와 인민의 관계", 『대한협회회보』 6호, 1908.9 ; 정추창 술, "국가원론", 『법정학계』 18호, 1908.11 ; 현채 술, "국가학", 『호남학보』 7호, 1908.12 ; "학원 : 국가의 법률상 관념", 『대동학회월보』 14호, 1909.3 ; "국가론의 개요", 『서북학회월보』 11호, 1909.4 ; 박해원, "학해 국가종류의 대략", 『대한흥학보』 4호, 1909.6 등.

국가의 '국민'과 같은 국가 의식을 갖도록 계몽시키는 데 국한되었다. 근대 국가의 국민과 같은 존재로 이끌어야 한다고 하면서 전제된 인민주권론적인 인식이 '국민'화될 인민의 주권과 직결되어 현재화 되는 것까지 나아간 것은 아니었던 것이다.

여기서 주목되는 것이, 국민과 국민의 국가 의식의 핵심으로써 '애국심'이 강조되고 애국심이 곧 국민 국가를 부강하게 하는 것이라고 역설되었다는 사실이다. 그와 같이 애국심에 대한 역설에서도 그 논의의 기저에 인민주권론에 의거한 국민 개개인의 주권과 권익이 전제되어 있었다고는 보기는 어렵다. 지식인들은 단지 '애국심'의 함양을 강조하며 애국심을 통해서 국민과 국가가 유기적으로 결합된다고 역설하였다. 전제정체에 비해서 입헌정체가 우수한 것은 바로 그러한 애국심이 있기 때문이라고 하였다.

> "소위 國民的 思想의 發揮된 愛國心의 強弱健否의 程度 즉 國家의 強弱
> 健 否에 影響된 理由가 발견되기에 족"

하기[77] 때문이라고 하였다. 입헌국가에는 국민이 '정치에 참여'할 수 있는 제도가 마련되어 있어서 국민의 애국심이 강하고, 때문에 "문명제국 인민은" 애국성이 높다고[78] 하였다. 입헌국가의 국민의 '참정'에 대한 구체적인 설명이 생략된 가운데 인민은 애국심을 높여서 국권을 확고히 하며 참정을 위한 교육을 받아야 한다는 것이었다.

한국의 인민은 아직 정치에 참여할만한 교육을 받지 못했기 때문에 여전히 "국권의 작동으로 복종의 의무로 피치되는 자 즉 인민"이라는 것이었다. 그렇지만, 부강한 국가를 만들기 위해서는 그 자체로서도 "애국의 의무"가

---

77) 윤효정, "專制國民無愛國思想論", 『대한자강회월보』 5, 1906.11.
78) 최석하, "정부론", 『태극학보』 3호, 1906.10 ; 최석하, "국가론", 『태극학보』 1호, 1906.8 ; 주정균, "애국심과 그 이유", 『친목』 8호, 1907.10.

있다고 하였다.[79] 또한 '국민'된 자는

"맛당히 粉骨碎身 忠君愛國의 思想을 涵養"

해야만 하고 그것이

"此實國民된 義務職分"

이라고 역설하였다.[80] 국민은 국권에 의하여 자신의 안녕과 행복을 보호받고자 하고 국가의 권력으로 자신의 신체와 재산을 보호받고자 하는 존재이니 "권력과 복종이 있은 연후에 국가적 단체가 성립하여 국민의 자유가 보장될지라"는 것이었다. 국가가 있은 연후에 곧 국권이 보존되어야 국민(인민)도 존재할 수 있으니 인민은 애국하여 국가에 충성하는 것이 그 본분이라는 것이었다.[81]

그러면서 "통치권은 국권이라 그 국가를 통치하는 주권"이고, "국민은 즉 주권의 신민(臣民)"이라고 하였다. 그리고 신민은 통치권의 목적물이라고 하였다. "통치권의 목적물이 되는 신민은 신민되는 자격으로 절대무한으로 주권에 복종하여 일정한 제한이 없나니 그 국가가 신민에 대한 특질이라"고 하였다. 이러한 통치권으로서의 국권과 주권의 피치자로서의 신민의 관계는 어떤 정체에서나 "결코 변동치 못"할[82] 것이라고 하였다.

---

79) 이윤주, "애국의 의무," 『태극학보』 5호, 1906.12.

80) 윤효정, "논설 : 국민의 정치사상," 『대한자강회월보』 6호, 1906.12 ; 이각종, "국가학," 『소년한반도』 6호, 1907.4 ; "잡보 : 愛國性質," 『대한매일신보』, 1905.10.18.

81) 옥동규, "잡조 : 인민자유의 한계," 『서우학회월보』 2호, 1907.1 ; 김중환, "애국론," 『대한구락』 1호, 1907.4 ; 남기윤, "논설 : 동포의 최급무," 『낙동친목회학보』 3호, 1907.12.

82) 한광호, "잡조 : 통치의 목적학," 『서우학회월보』 5호, 1907.4 ; 신해영, "제3장 국민의 본무," 『倫理學教科書 卷四』, 1908, p.54.

이와 같이 한국의 인민에게 애국심과 국권, 근대 국가를 지향하는 국민을 논하면서도 그들을 여전히 '신민(臣民)'이라 하여 전근대적으로 규정하며 전근대적인 무한한 복종 요구하였다. 한국의 인민을 근대 국가의 국민과는 대조적인 '신민(臣民)'으로 본 지식인들은 신민의 '애국심'을 함양함으로써 국가가 완성된다고 역설하였다.

> "國家의 名이 何者而始오 古者人君의 初級也에 有家族焉하며 再級也에 有種族焉하며 又進級爲民族焉하니 盡由家族團體而合爲種族하며 由種族團體而合爲民族則共同社會가 以之生焉하여 國家全體가 自在於無形之界矣라."83)

당시 지식인들에게 국가는 가족 → 종족 → 민족 공동사회 → 국가로 확장되는 것이었음을 알 수 있다.84) 그러한 국가는 개인이 유기적으로 결합된 실체이면서 동시에 개인 위에 스스로 존재하는 법인체로 인식되는 것이었다.85) 이와 같은 국가유기체적인 인식은 당시 계몽운동세력뿐만 아니라 한말 지식인들이 일반적으로 공유하고 있던 국가관이었다. 국가유기체설은 원래 그것이 만들어졌던 곳에서의 정치적 의미와는 무관하게 동아시아에서 선택적으로 채용된 것이었다. 그것은 개체로서의 국민과 국가 의식을 강조하고 그러한 의식을 상대적으로 결여하고 있던 아시아 국가에서 단합된 국민 의식을 고양하도록 도와주는 이데올로기로서의 효용성을 갖는 것

---

83) 김성희, "정치부 : 국가의 의의", 『대한자강회월보』 11호, 1907.5.
84) 윤거현, "국가의 성질과 형체", 『공수학보』 2호, 1907.4 ; 전재익, "국가의 신민된 권리와 의무", 『법정학계』 6호, 1907.10 ; "인격의 관념과 요소", 『대동학회월보』 3호, 1906.4 ; 신채호, "논설 : 역사와 애국심의 관계", 『대한협회회보』 2호, 1908.5 ; "논설 : 국가는 즉 一家族", 『대한매일신보』, 1908.7.31 ; 박일찬, "독립이 必在於단결", 『태극학보』 26호, 1908.11 ; "논설 : 國은 즉 一大家", 『대한매일신보』, 1909.5.13.
85) 김성희, "정당의 사업은 국민의 임무", 『대한협회회보』 1호, 1906 ; 김성희, "자유설", 『야뢰』 1호, 1907.2 ; 김성희, "독립설", 『대한협회회보』 7호, 1908.1 ; 박두화, "논설 : 국가성립의 무형요소(즉 통치권)", 『법정학계』, 1908.8.

이었다.86) 따라서, 일본의 국가학 수용에서 보이는 바와 같이, 국가의 주권을 확립하기 위한 국가적 단결이나 국가를 중심으로 한 경쟁력의 필요를 역설하는데 적극적으로 채용되었다.

그러한 국가관은 일본을 통해서 본격적으로 수용되기 시작한 신학문으로서의 정치학과 보호국화 이후 전격적으로 도입된 일본의 '국가학' 관련 서적들을 통해서 확산되었다. 서양 학문으로서의 정치학은 주권자가 국토와 '신민'을 통치하는 전체 행위를 강구하는 학문이라고 여겨졌다. 따라서 국권을 확립하기 위한 국가적 대처 방안을 모색하기 위해서 학습해야 할 중요한 근대 학문으로 받아들여졌다. 지식인들은 서양의 정치학을 통해서 국가의 현실 정치를 파악하기 위한 이론적인 근거와 기반을 구하며 근대적인 국가와 국가 주권의 형태를 논하였다. 일본인이 서양의 정치학을 배우고 중국인이 일본의 정치학을 배웠기 때문에 후진국이 선진국의 정치 상태를 알게 되고 정치의 학(學)을 구했다고 하였다. 정치학은 외국인(한국인)도 그 학문을 연구하면 득이 되는 것이므로87) 배워야 한다는 것이었다.

"試究我國貧弱之所由因컨 未嘗不由政治之結果니"

라고 하였다.88) 국권 상실의 위기가 바로 정치로 인한 것이니 서양의 정치학을 수용해서 그것을 통해서 정치체제를 근대적으로 개혁하기 위한 방안을 강구해야 한다는 것이었다. 그러므로 인민이 정치에 참여하기 위해서 배워야 할 것 또한 정치학이었다. 이와 같은 정치학의 수용은 국가란 무엇

---

86) 박상섭, "한국 국가 개념의 전통 연구", 『개념과소통』 창간호, 2008, p.164.
87) 심의성, "정치부 : 정치학총론", 『대한자강회월보』 12호, 1907.6 ; 심의성, "정치부 : 정치학총론", 『대한자강회월보』 13호, 1907.7 ; "정치원론-범론정치학", 『朝陽報』 2-12호, 1907.12 ; 이승근, "논설 : 정치문답", 『낙동친목회학보』 4호, 1908.1 ; 李迅, "정치학설", 『호남학보』 2호, 1908.7 ; 안국선, "興學講究-정치학연구의 필요", 『기호흥학회월보』 2호, 1908.9 ; SK, "학예 : 정치론", 『대한흥학보』 8호, 1909.1.
88) 장지연, "논설 : 國家貧弱之故", 『대한자강회월보』 6호, 1906.12.

인지, 어떤 국가가 자주 독립한 국가인지 고찰하여, 보호국에 처한 한국의 국가를 진단하는 근거로 삼아, 자주 독립의 내실을 갖춘 근대 국가가 될 수 있도록 처방해 실천하기 위한 것이었다.

정치학을 통해서 국가와 정치에 대한 이론이 고찰되는 한편으로 본격적으로 '국가'에 대한 논의가 시작되어 교과서적도 편찬되었다. 1906년에 나진(羅絪)과 김상연(金祥演)이 번역해 설명한(譯述)『국가학』이 발간되었다.[89] 이 책은 1896년 아관파천 이후 학부에서 번각하여 발행했던 한역『공법회통』의 저자 블룬칠리(Johann Kaspar Bluntschli, 1808~1881)의 일본어 번역을 중역(重譯)한 것이었다. 블룬칠리의 공법회통은 황제권 중심의 '대한국국제(大韓國國制)'를 만드는 데 사상적 영향을 미친 것이었다. 그러한 블룬칠리의 서적은 또한 1907년과 1908년에 안종화(安鍾和)와 정인호(鄭寅琥)가 량치차오(梁啓超)의 중역(中譯)을 저본으로 삼아『국가학강령國家學綱領』과『국가사상학國家思想學』으로 출판되었다. 스위스 출신의 독일 법학자이자 정치가인 블룬칠리는 한말 근대적 개혁의 중요한 시기마다 한국에서 주목되어 중요한 영향을 미쳤다.[90]

그와 같은 블룬칠리의 저술을 중심으로 한 국가학의 수용은 일본에서 메이지 관료들을 중심으로 국법론, 정당론, 국회론, 내셔널리티(nationality)론 등 다양한 주제로 번역되어 광범한 주제로 채용된 것으로부터 비롯된 것이었다. 일본에서 수용된 블룬칠리의 국가학은 메이지유신 이후 새로운 국가 체제를 수립해야 할 메이지 정부의 필요에 의해서 채용된 것이었다. 그 핵심은 국가가 사회의 우위에 서는 독일형 근대 국가체제를 지향한 것이었다. 그리하여 일본에서 블룬칠리의 국가학 수용은 그 속에 내포되어 있는 자유주의적 요소를 배제하고 일본 역사 속의 신비스런 세습적 요소를 접합

---

89) 나진 · 김상연 역술,『국가학』, 민족문화, 1986, 영인.
90) 블룬칠리 국가학의 수용에 대하여는 전상숙, "근대 '사회과학'의 동아시아 수용과 메이지 일본 '사회과학'의 특질",『이화사학연구』44, 2012 참조.

하여 이루어졌다.

블룬칠리의 근대국가론과 국가유기체설에 입각한 절대군주제론을 메이지 국가체제의 확립을 위하여 선택적으로 채용해 재편한 것이었다. 그러한 일본의 국가학은 일본과 같이 군주제를 유지하여 근본적인 기존 질서를 파괴하지 않으면서도 근대적으로 개혁하여 국권을 확립하면서도, 동시에 메이지유신을 일으킨 하급무사들처럼 넓은 의미에서 지배세력에 속한다고 할 수는 있어도 그 핵심인 통치엘리트는 될 수 없었던 변혁적 한국 지식인들에게 유용하고 실질적인 학문으로 받아들여졌다.

개국 이후 지속된 일본의 영향 속에서 모색된 본격적인 근대적 개혁의 방안이 일본 국가학을 통해서 군주제를 온존시키면서 정치체제의 개혁을 이루어 통치엘리트의 교체를 가져오는 근대 국가 모델로 나아갔던 것이다. 앞에서 언급한 바와 같은 유기체적 국가관도 그와 같은 맥락에서 수용, 형성되었던 것이다.

당시 지식인들은 대부분 국권상실의 원인이 전제정치에 있다고 보았다.[91] 그런데도 보호국으로 전락되는 상황에서조차 군주의 주권을 부정하지는 않았다. 보호국체제가 내정 주권이 유지되는 것이니 식민지가 아닌 여전히 독립국이라고 했던 지식인들은 오히려 군주의 주권을 역설하는 경향이 있었다.[92] 군주 주권을 강조함으로써 국체를 유지하여 대내적인 국가적 소요 내지 불안정을 야기하지 않으면서 정치체제의 개혁을 이루기 위한 것이었다고 할 수 있다. 또한 다른 한편으로 그 이면에서 입헌주의의 역설을 통해서 정체를 개혁하여 사실상의 체제개혁을 꾀했다고도 할 수 있다.

또한, 개혁적 지식인들은 국권의 위기를 야기했다고 한 전제정치의 문제를 입헌(立憲)을 통해서 제한함으로써 해결하고자 하였다. 입헌에 대한 강

---

91) 김도형, 『대한제국기의 정치사상연구』, 지식산업사, 1994, pp.96~97.
92) 신해영 편술, "第一章 國家總論", 『倫理學敎科書 卷四』, 1908, pp.13~15 ; 김상연 강술, 『헌법』, 1908, pp.157~159.

조는 일본의 천황제와 같이 군주의 권한은 존중하면서도 그 권력의 집행은 제한하는 의미를 갖는 것이었다. 입헌에 대한 강조는 제한된 군주의 권한을 군주의 권력을 대행하는 기구인 의회가 대행하도록 하기 위한 것이었다. 입헌제는 의회의 군주권 대행을 위하여 설정된 제도적 장치였던 것이다.[93] 그와 같은 입헌정체(立憲政體)에 대한 요구는 1905년 5월에 설립된 헌정연구회에서 주창된 이래 대한자강회, 대한협회 등 애국계몽운동기 개혁적 지식인들이 국가적 실력의 양성과 국권을 회복하기 위한 국민국가의 건설을 주장하는 핵심 논지였다.[94] 입헌정체의 정신은 "君民同體며 上下一致"로서 전제정치와 비교되며 '국민'이 국가사상 곧 애국심을 갖게 할 수 있는 정치체제라고 역설되었다.[95]

입헌정체에서 법은 "국가를 治하는 大具"라 하였다.[96] 그러니 이제 법은 "維持國家하고 保護人民의 한 관건"이자 "民生活의 規則"으로써 국가와 국민이 모두 배워야만 하는 것이라고 강조되었다.[97] "입헌(立憲)"은 "문명부강의 주물(主物)이고, 문명부강은 입헌의 종물(從物)"이라 하여 입헌국이 아니면 독립을 유지할 수도 추락한 국권도 회복하기도 어렵다고 역설되었다.[98] 또한 입헌을 통해서 군주권을 제한하는데 반대하는 의견에 대해서는

93) 김상연(1908), pp.157~159.

94) 신용하,『독립협회연구』, 일조각, 1976 ; 신용하, "19세기 한국의 근대국가 형성문제와 입헌공화국 수립운동",『한국의 근대국가형성과 민족문제』, 문학과지성사, 1986 ; 왕현종, "대한제국기 입헌논의와 근대국가론",『한국문화』29, 2002 ; 왕현종,『한국 근대국가의 형성과 갑오개혁』, 역사비평사, 2003 외.

95) 윤효정, "專制國民은 無愛國思想論",『대한자강회월보』5, 1906.11. pp.18~22 ; "론설 : 헌법정치 연구회의 필요",『대한매일신보』, 1910.3.19 ; 薛泰熙, "憲法緖言",『대한협회회보』3, 1908.6. pp.29~30 ; 金振聲, "立憲世界",『대한흥학보』4, 1909.6. pp.21~22.

96) "논설 : 법률가의 역사적 지식",『법정학계』22호, 1909.4.

97) 석진형, "국가공법에 대한 세인의 오해와 연구의 필요",『소년한반도』6호, 1907.4 ; 이면우, "법률은 보국의 필요",『법정학계』1호, 1907.5 ; 설태희, "논설 : 법률상 人의 權義",『대한자강회월보』9호, 1907.3 ; 석진형, "법률의 필요",『대한협회회보』2호, 1908.5 ; "논설 : 법령 연구의 필요",『대한매일신보』, 1908.11.11.

입헌은 오히려 정부의 권리가 신장되어 군주의 위엄을 높일 수 있는 것이 므로 국가와 인민 모두 만족시킬 수 있는 것이라고 강조되었다.[99]

입헌정체를 통해서 권한이 커진 의회가 법률에 의거하여 정치를 잘하면 국권이 확립되고 그러면 곧 군주의 위엄도 높아지니 국가와 인민 모두 만 족할 것이라는 것이었다. 이러한 논지로 입헌정체는 "國家億萬年有道之長" 이라[100] 하여 애국계몽운동기 정치체제 개혁의 요체가 되었다. 앞에서 본 바와 같이 정당한 법률의 준수와 그에 기초한 입헌군주제의 정체는 영국형 과 독일형으로 나뉘어 각각 보호주의와 유도주의, 방임주의와 간섭주의, 개 인주의와 국가주의로 설명되고 독일형을 채용한 일본식 입헌군주제로 연 계되어 설파되었다.[101] 이러한 입헌군주제론은 블룬칠리로 대표되는 유기 체적 국가론에 대한 이해와 직결된 입헌군주제, 입헌군주정과 함께 논의되 었다.

그와 같은 입헌군주제에서 중요한 것은 국가 주권으로서의 '통치권' 곧 보호국이지만 독립국이라고 강조된 요체인 내정(內政) 주권(主權)을 실질 적으로 집행하는 권한이었다. 내정 주권 곧 통치권은 근대 국가의 중요 요 소로써 국가를 통일적으로 이끄는 데 필요한 명령과 강제를 행하는 권력이 라고 인지하고 있었다.[102] 내치를 의미하는 통치권은 국가의 경쟁력을 이 끌어 자주 독립 국가의 내실을 강화하여 보호국의 난관을 타개하기 위한 요체라고 여겨졌다. 그러므로 당시 입헌군주제에서 실질적인 통치권 곧 내 치의 권한을 누가 갖는가 하는 것은, 사실상, 국가를 위기에 처하게 한 군 주(君主)를 대신해서 의회를 통해서 국가를 위기로부터 벗어나게 할 의회

---

98) 金振聲, "立憲世界",『대한흥학보』4, 1909.6. pp.22~23.

99) 金振聲, "政黨의 事業은 國民의 責任",『대한협회회보』1, 1908.4. p.27 ; 金振聲, "立憲世界",『대한흥학보』4, 1909.6. pp.21~22..

100) 李沂, "政治學 續",『호남학보』3, 1908.8. pp.27~31.

101) 변영만, "국가정무의 범위",『친목』3호, 1907.4.

102) 이각종, "국가학",『소년한반도』3호, 1907.1 ; "통치권의 성질",『대동학회월보』 7호, 1908.8.

정치의 리더를 논하는 것이었다.

한말 개혁적 지식인들은 정치체제 개혁안으로 입헌군주정(立憲君主政)을 논하면서 전통적으로 국가의 통치자로서 국부(國父)와 같은 존재로 여겨지던 군주에게 주권이 있는 것으로 인정하며 군주권을 부정하지 않았다. 그러나 "我國貧弱之所"의 원인이 된 정치 그 정치를 행한 대한제국의 전제적인 군주의 주권을 제한할 필요가 있음을 역설하였다. 전제적인 군주권은 러시아나 중국의 예에서 볼 수 있는 바와 같이 전쟁을 패배로 이끌어 '쇠망국'이 되게 한 요인이라고 비판하였다.[103] 따라서 군주 자체를 국가로 보는 것 또한 전제정치의 유물이라고 비난하였다.[104]

그러면서

> "國內皇室變易과 政體變更으로 國家가 亡한다 謂함이 不可"

하다고[105] 하였다. 이와 함께 입헌군주정에서 대개의 경우 통치권의 주체는 군주이나 군주의 통치권은,

> "헌법상으로 통치의 기관을 설치하고, 통치권의 작동은 그 기관에 위임하여 발표하니, 예를 들어 我國의 내각, 각 府部가 그것이라. 이 기관은 권력주체가 아니오 권력주체를 위하여 존재하는 설비로 일정한 국권의 활동을 외부에 발표하는 자이니, 이 국권의 작동을 발표함으로 인하여 복종의 의무로 피치되는 자는 즉 국토와 인민"

이라고 하였다.[106]

---

103) 郭漢倬 譯, "憲法", 『태극학보』 6, 1907.1. pp.27~28 ; 蔡基斗, "淸國의 覺醒과 韓國", 『대한학회월보』 9, 1908.11. p.4 ; 김진성, "입헌세계", 『대한흥학보』 4, 1909.6. pp.22~23 ; 소앙생, "甲辰 以後 列國 大勢의 變動을 論 함", 『대한흥학보』 10, 1910.2, pp.7~14 ; "헌법정치연구회의 필요", 『대한매일신보』, 1910.3.19.
104) 이각종, "국가학", 『소년한반도』 5호, 1907.3.
105) "잡록 : 國家及皇室의 分別", 『대한자강회월보』 3호, 1906.9.

그리고 입헌국에서는 특별한 경우를 제외하고 국무(國務)는 모두 "국무대신"이 보필하여 외부에 대하여 그 효력을 가지며 "국민"도 정무에 참여하는 제도가 있으니 그것이 곧 의회이고[107] "發揮自由民參政之精神이 是曰政黨"이라고 하였다.[108]

이러한 논의는 영토와 국민, 주권을 주요 구성 요소로 하는 근대 국가에 대한 이해에 기초하여 군주제를 표방한 정치체제를 의회정치로 개혁하여 인민이 정치에 참여할 수 있는 실질적인 정치개혁을 역설하는 것이었다. 전제정치는 군주가 무한 권력을 가졌기 때문에 전권을 억압적으로 운용하므로 민권이 부진해져서 상하 통합이 불가능하고 "귀족관료가 군주를 위시한 私黨"을 통해서 운용되어서 문제가 되었다는 것이었다. 그러나 공화정치(共和政治) 또한 결국 평민이 귀족과 결탁함으로써 귀족의 전횡이 이루어졌기 때문에 혁명이 일어나서 민주정치(民主政治)가 등장하게 되었다고 하였다.

그리하여 인민이 정치에 참여하는 민주정치에 대해서,

> "民政은 平民의 재능과 재력이 日益增長하여 귀족의 경멸을 받지 않고
> 천부의 자유를 지키는 것"

이라고 높이 평가하였다. 종래의 경험으로 볼 때 귀족과 전제의 양 정치체제가 모두 유해하기 때문에 좋은 정치체제로 민주정체가 행해지기에 이르렀다는 것이다.[109] 보호국화 이전에 '데모크라씨'가 현재는 선(善)정체로 불

---

106) 윤익선, "통치권의 성질과 범위", 『법정학계』 6호, 1907.10.

107) "의회의 성질 及 其 조직을 논함", 『대동학회월보』 10호, 1908.11.

108) 김성희, "정치부 : 정당의 사업은 국민의 책임", 『대한협회회보』 1호, 1908.4.

109) 윤효정, "專制國民無愛國思想論", 『대한자강회월보』 5호, 1906.11 ; 원영의, "정치의 진화", 『대한협회회보』 7호, 1908.1 ; 안국선, "학해집성-고대의 정치학", 『기호흥학회월보』 4호, 1908.11 ; 최석하, "정부론", 『태극학보』 3호, 1906.1 ; 안국선, "정부의 성질", 『대한협회회보』 7호, 1908.1 ; 김성희, "정치부 : 정당의 사업은 국

린다고 하면서도 "데모프라씨는 다수정치의 나쁜 예"라고[110] 하여 민주주의를 부정적으로 평가했던 것으로부터 변화된 것이었다. 민주정치, 민주정에 대한 인식이 변화되어 그 시행을 주창하고 있음을 알 수 있다.

이때 민주정치에 대한 지지는, 근대의 입헌정치가

"君民同體이며 上下一致로 萬機를 公議에 의하여 결행하는데 在하니 그 운용 기초는 國民多數의 선량 公黨公會에 在"

하다고 하여 입헌군주정을 실시해야 한다는 것과[111] 직결된 것이었다. 그 내용은 위의 인용문과 같이 군주의 국가 주권을 내각이 대행하는 형태로 통치권을 행사하는 것이었다. 입헌으로 제한된 군주권을 그 대행 기구인 의회가 국무대신을 필두로 한 내각 관리들을 통해서 행사하는 것이었다. 내각은 군주의 내정 주권을 대행하는 제도로 설정되었다. 또한 내각은, 국민도 정무에 참여하는 제도가 있으니 곧 의회이고 그 자유로운 참정의 정신이 발휘된 것이 정당이라고 하여, 국민의 대표로서의 권한도 갖는 것이었다. 이러한 구상은 전제군주제의 잘못으로 민주정체가 흥하게 되었다고 역설하며 "국민다수의 선량한 공당공회"에 기초한 입헌군주정을 역설하는 것으로 전개되었다.

그런데 이때 인민(국민)은, 정치에 참여하는 제도(의회)도 있고 국민이 자유롭게 정치에 참여하는 정신이 발휘된 정당이 언급되면서도, 여전히 국

민의 책임",『대한협회회보』 1호, 1908.4 ; "政體의 구별",『대동학회월보』 8호, 1908.9 ; 박두화. "전제정치의 이해",『법정학계』 16호, 1908.9 ; 조성구, "국가의 정치는 입헌정체가 好아 전제정체가 好아",『법학협회회보』 1호, 1908.11 ; "국가론개요",『서북학회월보』 12호, 1909.5 ; 김진성, "연단 입헌세계",『대한흥학보』 4호, 1909.6 등.

110) 안명선, "정도론",『친목회회보』 5호, 1897.9.

111) 안국선, "興學講究－정치학 연구의 필요",『기호흥학회월보』 2호, 1908.9 ; 윤효정 (1906.11).

권의 작동에 복종해야 할 의무가 있는 피치자로 규정되었다. "국권의 작동으로 복종의 의무로 피치되는 자 즉 인민"이었다.[112) 입헌군주제와 입헌군주제의 의회의 역할과 기능 및 국민 다수의 공당을 언급하며 민정을 높이 평가하는 데서 알 수 있는 바와 같이 전제군주제에 대항하여 등장한 인민주권의 민주주의에 대하여 분명하고 인식하고 있었다. 그렇지만 그것은 의회의 기능과 권한을 논하는 데 국한되고 인민주권의 실시는 여전히 유보하는 것이었다.

인민을 정치참여자로서의 주체성 곧 주권을 갖는 민정(民政)의 주체로는 인정하지 않았던 것이다. 입헌을 논하며 입헌정체가 '인민'의 권리와 이익을 위한 것이라고 하고[113) 입헌을 하면 '국민'이 복을 받게 된다든지[114) 프랑스대혁명 이후 인권선언론이 전파되어 입헌정체를 실시한 나라가 모두 문명국이 되었다고[115) 역설되었다. 그러나 이 모두 한국 인민의 주권과는 거리가 있는 것이었다. 애국계몽운동기 입헌군주제로의 정치체제개혁론은 보호국화 이전과 비교해서 보면 민정(민주주의)을 긍정적으로 논하는 것에서 알 수 있는 것처럼 체제개혁의 강도를 높였다고 할 수 있다. 그렇지만 인민을 계몽의 대상이자 피치자로 보는 인식이 근본적으로 변화되지는 않았다.

전제군주의 주권을 제한한 입헌군주정에서 인민의 참정 기구인 의회와 정당 제도도 존재하고, 의회가 있어 국무대신을 필두로 한 관리들이 군주의 주권을 대행하고, 국민의 참여 '정신'이 발휘된 기구인 정당도 언급되었다. 그러나 이 모든 것이 인민이 직접 정치에 참여하는 의미를 갖는 정치단체 또는 정치적 기구나 제도와는 거리가 있는 것이었다. 시민혁명을 통해

---

112) 이윤주, "애국의 의무, 『태극학보』 5호, 1906.12.
113) 김성희, "정당의 사업은 국민의 책임", 『대한협회회보』 1, 1908.4. p.27.
114) 이기, "정치학 속", 『호남학보』 3, 1908.8, pp.27~31.
115) 김진성, "입헌세계", 『대한흥학보』 4, 1909.6. pp.22~23.

서 전제군주제를 입헌군주제로 바뀌게 한 서양의 인민주권론에 대한 인식이 있었다고 할 수 있어도 그것이 한국 사회에서 실현될 수 있다거나 실현되어야 한다고는 생각하지 않았던 것이다.

그러한 입헌군주정에 대한 논의는 주권이 인민에게 있는 공화국이나 군주가 주권을 장악하는 군주국을 모두 폐단이 있다고 본 데에서 이미 내포되어 있었던 것이다. 입헌군주국은 그와 같은 양 국체의 단점을 보완하고 절충해서 만든 가장 완전한 정치체제로 역설된 것이었다.[116] 보호국 시기 입헌군주정의 핵심은 내정의 실권은 군주도 인민도 아닌, 내각과 각부의 관리이자 근대적인 정치체제의 개혁을 논하며 국권 확립의 방안을 모색하고 실천하고 있는 논자들 곧 개혁적 지식인과 관리들 자신들이 가져야 한다는 데 있었던 것이다.

전제군주제의 문제는 국권상실의 위기로 이미 증명된 바이고 인민은 아직 신민으로써 계몽의 대상이니 국가적 경쟁력을 높여 자주독립국가의 내식을 다져 난관을 타개할 수 있는 것은 곧 자신들밖에 없다는 것이었다. 그것이 곧 그들이 높이 평가한 민정의 핵심이었다. 자신들을 메이지유신을 이끈 메이지관료와 같은 존재로 여겼던 한말 개혁적 지식인들은 자신들이 정치를 주도하는 "민정(民政)"을 역설했지 인민주권의 '민주정(民主政)', 민주주의를 논한 것이 아니었던 것이다.

그러면 결국 국가적 독립을 공고히 하기 위한 '국민적 애국심'을 어떻게 함양할 것인가 하는 것이 바로 그 민정의 관건이 될 것이었다. 앞에서 언급한 바와 같이 문명국인 근대 국민국가의 국민과 같이 '인민'을 '국민'화 하는 것의 요체는 애국심에 있다고 보았기 때문이다. 그러므로 인민의 애국심을 함양하여 국가 인식 곧 근대 국민국가와 같이 단결된 국가 의식, 국민 의식을 갖게 하는 것이 그들의 입헌정체를 통해서 국권을 공고히 하는 핵심이

---

116) 신해영(1908), pp.6~8.

될 것이었다. 이는 곧 누가 인민의 애국심을 고양시켜서 근대적인 국민국
가를 만들 수 있을 것인가 하는 문제이기도 하였다. 그가 곧 근대적인 국권
을 확고히 하여 국민 국가를 이끌 주역이 될 것이기 때문이다. 그는 입헌으
로 제한된 군권을 대행하여 실질적인 통치권을 행사하는 정치적 리더가 될
것이었다.

그것은

> "연즉 輕世家의 當務는 眞正強健한 愛國心을 養成發達케 하야 國家全部
> 에 이 精神이 充滿케 하는 것으로 急務로"

삼아야 한다고[117] 한 것으로 분명해진다. 여기서 '경세가'는 '정치가'를 의미
하는 것이었다.

정치가의 본직은,

> "항상 國家의 隆衰와 人民의 利害되는 所由를 講究計圖하여 國家의 品位
> 其 增進를 期하며 人民의 幸福은 其 完全을 期하야 民興國이 隆衰利害로
> 써 自己의 擔任"

라고 하였다. 정치가는 정치를 실제로 하여 "國家의 目的을 達함으로 百般
의 手段을 探하는 者"였다.[118] 그런데 정치학자와 정치가는 국가의 목적을 달
성하기 위한 제반 수단을 강구하는 데 밀접한 관계를 갖고 있다. 그러므로

> "政治學者로 政治家가 되고 政治家와 政治學을 兼備한 者면 其 國
> 家의 幸이 莫大하다 云하리로다. … 今日 社會進步된 國家에 在하

---

117) 최석하, "정부론", 『태극학보』 3호, 1906.10 ; 최석하, "국가론", 『태극학보』 1호,
1906.8 ; 주정균, "애국심과 그 이유", 『친목』 8호, 1907.10.
118) 윤효정, "논설 : 정치가의 持心", 『대한자강회월보』 12호, 1907.6 ; SK생, "학예 :
정치론", 『대한흥학보』 9호, 1910.1.

야 學識이 有한 政治家를 要求하나니 智識競爭場裏에 身을 立한
者 此學을 深究함이 可할진져"라[119]고 하였다. 또한 "國家의 自立
은 國民의 團體力을 쌓아 기초가 되는 것이오 국민의 단체는 國中
有志者를 因하야 기점이 된다"

고 하였다. 대한협회의 경우는 스스로 "政見이 有하며 學文이 有하며 資産
이 有할뿐 아니라 경험이 풍부한 紳士며 學士며 志士"들이라고 하였다.[120]

　이러한 일련의 논지를 통해서 볼 때 애국계몽운동을 전개하고 있는 지식
인들, 계몽관료들이 국민의 단체적 애국심을 분발케 하여 자립국의 내실을
기하는 통치권을 실행해야 한다는 것을 역설하고 있음을 알 수 있다. 그들
개혁적 지식인들과 계몽관료들은 전제군주를 비판하고 인민은 계몽되어야
할 대상으로써 자신들이 이끌어야 할 열등한 존재라고 인식하였다. 때문에
정치학을 공부한 정치가인 지식인들, 관리들이 내각과 정당을 통해서 그들
을 계몽, 지도하여 애국심을 함양하는 통치권을 실행해야 한다는 것이었다.
"통치권은 국권이라 그 국가를 통치하는 주권"이고, "국민은 즉 주권의 신
민"이라고 한 것이 입헌군주정의 요체였다고 하겠다. 그와 같이 통치권을
논하며 국가적 위기를 극복할 수 있는 근대적인 능력과 정견, 그리고 소임
이 있는 존재로서 지식인 자신들의 역할을 강조했던 것이다.

　한말의 지식인들과 계몽 관료들은 입헌군주제의 군권을 견제하고 실제
적인 통치권을 확보하여 근대적인 국가체제를 정립하고자 하였다. 이러한
점에서 그들은 개혁적이며 진보적이었다. 다시 말해서 전통적인 전제적인
군주의 군주권을 근대적인 입헌주의에 의거하여 제한하고 그 실권을 국민
을 대표하는 의회를 통해서 실행하는 정치체제로 개혁하려고 했다는 점에
서 그들이 주창한 입헌군주제의 국체와 입헌군주정의 정체는 개혁적이며

---

119) SK생(1910.1).
120) 윤정효, "我會의 본령", 『대한협회회보』 9호, 1908.

진보적이었다.

그러나 그러한 입헌군주제 국가의 개혁성과 진보성은, 애국심의 주체인 인민에 대한 인식에서 분명하게 드러나듯이, 기존의 전통적인 신분제 국가를 근대적인 인민주권의 국민국가체제로 근본적으로 변혁하는 것은 아니었다. 입헌군주제의 정체는 기존의 통치체제에서는 통치엘리트가 될 수 없었던 개혁적인 진보적 지식인들과 하부 관료들이 정치에 참여할 수 있게 한다는 상대적인 의미에서 민정(民政)이었다. 그렇지만 인민주권의 민주주의를 의미하는 민주정(民主政)은 아니었다.

군권을 적극적으로 제한하는 의미로 사용된 인민주권의 대상은 입헌군주정을 논하는 지식인들에 국한된 것이었다. 이러한 의미에서 한말 입헌군주제로 표상된 근대 국가 구상은 근대 국민국가 체제의 기반인 인민주권론을 전격적으로 수용하여 국가체제를 근본적으로 변혁할 정도로 혁명적이지는 않았다. 바로 이 점에서 한말 입헌군주제의 정치체제개혁론은 여전히 보수적이었다고도 할 수 있다. 넓은 의미에서 기성 지배세력에 속하는 지식인들의 정치참여를 제도화하고자 한 것이었다고 할 수 있기 때문이다. 이 점에서 한말 입헌군주제의 국가관은 근대적 변환기에 제3의 세력으로 부상한 부르주아세력을 중심으로 봉기한 시민혁명을 통해서 형성된 서양 근대 국민국가와는 차이가 있었다. 동시에 메이지유신을 통해서 정치체제를 개혁한 메이지관료와 유사하다고 할 수 있다.

다른 한편으로, 국내에서 군주권이 부정되지 않았던 것과는 대조적으로 재미 항일운동단체였던 공립협회나 국민회의 기관지 『신한민보』 등에서는 인민주권론에 입각한 사회계약론이 논의되고 군주 주권이 부정적으로 평가되기도[121] 하였다. 그렇지만 그러한 논의나 논조가 국내의 지식인들이 전통적인 군주의 상징적인 권위를 부정하거나 인민주권을 논하는 데까지

---

121) 백동현, 『대한제국기 민족담론과 국가구상』, 고려대 민족문화연구원, 2009, pp.266~274.

나가지 않았던 것과 관련하여 당시 직접적으로 영향을 주고받았는지는 분명하지 않다. 다만, 서양의 노동운동이 소개되고 공산주의 또는 "계급관념"이 소개되며 그러한 혁명 사상이 일관되게 부정적으로 인식되었다는[122] 사실은, 당대의 개혁적 지식인들이 구상하고 있던 국가 구상이 서양 열강과 같은 자유주의적 부르주와 근대국가 곧 자본주의적 근대 시민민주주의의 국민국가체제에 대한 이해와 밀접한 관계가 있다고 할 수 있다.

그렇지만 이 점에서 재고할 것이, 보호국화로부터 식민지화로 이어지던 당시 지식인들이 인민주권을 근대 국민국가의 주권 확립을 위한 정치체제 개혁론과 연계하여 현실적으로 구체화하지 않았다는 점이다. 이 점에서 한말 지식인들의 근대 국가관은 서양 근대 시민민주주의 부르주와 국가관과 유사하다는 점만 지적되고 있다. 그러나 동시에 바로 그 점에서 스스로 근대적인 정치적 개혁의 주체로서 근대적 정치 지도자로 자처했던 한말 진보적 지식인들이 서양 근대의 부르주아와 같은 다른 사회적 성격을 갖고 있지 않았다는 사실 또한 상기할 필요가 있다.

한말 개혁적 지식인들은 비록 통치엘리트는 아니었지만 넓은 의미에서 사회적 지배세력에 속하는 사람들이었다. 그들은 개국 이후 지속된 일본의 강력한 영향력 하에서 전통적인 지배세력의 경계에 있다가 신지식을 통해서 부상한 신지식인, 신진 엘리트들이었다. 갑오경장 이후 관비일본유학생을 비롯해서 급증한 일본유학 출신의 중인층으로 넓은 의미에서 한국 지배세력 내부에 존재한다고는 할 수 있지만 거기서는 주변적인 '내부적 주변인'이었다고 할 수 있다. 김영모의 조선지배층연구(1981)와 박기환의 일본유학생 연구[123]를 통해서 알 수 있듯이 전통사회에서 지배세력의 주변인에

---

122) 장홍식, "노동자와 기업자의 대항", 『공수학보』 3호, 1907.7 ; "논설 : 단체를 성립하는 방법", 『대한매일신보』, 1909.1.17 ; 최석하, "我韓人의 사상계를 논함", 『서북학회월보』 13호, 1909.6.

123) 朴己煥, "近代日韓文化交流史硏究 : 韓國人の日本留學", 大阪大學大學院 博士學位論文, 1998.12.

불과했던 그들은 일본유학을 통해서 국가의 독립과 근대화를 책임질 교육과 사명감을 가진 엘리트가 되어 돌아왔다. 그들의 정치체제개혁 구상은, 메이지유신의 관료들과 같이, 전통적인 한국 지배세력의 '내부적 주변인의 국가개혁'이라는 현실적, 실천적 차원에서 이루어진 것이었다.[124]

그러므로 그들은 근대적인 경제체제의 변화 과정에서 축적한 부를 토대로 아래로부터 사회적 발언력을 확장하며 제3세력으로 새롭게 등장한 서양 부르주아와는 기본적으로 그 사회적 성격이 달랐다. 서양의 근대 부르주아지들이 경제력을 통해서 사회적 영향력을 확장하며 정치적 권한을 추구하였다. 반면에, 한말 개혁적 지식인들은 경제적 기반이나 그것을 토대로 한 민중과의 연대나 지지를 받을 수 없었다. 따라서 자신들이 속한 지배세력 내의 통치구조를 개혁함으로써 정치적 권한을 장악하고자 하였다고 할 수 있다. 또한 그 정치적 권한을 통해서 근대화를 추진함으로써 자신들의 정치적 권한을 유지할 수 있는 사회적, 경제적 기반 또한 구축되어갈 것이었다.

그들의 자산은 당면한 국가적 근대화에 요구되는 근대 교육을 먼저 받았다는 것이었다. 먼저 습득한 근대 지식을 토대로 그들은 국가의 정치체제를 개혁하고 인민을 계몽해 이끄는 정치지도자, 통치엘리트가 되고자 하였다. 서양 부르주아지와 같은 경제적 계급적 기반을 갖지 못했던 그들은 형식적으로라도 인민, 민중과 연대하기 어려웠다. 따라서 인민은 동지가 아니라 계몽의 대상으로만 머물렀다. 그들에게 인민은 피지배자이고 자신들은 지도자였다. 인민주권론을 토대로 인민을 주권을 가진 장기적인 사회적 정치적 동반자라고 생각하지 않았다. 따라서 민중과 연대할만한 민중적 토대를 갖기 어려웠다. 그러므로 서양 국민국가 체제를 역사적, 국제정치적인

---

124) 전상숙, "한말 신문·잡지 언설을 통해 본 근대 서양 '사회과학' 수용의 역사정치적 성격", 진덕규 편, 『한국 사회의 근대적 전환과 서구 '사회과학'의 수용』, 선인, 2013, pp.57~58.

맥락에서 인식하고 그와 비견되는 한국 근대 국가의 상을 정립하고자 했다
고 하더라도 그것이 인민주권론의 현재화 구상으로는 연계되지 못하였다.
그 결과, 그들의 자산인 근대적 지식은 근대적인 입헌군주제로의 정치체제
개혁을 주도하여 그 실질적인 통치권을 놓고 군권과 대립되는 민권의 강화
를 합리화는 논리적 근거로 활용되어 일본식의 '위로부터의 혁명'을 통한
일본형 입헌군주국을 지향하는 데 국한되었다.

3. 한일병합 이전 발아된 한국 사회 근대 국가 인식의 특성

동양의 전통적인 국가들은 서양의 근대화된 국가들에 의하여 문호를 개
방하게 된 '개국' 이후 서양적인 근대적 정치체제의 개혁과 함께 근대 국가
로의 변화를 시작하였다. 이것은 서양의 국가들이 인근의 다른 정치조직자
들과의 무력경쟁을 통해서 근대 국가로 성장했던 것과는 대조적이다. 서양
의 근대 국민국가체제는 베스트팔렌조약을 통해서 국가들 간의 관계의 기
준으로써 중심적인 역할을 하게 된 주권 곧 국권 개념을 기본으로 정립된
것이었다. 그 국권 개념은 서양 근대 국가들이 동양의 전통적인 국가들을
개국시켜서 국제법체제로 편입시킨 준거이기도 하였다.

서유럽의 종교전쟁을 마감한 베스트팔렌조약은 왕에게 특정한 영역 내
의 최고의 배타적인 권력을 부여함과 동시에 외부 세력이 종교적인 이유로
그 특정한 다른 영역에 개입할 수 없다는 원칙을 확립하였다. 국가는 통일
적인 주체성을 갖는 행위자라는 것을 전제로 한 국가 주권은 대내적인 최
고성과 대외적인 독립성을 갖는 것이었다. 주지하듯이 그러한 국가 주권은
절대주의 군주의 권력을 정당화하기 위한 관념에서 출발한 것이었다. 그러
나 일체의 외부적인 간섭을 원리상 배격하는 민족주의 관념과 연결되어 국
가의 독립과 자유를 위한 논리로 발전하였다. 서유럽의 역사 속에서 형성

된 근대 국가 및 국제질서와 관련된 정치, 그리고 그에 수반된 이론적 논쟁
이 국가 주권 문제로 정립된 것이었다.[125]

그러한 근대의 국권 개념이 서양 열강의 동진을 통해서 개국된 전통적인
동양 국가들을 국제법체제로 편입시키며 동양에도 전해졌다. 서양에 의해
서 문호가 개방된 동양의 국가들은 근대적인 체제 개혁과 근대 국가로의
개혁을 시작하였다. 이때 국가 주권의 문제는 개국을 강제하며 오랜 역사
와 전통을 갖는 동양 문명의 파열을 야기한 서양 근대 국가들로부터의 독
립이 전제된 것이었다. 서양의 동진을 현실적으로 자각하여 전통적인 중화
질서를 균열시키며 서양과 같은 제국주의적 진출을 도모하던 같은 동양의
국가인 일본을 염두에 둔 것은 아니었다. 개국 이후 직면한 국권 수호의 문
제는, 대외적인 독립의 불안정을 야기한 서양의 힘에 대한 국가적 위기의
식과 동시에 서양과 같은 근대적인 힘을 갖추어야 할 필요에서 요구된 근
대적인 개혁과 맞물렸다.

따라서 개국의 변혁 상황에서 동양 각국의 주권 문제는 서양에 대항할
수 있는 힘을 기르기 위한 근대적인 개혁과 그 개혁을 추진하는 주체의 문
제와 직결되었다. 그러므로 동양 국가들에서 근대적인 국권 확립의 문제는
서양과는 대조적이었다. 서양 근대 국가와 같이 대외적인 독립을 확립하기
위한 것이었지만 공식적으로는 국제법에 의거하여 국권이 존중되고 있는
상황이었다. 여기서 근대적 국권 확립의 문제는 정치체제를 근대적으로 개
혁해야 한다는 명분 아래 사실상 대내적인 최고성을 다투는 것에 집중되어
전개되었다.[126] 따라서 근대적인 국민국가체제 정립이 서양과는 대조적으
로 지배세력 내의 정치체제 개편을 통한 통치권 획득 투쟁으로 되었던 것
이다.

---

125) 박상섭, "근대 주권 개념의 발전과정", 『세계정치』 25-1, 2004, pp.95~97.
126) 전상숙, "근대적 전환기 일본의 '아시아연대론'에 대한 한국의 인지적 대응 : 국
　　권 인식을 중심으로", 『동아연구』 33-2, pp.7~10.

근대 국민국가체제로의 지향이 대외적인 국권 상실의 위기를 극복하기 위한 대내적인 개혁의 필요와 맞물려 전개된 것은 한국 또한 다르지 않았다. 한국은 자주적으로 근대적인 국제관계를 맺을 준비가 되어 있지 않은 상태에서 이른바 '만국공법'을 앞세운 서양 근대 문명의 기준을 강요받았다. 그것도 서양 근대 문명의 주창자가 아닌 수용자 일본에 의해서였다. 그 결과 한국의 전통적인 사대교린관계도 일본에 의하여 종식되게 되었다.[127] 그리하여 일본화 된 서양 문명의 기준을 서양 문물을 직접 접하기 이전에 먼저 접하고 수용하게 되었다. 결국 일본의 무력에 국권 상실의 위기를 느끼며 문호를 개방한 것은 '문명국'으로서의 일본을 받아들인 것이 되고 말았다.

이것은 한국 초기 근대 국가 구상에 중요한 의미를 갖는다. 무엇보다도, 일본을 동양의 국가가 서양과 같이 세계적인 문명화에 성공한 사례로 인식하고 결과적으로 '일본 따라가기' 식의 근대화, 일본적 국가 인식을 갖게 되었다는 점이다. 블룬칠리의 국가학을 필두로 동아시아에서 가장 적극적으로 사회진화론과 국가유기체설을 받아들여 일본적으로 재편해 현실 정치에 활용한 일본의 영향 속에서 한국 지식인들은 가족으로부터 국가로 확장되는 유기체적 국가 인식을 가졌다.

그러한 유기체적인 국가관에서 개인으로부터 국가로 이어지는 유기적 결합은 국민의 애국심을 함양함으로써 가능한 것이었다. 애국심은 "국민적 사상이 발휘된" 것이고 그 강약은 곧 국가의 강약과 같은 것으로 여겨졌다. 그러한 국민적 애국심은 정치참여를 통해서 발휘될 수 있는 것이었다. 그러므로 국민이 정치에 참여할 수 있도록 하는 제도가 마련될 필요가 있었다. 그러한 국민의 '참정' 제도가 마련된 것이 바로 입헌국가였다. 한말 지

---

127) 김영명·전상숙, "전통적 공동체 의식의 변화와 근대 '민족' 인식의 형성 : 민족 개념 형성의 계기들", 진덕규 편, 『한국 사회의 근대적 전환과 서구 '사회과학'의 수용』, 선인, 2013 참조.

식인들의 유기체적 국가관은 "문명제국"의 '입헌국가'로 현재화되었던 것이다.

그런데 그 입헌국가는, 존황양이(尊皇攘夷)운동의 지사로 출발한 메이지 관료들이 일본과 사정이 비슷한 프러시아체제에 관심을 가지며[128] 블룬칠리의 국가학을 수용한 것과 같은 것이었다. 개혁적 지식인들은, 같은 동양의 국가이면서 근대적인 개혁을 이룬 일본에 대한 호감과 일본의 영향 속에서 일본과 같은 입헌군주제로의 정치체제 개혁을 이루어 국권을 수호하고자 하였다. 이와 같은 입론을 제공한 것이 일본의 블룬칠리 국가학이었다. 블룬칠리의 국가학은 이미 일찍이 소개되었던 것이지만, 보호국화 이후 1907년에서 1908년 사이에 집중적으로 유입되며 블룬칠리를 몽테스키외에 비견될만한 위대한 학자로 여길 정도로 큰 영향을 미쳤다.[129]

그와 같이 보호국화 이후 블룬칠리의 국가학이 수용되는 데는 무술정변이 실패하자 일본으로 망명 갔다가 일본의 블룬칠리 국가학에 깊은 감명을 받고 그것을 다시 중국의 상황에 반추하여 채용한 량치차오의 영향이 컸다. 량치차오의 블룬칠리 국가학은 유기체국가론을 중심으로 한국의 독립·자강운동을 하던 지식인들에게 큰 영향을 주었다. 중화체제는 균열되었지만 중화사상의 영향 속에서 성장한 한국 지식인들에게 특히 당시 한국과 유사한 처지에 있던 중국의 개혁적 경향과 움직임은 여전히 큰 영향을 미쳤다. 개혁적 지식인들에게 유기체국가론과 량치차오의 사상은 전통적인 유교 국가사상을 극복하면서 이전의 개화파와는 다른 새로운 이념형의 국가론을 전개하는 또 다른 하나의 사상적 기반이 되었다.[130] 그리하여 자강운동 계열의 지식인들이 전통적인 전제적 군주제에 대신하여 입헌주의, 입

---

128) 이시다 다케시(2003), pp.53~54.
129) 松南, "법률학생계의 관념", 『태극학보』 22, 1908, p.5 ; 나진·김상연 역술, 『국가학』, 도서출판 민족문화(복간), 1986, pp.6~7 ; "求治댄先究其弊 續", 『황성신문』, 1907.2.20 ; 趙聲九 講述, 『憲法』, 발행처 불명, 1908, p.16.
130) 우남숙(2000), p.143.

헌군주제를 주창하는 데 중요한 요인이 되었다.[131]

블룬칠리의 국가학은 메이지 20년 전후 천황제국가체제가 민권론에 대하여 국권론의 우위를 확정하며 국가유기체설을 활용한 일본적 특수성을 형성한 중요한 학문적 근거가 된 것이었다. 아직 근대 국가와 주권에 대한 개념이 확립되어 있지 않던 메이지유신 직후 일본에서 국가 개념을 중심으로 한 국가와 개인 간의 관계, 그리고 내셔널리티(Nationality) 곧 국민과 민족에 대한 인식을 각성하는 기반이 되었다. 그리고 그러한 의식은 국체론(國體論)에 입각한 외견적 입헌주의를 특징으로 하는 메이지 헌법[132]에 반영되어 일본 근대 국민국가의 형성과 직결되었다. 블룬칠리의 국가학은 국가의 방향을 제시하며 근대 일본 천황제 국가의 이상형과 그것을 구현할 정치사상을 구축하는 토대가 되었던 것이다. 그와 같이 일본의 현실적인 필요에서 실리적으로 채용된 블룬칠리의 국가학은, 일본에서와 같은 이유로, 중국과 한국에서도 실리적으로 재편되어 수용되었다.[133]

한국에서 그러한 블룬칠리 국가학의 수용은 량치차오에 의해서 채용된 블룬칠리 국가학의 영향이 더해진 것이었다. 부민(府民)으로부터 국민(國民)으로의 길을 일관되게 모색했던 량치차오에게는[134] '국민의 창출'이 무엇보다 우선하고 중국을 위기에서 구할 수 있는 방책이라고 생각되었다.[135] 그러한 량치차오의 사상은 블룬칠리의 국가학을 통해서 국가와 사회에 대한 인식을 제고하며 당시 중국의 긴요한 정치과제에 응하는 논리로 재정립되었다.[136] 그것은 '립국(立國)'과 '신국민(新國民)'을 주안으로 전통적인 전제

131) 전상숙(2012), pp.209~211.

132) 김창록, "근대 일본헌법사상의 형성", 『법사학연구』 12, 1991, pp.91~96.

133) 전상숙(2012), pp.203~205.

134) 野村浩一(1964), pp.172~177.

135) 조경란, "진화론의 중국적 수용과 역사인식의 전환 : 엄복, 양계초, 노신을 중심으로", 성균관대학 철학과 박사학위논문, 1995, p.92.

136) 小野寺史郎, "近代中國の國家問題－淸末から北京政府期を中心に－", 『中國哲學研究』 24, 2009, p.86.

적 군주제에 대한 입헌주의의 수용과 입헌군주제를 추진하는 새로운 근대 법치국가상(像)을 정립한 것이었다.[137]

이와 같이 블룬칠리의 국가학을 연쇄적으로 채용하여 정립된 일본과 중국의 근대국가체제는 한말 한국 지식인들에 의해서 다시 채용되어 유기체적 국가관의 입헌군주제로 현재화되었다. 일본의 국가학으로부터 채용된 것이 국권론의 국가유기체적 군주주권과 입헌주의라고 한다면, 량치차오의 근대국가상으로부터는 '립국'과 '국민'화 작업이 채용되었다고 할 수 있다. 보호국화로 전락된 상태에서 인민의 근대적 '국민'화를 위한 국가의식과 국가사상을 고취하여 국권을 수호할 근대 국가를 지향한 것이 그 귀결이었다.

한말의 근대 국가 구상은 대외적인 위기에 직면하여 어떻게 국가적 독립을 유지할 것인가 하는 점에 관심이 집중되어 전개된 정치적 논의와 함께 형성되었다. 그것은 국권상실의 위기에 처하게 된 원인을 진단하고 그에 대한 실질적인 처방을 이끌어내어 체계적으로 대책을 실행하는 방식이라기보다는, 눈앞에 직면한 현실에 당장 대처해야 했던 지배층이 현실적인 대책을 강구한 것이었다.

일본의 경우 역시 미국의 무력 앞에 피동적으로 문호를 개방하게 되었지만 그 과정에서 서양 근대 국가의 실체를 대자적으로 인식하며 주체적으로 대응함으로써 '원용부회(援用附會)'로부터 일본적 근대화 방안을 모색해 실현할 수 있었다. 메이지유신으로 대표되는 일본의 근대화과정은 일본 국가의 '혁명'적인 변혁이었다. 그러나 한국의 지배층은 종래의 기득권과 관행의 틀 속에서 외적인 변화에 저항하는 가운데 불가피하게 밀고 들어오는 외부의 힘을 받아들일 수밖에 없게 되어 사실상 개국당하게 되었다. 따라서 주체적인 변용에 의거한 혁명적인 변혁을 체계적으로 꾀했다고 하기 어

---

137) 우남숙(1999), pp.19~20 ; 우남숙(2000), pp.142~143.

렵다. 그 결과 외세에 대한 대응은 현실적으로 필요하고 가능하다고 생각한 내부의 정치개혁을 통해서 대외적인 국권 확립을 위한 힘을 기르는 데 집중되었고, 이는 근대 국가 구상으로 연계되었다.

결과적으로 일본에 의한 개국과 일본을 통한 서양 근대 문물의 수용은 천황제 일본과 같은 근대국가체제론으로 이어졌다. 일본의 한국 개국은, 서세동진의 국제정치 변화를 배경으로 자주적 근대화의 입론을 마련한 일본이 서양 제국주의에 대하여 그에 필적하는 동양 근대국가를 건설한다는 장기적인 구상 속에서 이루어진 것이었다. 그러한 일본의 정치적 구상을 학문적으로 뒷받침하고 정당화한 일본의 국가론은 당시 일본의 세계관 형성과 직결된 것이었고, 한국인들의 근대국가 구상과 근대국가 형성과정에 큰 영향을 미쳤다.

국권의 위협이 동진한 서양 열강 때문이라고 여겨진 반면에 일본은 같은 동양 국가로서 서양적 근대화와 문명화에 성공한 좋은 사례로 배워야 할 모델로 받아들여졌다. 그리하여 갑오개혁 이후 급증한 일본유학을 통해서 일본식 국가주의가 적극적으로 수용되었다고 할 수 있다. 일본의 영향력과 비례하며 한국인들의 근대국가관은 혁명적인 국가 개혁보다는 개량적 근대화를 지향하는 한계를 명확하게 노정하였다. 그것은 기존의 틀 속에서 일본의 협조를 받으며 근대적인 개혁을 이루는 것이었다. 개항 이후 국가 중심으로 이루어진 근대적인 독립 국가 정립 방안의 모색은 정치체제 개혁을 중심으로 이루어졌다. 마찬가지로 대한제국의 전제적인 황제권에 비판적이었던 개혁적 지식인들과 계몽관료들의 정치체제 개혁도 천황제 일본과 같은 식의 입헌군주제로의 정치체제 개혁에 집중되었다.

갑신정변과 갑오개혁을 통해서 알 수 있는 바와 같이 한말 입헌군주제의 민정(民政)을 논했던 개혁적 지식인들은 전통적인 통치엘리트가 아니었다. 대부분 중인층 출신의 개혁적 지식인들은 넓은 의미의 전통적인 지배세력의 '내부적 주변인'으로서 현실적이고 실천적인 차원에서 근대 국가를 구상하였다. 넓은 의미에서 지배세력에 속했던 그들의 국가 개혁 구상은 전통적인 지배세력의 일원으로서 갖는 원천적으로 혁명적일 수 없는 한계를 갖고 있었다. 그 위에서 입헌군주제의 군권을 견제하며 스스로 입각(入閣)하여 실질적인 통치권을 행사할 수 있는 정치체제로의 개혁을 꾀하였다.

그러므로 그들의 정치 개혁과 근대 국가관은, 그들이 '인민'이나 '국민', 인민의 정치참여를 논하는데서 드러난 인민주권에 대한 인식을 통해서 알 수 있는 바와 같이 인민주권의 근대 국민국가 상이 실제화 되는 것은 아니었다. 입헌군주국의 국권으로써 군권을 논하면서 국가와 통치권이 착종하고 거기에 근대 일본 천황제 국가에 대한 인식과 일본유학생의 세계관이 착종되어서 기본적으로 근대 국가를 건설하는 주체에 대한 혼란이 내포되어 있었다. 한말 입헌군주제, 입헌군주국으로 표상된 근대국가관은, 서양과 같은 근대 국민국가를 지향한 것이었지만 한국 근대 국민관, 인민주권론이 정립된 것은 아니었다. 한말 개혁적 지식인들의 입헌군주국은 근대 국민국가를 지향한 개혁적 지식인들의 과두제적 민주정이었다. 이와 같은 의미에서 한말 국가관은 민주적 근대 국민국가로 가는 과도기적 형태였다고 할 수 있다. 과도기를 거쳐서 어떤 근대국가로 정립될지는 인민계몽의 구호아래 유보되었던 민권이 병합 이후 식민지 상태에서 각성, 정립되어간 근대적 민족의식과 결부되며 드러날 것이었다.

Ⅲ. 일본의 동화주의 조선식민지배정책과 '국가'

1. 일본 동화주의 조선식민지배정책의 목적과 의미

1) 일본의 '병합(倂合)'과 일시동인(一視同仁) 동화주의의 목적

1910년 8월 22일, 현직 육군대신으로서 한국 '병합(倂合)'의 전권을 위임받고 한국통감으로 부임했던 데라우치(寺內正毅)와[1] 이완용(李完用) 사이에 한일병합조약이 체결되었다. 같은 날 일본의 추밀원에서는 천황이 임석한 가운데 병합조약과 '조선총독부 설치에 관한 건', '조선에서 시행할 법령에 관한 건'을 가결시켰다.[2] 그리고 "반도는 천황이 통치하는 제국(帝國) 영토의 일부로 편입되고 그 민중은 제국 신민(臣民)의 일부로 추가"되었다고 공포되었다.[3] 그리하여 병합조약이 공시된 8월 29일 칙령으로 대한제국이라는 국가 이름에 대신하여 사용되게 된 조선이라는 명칭은 일본 국가의 한 지역(地域)이자 지역의 이름이 되어 한국통감부를 대신하여 설치된 조선총독부(朝鮮總督府)의 지배를 받게 되었다.

한국 병합에 관한 조약에 의하면, 한·일 양국 병합의 목적은 "특수하게 친밀한 관계를 생각하여 상호 행복을 증진하고 동양의 평화를 영구히 확보"하는 데 있다는 것이었다.[4] 이것이 바로 일본이 강화도조약에서 조선(朝鮮)

---

1) 黑田甲子郎, 『元帥寺內伯爵傳』, 元帥寺內伯爵傳記編纂所, 1920, p.569.
2) 大江志乃夫, "植民地戰爭と總督府の成立", 『岩波講座 近代日本と植民地 4 統合と支配の論理』, 岩波書店, 1992, p.30.
3) "韓國ノ國號ヲ改メ朝鮮ト稱スル件", 1910. 勅令 制318號. 『朝鮮總督府施政年報』明治43年 附錄.

은 청국의 속국이 아니라 독립국이라고 명시했던 바를 일본의 병합을 통해서 실현하는 방식이었다. 그 실질적인 목적은 한국병합이 공포된 당일에 재가된 천황의 병합조서에서 드러난 바와 같다. 천황의 병합조서에 의하면, 한국이 불안정해 일본 국가의 '화란(禍亂)'의 연원이 되기 때문에 보호정치를 실시했는데도 한국이 안정화되지 않아서 동양의 평화와 '제국'(일본)의 안전을 보장할 수 없기 때문에 한국을 병합하여 '공공'의 안녕을 유지케 함으로써 동양평화와 '제국'의 안전을 보장하겠다는 것이었다.[5] 결국 한국병합의 목적은 포괄적인 '일본 국가의 안보'에 있다는 것이었다.

이때 일본 국가의 안보는, 일본 국가가 직면한 국내외의 직접적인 위협으로부터 일본을 보호한다는 것이 아니라, 섬나라 일본이 보기에 인근 반도 한국의 정세가 불안정하기 때문에 간접적·장기적으로 일본 국가에도 그 영향이 미칠 것이라는 지극히 주관적인 판단에 의거한 것이었다. 그와 같은 일본 국가의 안정과 보호를 위하여 직면하게 될 것으로 예상되는 가상의 위협을 효과적으로 배제하여 미연에 방지할 수 있도록 하겠다는 것이었다. 그럼으로써 메이지 일본 '제국'을 보호하고 장기적으로 동양의 평화를 유지하도록 하겠다는 것이었다.

한국의 병합을 공포한 같은 날에 조선총독은 유고를 통해서 조선지배의 목적이 '동화(同化)'에 있다고 명명하였다.[6] 조선지배를 위한 '동화'가 의미하는 바는 당시 일본이 사용한 '병합'이라는 용어를 통해서 분명하게 드러난다. 한국병합 당시 일본은 '조선'에 대하여 '식민지'라는 용어를 굳이 사용

---

4) "韓國併合に關する條約", 外務省 編, 『日本外交年表竝主要文書 上』, 原書房, 1965, p.340.

5) "韓國ヲ帝國ニ併合ノ件"(詔書, 1910.8.29), 朝鮮總督府, 『朝鮮總督府施政年報』, 朝鮮總督府, 1912, 附錄, p.1 ; 같은 날 가츠라 수상과 고무라 외상도 각각의 기자회견에서 병합의 이유를 조선이 극동 화근의 근원이기 때문이라고 밝히고 있다(釋尾東邦, 『韓國併合史』, 朝鮮及滿洲社, 1926, pp.624~627 참조).

6) "併合に關する諭告", 『朝鮮總督府官報』 1, 1910.8.29.

하지 않으려 하였다. “조선병합”이라거나 “일한병합”이라고 하여 의도적으로 ‘병합’(倂合)이라는 용어를 사용하였다. 의도적으로 ‘병합’이라는 새로운 용어를 찾아내 사용한 것이다. 병합이라는 단어는 당시 일본이 국가 안보와 직결된 것이라고 한 한국병합의 목적을 분명히 하고자 새로이 만들어 사용한 용어였다.

1909년 7월 6일, 일본 내각은 한국병합에 대한 방침을 확정하고 천황의 재가를 받았다.[7] 당시 각의결정 원안을 작성했던 당시 일본외무성 정무국장 구라치(倉知鐵吉)는, 병합이라는 용어가 “한국이 완전히 폐멸(廢滅)하여 제국(帝國) 영토의 일부가 된다는 의미를 분명히” 하려는 의도에서 새로이 만들어낸 것이라고 밝혔다. 병합이란 말은 ‘일본 국가의 안보’를 위하여 한국을 일본 제국의 일부로써 일본 국가화하는 의미를 분명히 하고자 만들어낸 용어였던 것이다. 다시 말해서 섬나라 일본이 대륙국가 일본 제국이 되겠다는 의지를 천명한 것이었다. 그러한 의지를 “그 어조가 너무 과격하지 않은 문자를 택하고자 고심”한 결과물이 ‘병합’이라는 용어였다. “당시 아직 일반에 사용되지 않던 문자를 선택”해 만들어낸 것이었다.[8]

이와 같이, 일본이 한국을 병합한 것은 식민지화가 아니라 일본국가화한 것이었다. 그래서 당시 일본은 ‘한국의 국호를 개정해 조선이라고 부르는 건’에서 ‘조선이 천황이 통치하는 제국 영토의 일부’로 편입되고 ‘조선인은 제국 신민의 일부로 추가’되었다고 하였다. 일본의 한국병합은, 섬나라 일본이 반도 국가의 병합을 통해서 대륙국가로 확장되어 서양열강과 같은 근대적인 국가적 팽창을 꾀하는 ‘제국’이 되고자 한 것이었다.[9]

그런데, 일본은 그러한 한국의 병합을, 마치 독립국가들 간에 합법적인 합의에 따른 것처럼 ‘합방(合邦)’이라는 용어를 병합이라는 말과 함께 사용

---

7) “朝鮮倂合ニ關スル件”, 外務省 編(1965), p.340 ; 大江志乃夫(1992), p.27.
8) 倉知鐵吉, 『倉知鐵吉氏述韓國倂合ノ經緯』, 外務省調査部第四課, 1939, pp.11~12.
9) 전상숙(2012), pp.52~53.

하였다. '합방'의 의미는 강화도사건으로부터 시작하여 병합에 이르기까지 일본이 한국에 대하여 저지른 무단적 침입을 부정하는 것이었다. 오늘날까지도 이 용어가 한국사회에서 병합이라는 말 대신에 사용되기도 한다. 이러한 사실은 식민지시기를 거치며 무의식적으로 습관화된 식민지시기의 유산이 우리 사회에서 얼마나 일상적으로 지속적인 영향을 미치고 있는지 잘 보여주는 단적인 예이기도 하다.

일본은 병합조서에서 한국이 일본 국가의 '화란'의 연원이 되어 일본의 안보가 위협받기 때문에 병합한다고 하였다. 이른바 한·일 양국의 "특수하게 친밀한 관계" 곧 인접한 반도와 섬나라라는 관계 때문에 한국이 일본의 국가적 불안의 원인이 된다는 것이었다. 병합조약에서 '제국의 안전'이라고 성명된 것은 위에서 설명한 것처럼 '일본 국가의 포괄적인 의미의 안보'를 말하는 것으로 지극히 자의적이고 주관적인 것이었다. 그러한 한국 병합의 목적은 "한국의 치안유지와 공공의 안녕을 유지하여 동양의 평화와 제국의 안전을 보장"하기 위한 것이라고 표현되었다. 이는 다름 아니라 전통적인 조공책봉(朝貢册封)관계에 있던 중국과 동진하는 서양 열강의 영향이 한국에 미치지 못하게 하겠다는 의미였다. 한국의 '안정'은 바로 그러한 의미였다. 이른바 '독립적으로 안정화시킨다'는 것, 일본이 한국을 지키겠다는 것이었다.

그리하여 일본 국가의 '화란'인 한국을 안정시켜서 일본 '제국'의 안전, '안보'를 지키겠다는 것이었다. 여기서 일본의 안보란 장기적으로 섬나라 일본 국가가 성장할 수 있도록 한다는 의미였다. 다시 말해서 궁극적으로 메이지유신 이후 '제국'을 표방한 일본이 '동양의 평화'를 주도하는 '제국', 동양의 패권국가가 될 것임을 선언한 것이었다. 이것을 일본은 한국의 병합이 하나로 통합된 한·일 양국이 "상호 행복을 증진"하는 것이라고 하였다. 일본이 한·일 양국의 상호 치안을 안정화시키는 것이라고 한 것은, 정확히 말하자면, 일본 국가의 성장을 담보하여 제국(帝國)으로 성장할 '안전', 곧

근대 일본 국가의 성장을 담보할 토대를 한반도를 통해서 구축하겠다는 뜻
이었다. 그와 같은 일본 국가의 안보는 동아시아의 유일한 근대화 국가 일
본이 서양 열강과 같은 '제국'을 자처하며 이른바 '동양의 평화(치안)'를 '서
양의 제국'에 대하여 확보함으로써 보장된다는 것이었다. 서양 제국주의 열
강의 이권이 중국을 비롯해서 한반도에까지 미치기 전에 일본이 반도 한국
을 확보하여 동양의 패권을 확보하겠다는 것이었다.

이와 같이 섬나라 일본의 반도 한국의 병합은 일본의 제국주의적 성장을
위한 기반을 확보하기 위한 것이었다. 제국주의 일본이 동양의 '제국'으로
서 패권을 공고히 하겠다는 것이었다. 식민지라는 용어 대신에 병합이라는
새로운 용어를 창안해 사용한 것은 바로 그러한 연유에서였다. 병합의 의
미를 통해서 알 수 있는 바와 같이 일본은 한국의 병합을 통해서 한반도를
거점으로 한 '제국' 일본 국가의 대륙국가화를 지향하였다. 한반도의 병합
은 일본'제국'의 대륙 국가화 · 제국화를 위한 첫 단계이자 기본 조건이고
필수조건이었다. 일본의 대륙국가화 · 제국화의 초석이자 거점으로써의 한
국. 이것이 일본의 한국에 대한 기본적인 인식, 다시 말해서, 일본이 한국
문제를 다루는 기본적인 관점이었다.[10]

그러한 근대 일본 국가의 조선에 대한 인식은 근대 일본의 기원으로 불
리는 메이지유신(明治維新) 직후부터 현재화되기 시작하였다.[11] 메이지유
신 직후 1870년 외무대신 야나기하라(柳原前光)는 조선이,

> "북으로 만주에 연결되고 서쪽으로 韃淸에 이르는 땅으로, 이를 綏服시
> 키면 실로 皇國 보존의 기초로서 後來 萬國 經略 進就의 기본이 될 것"

이라고[12] 하였다.

---

10) 전상숙(2012), pp.91~94.
11) 井上勳(1980), p.2. 메이지유신 이후 그러한 한국관에 입각한 일본의 한국병합의
　　준비과정에 대해서는 전상숙(2012), pp.28~58 참조.

이러한 조선관은 러시아의 거문도 점거를 국가적 위기로 인식해 그것을 제3국인 일본이 '조선문제'라 하여 자국의 국가적 위기의식을 조선문제의 해결을 통해서 해결하고자 한 기본적인 인식이었다.[13] 또한 서양 열강이 한국으로 진출해오자 1876년에 강화도사건을 일으켜서 한·중 간의 독립성과 한·일 간의 긴밀한 관계를 대외적으로 선언한 기본 의도이기도 하였다.[14] 이와 같은 인식은 1890년 근대 일본 육군의 창설자이자 초대 수상인 야마가타(山縣有朋)가 제안한 '이익선'(利益線)론을 국책으로 결의한 것이었다. 1890년 이른바 이익선론의 국책 결의를 전환점으로 하여 1890년대 일본은 국가이익과 국력의 관점에서 근대 일본 국가의 발전을 대외적으로 적극적으로 꾀하기 시작하였다. 그 첫걸음이 한반도에 대한 침략을 본격화하는 것이었다.[15] 일본에게 한국은 그 존재 자체로 "다시 우리나라와 대륙과의 聯鎖인 半島로서 중요"하였다. 섬나라 일본에게 한반도는 근대 일본 국가의 성장에 필요한 "대륙정략의 일단"으로써 토대가 되는 것이었다. 그리고 대륙의 '제국'을 꿈꾸는 섬나라 일본에게 한반도와 만주는 "둘이면서 하나이고 하나이면서 둘"인 불가분의 관계였다.[16]

그러므로 대륙진출을 위한 한국의 병합을 단행한 초대 조선총독 데라우치(寺內政毅)가 한국인에게 최초로 행한 훈시는 그와 같은 병합의 목적과 시정요강을 알려서[17] 국가적인 목표를 식민 통치 차원에서 분명히 행하는 것이었다. 데라우치는 천황의 병합조서의 내용과 같이 5년간의 보호제로는

---

12) 柳原前光, "朝鮮論稿", 1870, 『日本近代思想大系 12 對外觀』, 岩波書店, p.14.

13) 전상숙, "한국 식민지시기 전후의 연속성 속에서 본 한·일 독도 문제의 역사성과 정치적 함의", 이원덕 외, 『한일공문서를 통해 본 독도』, 동북아역사재단, 2013, pp.40~69.

14) 전상숙, "근대적 전환기 일본의 '아시아연대론'에 대한 한국의 인지적 대응 : 국권 인식을 중심으로", 『동아연구』 33-2, 2014, pp.7~38.

15) 전상숙(2012), pp.15~57.

16) 私設, 『韓半島』 제2년 제3호, 1906.1.

17) "倂合二關スル統監ノ告諭", 朝鮮總督府(1912), p.23 ; 黑田甲子郎(1920), pp.19~21, 616~621 ; 釋尾東邦(1926), pp.583~588.

도저히 한국의 시정을 개선해 안정화시킬 수 없었기 때문에 병합을 실행했다고 하였다. 그리고 병합은,

> "이는 하나의 수단이지 종국의 목적이 아니다. 이로써 복잡한 구제도를
> 개선하여 통일된 조직을 만들어 치석을 이루려는 것"

이라는 점을 분명히 하였다. 병합조약과 병합조서에서 표현된 '일본 대륙국가화의 거점으로서의 한국관'에 입각하여 한국의 일본 국가화를 분명히 한 것이다.

이어서 데라우치는,

> "지금 帝國은 바다를 건너 동아시아 대륙으로 나아가, 새로이 천여만의
> 인구를 더하고 조선의 개선을 도모하고 있다. 즉 帝國 전반의 안녕과 동
> 양의 평화를 기하고 있어, 이 시정의 성공은 나아가 國威의 消長에 영향
> 을 미치는 것"

이라고 하였다. 그리고 "목하 급무는 신영토의 질서를 유지하고, 부원(富源)을 개발하여, 신부(新附)의 인민을 잘 다스려 치평의 혜택을 입도록 하는데 있다"고 하였다. 반도 조선의 통치가 섬나라 일본 국가가 동아시아의 제국으로 성장하는 데 매우 중요함을 역설한 것이다.

이와 같은 내용들이 조선총독부관보에서 조선지배의 목적이 '동화(同化)'에 있다고 기록된 것이었다. 일본 국가의 안보를 명분으로 한 한국의 병합과 병합을 통해서 일본국가의 한 지역이 된 '조선' 지배를 위한 '동화'를 통해서 한반도를 일본의 국가화 할 것이라는 의미였다. 그러한 시정요강을 밝힌 데라우치는 각 이사청(理事廳)의 이사관들에게 한국 병합의 취지가 "양국 相合一體로, 차별을 없애고 상호 전반의 안녕과 행복을 증진시키는 것"이라고 하였다. 또한 한국에 있는 일본 거류민들에게는 "우리가 동포라

는 것을 유념하여 동정을 가지고 조선인을 대하여 우호적으로 서로 제휴해 국가의 隆昌에 공헌하도록 노력할 필요"가 있다고 훈시하였다.[18] 한국의 병합을 단행한 초대 조선총독 데라우치가 표명한 상기 시정방침과 훈시는[19] 이후 조선총독부 지배정책의 근간이 되었다.

일본의 한국 병합은 서양 제국주의 국가와 같이 단지 자본주의적 경제성장의 필요를 목적으로 한 식민지화가 아니라 한국을 완전히 폐멸(廢滅)하여 제국(帝國) 영토의 일부가 되도록 해서 일본 국가가 대륙국가가 되어 대륙으로 지속적인 성장을 꾀하기 위한 것이었다. 이것이 바로 1909년 7월 내각의 각의 결정과 천황의 재가를 받은 '조선병합에 관한 건'에서 "한국을 병합하여 제국 판도의 일부로 한다"고 했던 바였다.[20] 또한 대한제국을 조선이라 개칭하며 조선은 제국 영토의 일부이고 조선의 민중은 제국신민의 일부라고 한 이유이자 목적이었다.

그와 같은 병합을 단행한 데라우치는 조선이 다음과 같이 서양의 식민지와는 다르기 때문에 '동화'할 수 있다고 하였다.[21]

> "저들은 어느 것이나 강제적 수단으로 했을 뿐만 아니라 실질에서도 종속 관계가 존재하고, 모국과 식민지 사이에 일정한 경계를 둔다. 특히 근본적으로 地勢, 人種을 달리하고, 풍속 관습도 또한 현격히 다르기 때문에 정치상으로도 사교상으로도 결코 渾和 融合할 수 없는 운명이지만 日韓 관계는 이와 반대로 다만 그 지역이 脣齒와 같이 서로 의지하여 예로부터 密接한 關係를 가지고 있을 뿐만 아니라 同種同文으로서 習俗 風敎 또한 큰 차이가 없으므로 서로 融合 同化할 수 있다."

---

18) "併合條約ニ依リ各理事官ニ訓令", 朝鮮總督府(1912), pp.20~21 ; 黑田甲子郎(1920), pp.18~19 ; 釋尾東邦(1926), pp.588~590.

19) 데라우치는 "시정 7년의 긴 기간 언제나 이 초심 하나로 유지"하였으며(黑田甲子郎(1920), p.21), 이는 곧 데라우치가 "7년간의 치적을 이룬 원동력"이었다(같은 책, p.619).

20) "朝鮮併合ニ關スル件", 外務省 編(1965), p.340

21) 山本四郎 編, 『寺內正毅關係文書－首相以前』, 京都女子大學出版部, 1984, p.178.

　서양 제국주의 국가와 식민지는 서로 지리적도 인종적으로도 달라서 풍속과 관습도 다르기 때문에 어울리기 어렵다. 그러나 조선과 일본은 지형적으로 입술과 이의 관계와도 같이 긴밀하고 또한 동종동문이기 때문에 서로 융합하고 동화할 수 있다는 것이다. 그러므로 제국주의적 착취가 아니라 인종적 문화적 융합과 동화를 지향하는 일본은 서양 제국주의와는 다르다는 것이다. 같은 이유로 병합된 조선 또한 서양의 식민지와도 다르다는 것이었다. 여기서 지세(地勢)를 논한 부분은 병합조서에 명시된 바와 같이 일본 국가의 포괄적인 안보의 측면을 지목한 것으로 병합의 이유이자 목적을 논한 것이었다. 그리고 동종동문에 근거한 풍속과 관습의 융합과 동화를 논한 것은 병합 이후 일본이 나아갈 바를 언급한 것이었다. 이른바 순치보거(脣齒輔車)와 같은 한국과 일본의 관계는, 일본이 국가의 안보를 위해서 한국을 병합하고, 병합된 한국은 일본과 동종동문이므로 일본과 융합되고 동화되어서 일본 국가화될 것이라는 것이다. 그러므로 한국인이 일본에 동화되어 일본 국가의 일부가 될 '조선'이 서양 제국주의의 식민지와 같지 않다고 한 것은 그들로서는 당연했다고 하겠다.

　그러한 의미에서 데라우치는 첫 시정방침을 밝히는 자리에서 병합은 목적이 아니라 수단이고 궁극적으로 통일된 조직을 만들어 치적을 이루겠다고 한 것이다. 병합을 통해서 조선을 일본 국가와 일체화시키고 일본 국가의 발전을 도모할 것임을 분명히 한 것이다. 또한 이사청(理事廳)의 이사관들에게 "양국 相合一體"를 강조하고 재한 일본인 거류민들에게 "우리가 동포"라는 것을 역설한 것도 같은 맥락에서 동화(同化) 방침을 언명한 것이었다. 우리가 동포라고 한 것은 "土人과 本國人을 구별하지 않는 것" 곧 일시동인(一視同仁)으로 조선인을 대해야 한다는 것이었다.[22] 이와 같이 일시동인은 융합, 동화되어 일본 국민이 되어야 할 조선인에 대한 기본 입장을

---

22) 旭邦生, "寺內總督と語る", 『朝鮮及滿洲』 77, 1913.

밝힌 것이었다.

그러한 일시동인은

"일찍부터 同化方針의 一視同仁의 大義에 準則하여 偏 私없기를 기한"

조선총독부의 공식적인 기본 입장이었다.[23] 그것은 천황의 '총독부관제개혁조서'에 기초하여

"문화적 제도의 혁신을 통해서 한국인을 가르치고 이끌어 그 행복과 이익을 증진하고, 장래 문화의 발달과 민력(民力)의 충실에 따라 궁극적으로 정치·사회상의 대우도 내지인과 동일하게 하는 것을 목적"

으로 한다는 것이었다.[24] 그리하여 병합 직후인 8월 31일 조선총독부의 어용지 『매일신보』는 "同化의 主意"라는 사설을 실어서 조선과 일본이 형제라고 역설했던 것이다.

그와 같은 일시동인의 동화주의 방침이 실제 정책의 수준에서 구체적인 형태로 확립된 것이 1911년의 제1차 조선교육령이었다. 제1차 한일협약 이후 본격적으로 대한제국의 내정에 간섭하기 시작했던 일본은 메이지유신 이후 위로부터의 교육을 통해서 메이지국가체제를 정립해 갔던 것과 같은 방식으로 한반도를 바꾸어갔다. 보호국화 이후 한국의 교육제도 개선에 주안을 두고 정책을 실행해갔다. 한국통감부 설치 이래 일본은 교육제도 개혁을 통해서 일본천황 중심의 교육이념을 적극적으로 적용하며 병합 이후 한국인의 일본 국민화를 준비하였다.[25] 그리고 그 연장선상에서, 병합 후 논란 끝에 1911년 8월 23일 칙령(勅令) 제229호로 제1차 조선교육령이 발포

---

23) 『朝鮮總督府官報』, 1917.7.10.
24) 朝鮮總督府, 『朝鮮總督府官報』, 1919.9.4.
25) 정준용, "1910년대 조선총독부의 식민지교육정책과 미션스쿨 : 중·고등교육의 경우", pp.215~222.

되었다. 그것은, 일본 천황의 교육칙어(敎育勅語) 정신에 입각하여 일본 제국의 조선에서 일본제국 신민인 조선인에게 시행하는 교육의 기본 방침을 규정한 것이었다.[26]

1890년 천황의 이름으로 발표된 교육칙어의 핵심은 국가에 충성하고 부모에 효도하는 것이 곧 "일본 國體의 精華이니 이를 교육의 연원으로 삼는다"는 것이었다. 그것은 유교적인 윤리를 일본의 신도(神道)에 결합하고 그 위에 근대 국민국가의 외피를 씌운 것이었다. "메이지 정부가 들어선 이후 칙어의 형식으로 발표된 가장 중요한 문헌"이었다.[27] 메이지유신을 통해서 정립하고자 했던 천황제 입헌군주국가체제를 교육을 통해서 일본인들에게 내재화시키고자 한 것이었다.

이 교육칙어는 제2차 세계대전이 끝날 때까지 일본인 교육의 기본 지침이 되었다. 일본의 교육칙어는 진화론적인 유기체적 국가관과 천황 숭배를 종교적으로 추진한 국학을 배경으로 하여 천황을 정점으로 한 일본 국체의 개념을 정립해 칙어 형태로 공식화한 것이었다. 천황이라는 정신적 권위와 일체화된 정치권력이 이른바 일본의 국체가 되어 일본제국 국민 교육의 정신적 기준이 된 것이었다. 일본천황제의 국가주의적 성격을 증명하는 것이라고 할 수 있다.

그러한 일본의 교육칙어에 입각한 조선교육령의 목적이 조선인을 일본 제국의 신민으로 만드는데 있는 것은 주지의 사실이다. 그 주요 내용은

> 제2조 교육은 교육에 관한 勅語의 趣旨에 기초하여 忠良한 國民을 養成함을 本義로 한다.

---

26) 『朝鮮總督府官報』304. 1911.9.1. pp.1~2. 제1차 조선교육령이 발포되는 우여곡절에 대하여는 佐藤由美(2000), 井上薫(1994), 仲林裕員, "1910년대 조선총독부의 통치논리와 교육정책 : '동화'의 의미와 '제국신민'화의 전략", 『한국사연구』 161, 2013 참조.
27) 강상규, 『19세기 동아시아의 패러다임 변환과 제국 일본』, 논형, 2007, p.111.

제3조 교육은 時勢와 民度에 적합하게 期한다.
제5조 보통교육은 보통의 지식 기능을 교수하고, 특히 國民된 성격을
　　　 함양하며 國語를 보급함을 목적으로 한다.[28]

는 것이었다.

조선총독부가 발포한 조선교육령이 입각하고 있는 교육칙어의 정신이라
는 것은, 메이지천황이 교육칙어의 마지막 부분에서 "咸히 其德을 一케 하
리를 庶幾할진뎌"라 하여

"民族, 宗敎를 不問하고 國民 一般에게 그 덕을 하나로 하여 同一 國民性
을 가지는 것을 원하시는 것을 짐작할 수 있는 것"

이라는 것이었다. 조선인이 일본인과 고대로부터 혼혈, 문화와 풍속이 유사
하므로 일본 국민과 동일한 국민성을 갖도록 교육칙어를 조선인에게도 적
용한다는 것이었다.[29] 한국병합의 목적을 조선교육령을 통해서 정책적으
로 실시해 이루겠다는 것이었다.

그와 같은 조선교육령을 시행하면서 조선총독은 다음과 같은 유고를 발
표하였다.

"조선은 아직도 내지(內地)와 그 사정이 같지 않은 바 있다. 따라서 그
교육은 특히 역점을 德性의 함양과 國語의 普及에 둠으로써 帝國臣民다
운 資質과 品性을 갖추게 해야 한다. … 이렇게 함으로써 비로소 朝鮮의
民衆은 우리 皇上의 一視同仁의 넓은 은혜를 입고 一身一家의 福利를 향
수하고 인문의 발달에 공헌하여 帝國臣民다운 結實을 거둘 수 있다."[30]

교육칙어의 정신에 입각한 조선교육령의 시행이, 일본과 조선총독부가

---

28) "朝鮮教育令", 『朝鮮總督府官報』305. 1911.9.2. pp.17~18.
29) 朝鮮總督府, "教育二關スル勅語ノ奉釋上特二注意スヘキ諸点", 1918, pp.3~9, 渡部
　　學・阿部洋 編, 『日本植民地教育政策史料集成 : 朝鮮篇』16, 清溪書舍, 1991.
30) 정재철, 『일제의 對한국식민지교육정책사』, 일지사, 1985, p.291 재인용.

조선인에 대하여 일시동인의 기본 입장에서 동화주의를 실시하는 것과 같은 것이라고 명시한 것이다. 그리고 이것이 또한 병합의 목적이라는 것도 재확인 한 것이다.

　　그런데, 중요한 것은, 아직 조선의 '시세(時世)'와 '민도(民度)'가 일본과 차이가 많이 난다고 강조된 사실이다.[31] 이른바 시세와 민도의 차이를 역설하며 일본 제국주의는, 조선인을 기본적으로 일시동인주의에 입각하여 대하고 지배하지만 현실적으로는 시세와 민도의 차이 때문에 조선에서 일본에서와 똑같은 교육을 바로 시행할 수는 없다고 강조하였다. 이른바 '조선의 시세와 민도'에 적합한 교육을 실시할 수밖에 없다는 것이었다.

　그러면서 일본 제국주의는 조선인 교육의 핵심은 어디까지나 일시동인의 동화주의이며, 이는 일본에서와 같이 일본 천황의 교육칙어에 입각한 조선교육령을 시행하여 조선인을 일본인과 같은 '국민성을 함양'하는 데 있다고 하였다. 조선 교육의 기본인 일시동인의 동화주의가, 조선인을 문명화된 일본 국민의 일원이 되도록 '국민성을 함양'하는 것이라는 것이다. 조선의 문명화가 곧 조선의 일본국가화라고 역설한 것이다. 이와 같이, 일시동인의 동화주의를 강조한 조선인 교육의 요체는 조선인이 일신일가(一身一家)해서 일본 국가의 국민이 되어 일본제국(日本帝國)의 신민(臣民)이 되기 위한 일본 국민으로서의 국민성을 기르는 데 있었다. 이것이 곧 조선총독부 시정의 근본이었고, 한국을 병합한 이유이자 목적이었다.

　그와 같은 "조선동화의 방침은 병합 당초부터 불변의 방침으로서 제반 시설이 이 방침에 입각하여 행해졌다."[32] 동화란,

　　"국민적 정신을 부여하는 것이었다. 日本 國民이라는 自覺을 갖게 하는 것이다. **이것은 朝鮮人을 바로 內地人으로 도야하는 것과 다르다.** 다

---

31) 전상숙(2012), pp.97~115.
32) "長谷川總督の事務引繼意見書", 姜德相 編, 『現代史資料 (三·一運動編 1)』, 精興社, 1967, p.495.

시 말해서 **조선인을** 日本 帝國 國民으로서 그 영예를 받고 행복하게 하
기 위하여 **國民으로서의 本分을 다하는 인물로 만드는 것이다.**"[33](강
조 필자)

이상과 같은 조선총독부의 일시동인의 동화주의 시정 방침은 조선을 지
배하는 근간이었다. 한국 병합을 전격 단행한 데라우치는 당시 제3대 한국
통감 겸 일본 육군대신이었다. 그는, 1890년의 야마가타의 이익선 논리에
입각하여 한국의 '보호'가 국책으로 결의된 이래 조슈벌 육군의 지상과제가
된 한국의 '보호국화 결의'(對韓方針, 1905년 5월 30일)에[34] 이어 1909년 7월
천황의 재가를 받은 한국의 병합 방침을 이끌어낸 주역이었다. 한국통감으
로 부임할 때 이미 한국 병합에 관한 전권을 위임받아서 왔다.[35] 그리하여
사전조사를 통해서 조선의 치안유지를 위한 헌병과 경찰의 일원화를 진행
하였다.[36] 또한 병합 이후 일본 제국주의 조선 식민지배의 특질을 규정하
게 된 조선총독의 천황대권에 의한 통치와 천황에 직예한 조선총독의 정무
통괄, 대권의 위임에 따른 조선총독의 제령권 및 명령권 등을 기획하였
다.[37] 이러한 준비를 마치고 병합과 동시에 실행함으로써 조선총독정치의
기본 틀을 확립한 것이 바로 제3대 한국통감이자 초대 총독이 된 데라우치
였다.

그러한 조선총독정치를 시행한 일본의 한국 병합은 일본의 국가적 발전
에 화근이 되는 '조선문제'를[38] 뿌리 뽑아 동양의 평화를 일본이 지킨다는

---

33) 關屋貞三郎, "朝鮮人敎育に就きて", 『朝鮮敎育硏究會雜誌』 45, p.8. 1919.6.
34) "對韓方針に關する決定", 外務省 編(1965), pp.224~228.
35) 黑田甲子郎(1920), p.569.
36) 黑田甲子郎(1920), p.569 ; 釋尾東邦(1926), pp.539~543.
37) "韓國に對する施政方針", 外務省(1965), p.336 ; "合倂後半島統治と帝國憲法との關
係", 山本四郎 編, 『寺內正毅關係文書－首相以前』, 京都女子大學, 1984, pp.63~70.
38) 서양 제국주의 세력의 동진으로 일본이 느끼게 된 국가적 위기의식을 일본은 한
반도와 밀접한 관계 의식 속에서 '조선문제'로 치환하여 대륙국가화의 필요를 강
조하였다(전상숙, "한국 식민지시기 전후의 연속성 속에서 본 한·일 독도문제의

것이었다. 곧 동양의 제국 일본이 되기 위하여 단행한 것이었다. 그와 같은
기본 구상은 원로 야마가타－가츠라수상－육군대신 데라우치로 이어지는
조슈벌 육군 군부가 중심이 되어 확정된 것이었다. 조슈벌을 중심으로 일
본 정부와 군부의 '정략(政略)과 전략(戰略)'이 일치하여 이루어낸 것이었
다. 그리하여 무관총독에게 명문화된 통치의 전권을 부여하며 북진대륙정
책을 위한 근원적인 시정을 단행한 것이었다. 조선은, 일본 제국의

> "군비상 중요한 지점으로서 제국의 국방상 조선을 병합하지 않으면 제국
> 백년의 장기계획을 세울 수 없었기 때문"

이었다.[39)]

  이것이 병합시 주창한 바 일본 제국이 동양 평화를 위하여 국가적 화근
을 원천 방지하고자 한국 병합을 단행한 궁극적인 목적이었다. 그러므로
조선의 총독정치는 군사적 방비("군사적 정리")에 중점을 두었다. "산업의 개
발과 경제적 이익은 제2위"인 것이었다. 데라우치는 국방군비를 제1로 하여
부산을 기점으로 한 조선종단철도를 개설해 만주로 연결되도록 하였다. 그
리고 한국 내의 철도교통을 3등급으로, 구분하여 제1·2등급 도로는 행정·
군사용(行軍)으로 사용되도록 하였다.[40)] 군 제19사단과 제20사단을 설치한
용산과 나남(羅南)뿐만 아니라 대구와 평택에도 연대를 주둔시켰다. 또한
만일의 사태에 대비하여 곧바로 바다를 건너 남만주와 압록강변까지 갈 수
있도록 진해에 요새를 설치하였다.[41)] 이러한 조선총독정치는 동진하는 서

   역사성과 정치적 함의", 『영토해양연구』 1, 2011, pp.90~115.

39) 靑柳綱太郎, 『總督政治史論』, 京城新聞社, 1928, p.63 ; 정연태, "조선총독 데라우
    치(寺內正毅)의 한국관과 식민통치 : 점진적 민족동화론과 민족차별 폭압정책의
    이중성", 권태억 외, 『한국 근대사회와 문화 Ⅱ: 1910년대 식민통치정책과 한국사
    회의 변화』, 서울대학교출판부, 2005, p.85.

40) 黑田甲子郎(1920), pp.424~427 참조.

41) 靑柳綱太郎(1928), pp.64~65.

양 제국주의 열강에 대비하여 일본 국가 이익의 관점에서 일본이 대륙으로 진출할 일본 국가의 안보 곧 "국방설치경영"(國防設置經營)에 중점을 둔 것이었다.[42)

이와 같이 조선총독정치 체제를 구축한 것은 죠슈벌 육군 군부였다. 그러나 대(對)중국·대륙정책을 염두에 둔 '국방설치경영'은 병합 이래 일시동인의 동화주의를 표방한 조선총독정치의 일관된 통치방침이 되었다. 국방설치경영은 이익선론이 국책으로 결정된 이래 일본의 대륙국가화와 국가적 성장을 위해서 대륙진출을 도모하는 기본 방침이자 숙원이었다. 그러므로 대(對)조선 지배정책은 서양 제국주의의 식민지배정책과는 달랐고 달라야만 했던 것이다. 병합의 궁극적인 목적과 의미를 내포하면서도 동시에 상징하는 것이어야만 하였다.

그것이 바로 교육칙어의 정신에 입각하여 "동일한 국민성"을 함양하기 위한 조선교육을 실시하는 것이었다. 그에 따라서 "日鮮人이 同族이라는 사실을 분명"히 하여 "조선통치의 同化方針을 원만하고 신속하게 수행 성취"하기 위해서 『朝鮮半島史』 편찬사업을 추진해[43) 역사왜곡을 시작하였다. 소위 일시동인의 동화주의 교육을 통한 조선인의 '국민성 함양' 곧 일본 신민화가 바로 교육칙어에 입각해서 조선교육령을 반포해 시행한 목적이었던 것이다.

그리하여, 동화정책은 한 경찰관계자(千葉了)가 명시한 것으로 알 수 있는 바와 같이, 병합 이래 조선통치의 근본방침이 되었다.

> "併合 이래 소위 同化政策은 일본의 朝鮮統治의 根本方針이라고 말할 수 있다. 이것은 寺內, 長谷川 양 총독의 시정을 보면 알 수 있다. 原수상은 同化라는 말을 피해 전에는 內地延長이라 하고 후에는 日鮮融和를 주장

---

42) 전상숙(2012), pp.50~115 참조.
43) 이성시, "黑板勝美(구로이타 가쯔미)를 통해 본 식민지와 역사학", 『한국문화』 23, 1999, p.246.

한다. 同工異曲의 어휘지만 그사이 통치방침의 점차적 추이를 볼 수 있
다고 생각한다.”[44]

지바(千葉了)는 동화가 조선 민족의 소멸을 지향한 것으로 수세대가 지
나서야 가능하다는 점을 분명히 하였다. 그러나 일선융화는 “양 民族의 共
存工름이며 扶助協同”이라 하여, 동화는 낭장 불가능하겠지만 융화는 가능
하고 이를 통해서 장기적으로 동화로 나아간다고 하였다. 그리고 ‘내지연장
주의’는 “동화정책을 형이상으로 표현한 것”이라고 하였다.[45] 이러한 조선
지배방침이 곧 ‘내지연장주의’라고 표현된다는 것이다. 여기서, 융화가, 조
선이 서양의 식민지와 다르다고 설명한 데라우치 총독의 언설에서도 보이
는 것처럼, 동화와 같은 의미나 동의어는 아니지만, 궁극적으로 일시동인의
동화주의로 나아가는 단계적 의미로 사용되었음을 알 수 있다.

기존연구에서 일본의 다이쇼 데모크라시를 배경으로 부상한 정당내각이
3·1운동 이후 무단통치를 비판하며 식민지배정책을 내지연장주의로 전환
해 이른바 ‘문화정치’를 시행한 것이 바로 비로소 동화정책이 시작된 것이
라고 논하기도 한다.[46] 그러나 지바가 동화정책을 형이상으로 표현한 것이
바로 내지연장주의라고 명기한 바를 되새겨볼 필요가 있다.

내지연장주의와 동화주의, 양자의 본질은 기본적으로 병합의 목적과 같
다. 조선의 일본 국가화였다. 그러므로 다이쇼(大正) 데모크라시기에 하라
(原)내각이 출범해 식민지까지 정당정치의 영향을 확대하고자 했지만 일시
동인의 동화주의라고 하는 조선경영의 기본 방침이 본질적으로 새롭게 바

---

44) 千葉了, “朝鮮の現在及將來”, 『朝鮮統治問題論文集』 第1集, 京城, 1929, p.38.

45) 千葉了(1929), p.41.

46) 일본의 동화정책에 대한 다양한 논의에 대해서는 권태억, “동화정책론”, 『역사학
보』 172, 2001 ; 권태억, “1910년대 일제의 조선 동화론과 동화정책”, 『한국문화』
44, 2008 ; 권태덕, “1920, 30년대 일제의 동화정책론”, 『한국사론』 53, 2007 ; 仲林
裕員(나카바야시 히로카즈), “1910년대 조선총독부의 통치논리와 교육정책 : ‘동
화’의 의미와 ‘제국신민’화의 전략”, 『한국사연구』 161, 2013 참조.

뀐 것은 아니었다. 본질을 표방하는 정책적 상징과 현실적인 실시 방침이 바뀌었을 뿐이었다.

또한 같은 의미에서 조선에서는 대만과 달리 무관총독전임제 관제 개정이 실질적으로 이루어지지 않았다. 전임 해군대신 출신 사이토(齊藤實)가 비록 문관의 모양으로 조선총독에 취임하기는 했지만 그는 무관 출신이었다. 공식적인 조선총독의 권한도 사실상 바뀌지 않았다. 추밀원을 중심으로 한 번벌세력의 후원에 힘입어 '조선특수성론'에 의거하여 식민지시기 내내 고수되었다.

한국의 병합은 만주의 지배를 일본 국가 최대의 팽창 목표로 삼았던 번벌세력이[47] 그 목적을 추진할 군사적 보루를 확보한 것이었다. 그 한국 병합의 목적은, 군부의 주도세력이 바뀌고 대륙팽창의 최대 목표가 확대되어 이익선의 범주가 바뀌어도 국가적 차원에서 변하지 않는 것이었다. 그러므로 일시동인의 동화주의라고 하는 조선 지배정책의 기본은 병합 이래 하라의 내지연장주의에 입각한 사이토의 소위 문화정치를 거치며 지속된 일관된 것이었다. 우가키(宇垣一成)의 내선융화(內鮮融和)로부터 파시즘기의 내선일체(內鮮一體)로 이어지며 국가적 팽창이 적극화될수록 그것을 뒷받침하기 위해서 더욱 강화되고 강제되는 것이었다.

때문에 어떻게 그리고 어떤 동화 시책을 구체적으로 실시하는가 하는 문제가 일본 제국주의의 조선경영에서 가장 중요한 정치적인 문제였다. 한국병합 이후 일본 제국주의에 가장 중요한 것은 조선 지배의 안정성을 확보하는 것이었다. 이 점에서 한국병합을 이끈 재래의 군부세력과 일본정치변동과 맞물리며 교체된 조선총독들의 정치적 목적은 일치하였다. 그것은 천황에 직예한 조선총독정치의 전제적 권한을 수호하여 본국에 대한 정치적 견제력을 확보하는 것이었다. 그럼으로써 일본정치의 변동과 관계없이 일

---

47) 井上淸, 『日本の軍國主義 : 軍國主義の展開と沒落 Ⅲ』, 現代評論社, 1975, p.70.

관되고 강력한 통제를 시행해야 한다는 것이었다. 조선총독들은 본국에 대하여 한국 병합의 목적을 상기시켜 조선지배의 정치적 안정성이 일본 국가의 성장에 얼마나 중요한지 강조하였다. 그리고 이는 일본의 보수적인 통치세력의 지지를 통해서 본국에 대한 조선총독의 정치적 자율성이 변함없이 유지될 수 있게 하였다.

초대 조선총독 데라우치를 비롯해서 사이토와 미나미(南次郞) 등 조선총독들은[48] 조선총독을 역임하며 일본 정부의 정치변동이 조선총독정치에 직접적으로 영향을 미치는 경우 조선 지배의 안정성을 유지하기 어렵다는 것을 경험적으로 체득하였다. 그리하여 일본 국가의 대륙국가화를 위한 조선지배의 안정성을 무엇보다도 최우선시 하였다. 그러한 경험은 본국으로 귀국한 후 원로의 일원이 된 그들이 조선총독의 전제적인 자율 통치권을 고수해야 한다고 역설하게 하였다.[49] 그리하여 조선총독의 일본 본국에 대한 상대적인 정치적 자율성은 결과적으로 조선에서 강력한 통제정책이 일관되게 강제적으로 실시되는 핵심적인 장치가 되었다. 그러한 조선총독정치의 상대적 자율성은 일본 정부에 대하여 일정한 정치적인 견제력을 가지면서 일관되게 일시동인의 동화주의를 표방하며 자기모순적이고 차별적인 시책을 실행하는 조선총독정치의 특질이 되었다.

2) 일시동인 동화주의 시책의 전제와 의미

일본은 메이지유신 이래 근대적 국가 시스템을 구축하고 최초로 식민지 대만을 할양받을 당시 식민지배에 대한 준비가 되어 있지 않았다. 대만총독부 초대 학무국장 이자와(伊澤修二)가 총독부관리들은 도착할 때까지 아

---

48) "行政簡素化實施ノ爲ニスル內閣所屬部局及職員官制改正ノ件", 『樞密院會議筆記』, 1942.10.28.
49) 전상숙(2012), pp.191~249 참조.

무도 생각이 없었다고 한 것처럼 식민지배에 대한 방침이 서 있지 않았다. 대만을 영유할 당시 대만 정세의 불안정과 재정부담 등을 이유로 영유하지 말고 처분하자는 의견이 제기될 정도였다. 그렇지만 결국 대만의 식민지 영유를 결정한 것은 대만을 다른 서양 제국주의 국가가 차지하게 될 경우에 예상되는 군사적인 고려 곧 '병략(兵略)'의 관점이었다. 동진(東進)하여 자본주의적 세계화를 전개하고 있는 서양 제국주의 열강과의 대결적 관점에 선 군사적 고려는 이미 메이지유신 이후 재래의 점령지 오키나와(沖繩)와 홋카이도(北海道)를 메이지국가화 한 것이기도 하였다.[50]

오키나와를 메이지국가화하면서 통치방법으로써 동화주의적 의견이 제기된 적이 있었다. 그러나 근대적인 식민지배체제와 관련해서 동화론이 본격적으로 논의된 것은, 일본이 근대적인 국가체제를 갖추며 처음으로 대만을 식민지로서 획득하면서였다. 대만 영유를 결의하면서 서양 열강의 식민지배 방식이 본격적으로 고찰되었다. 이때 프랑스식 동화주의 식민지배정책이 본격적으로 소개되고 동화주의 식민정책도 고려되기 시작하였다.[51] 동화주의 식민정책은 병략의 관점에서 인근 대륙의 일부를 섬나라 일본 국가의 일부로 영구화함으로써 대륙 진출을 공고히 할 수 있는 효율적인 방법으로 받아들여졌다. 그리하여 병략의 관점에 선 동화론이 우세해진 가운데 식민지화한 대만의 실제 지배방침은 실질적인 동화와는 거리가 있는 것이었다. 이른바 '육삼법'이라고 불리는 법률 제63호 '대만에서 시행할 법령에 관한 법률'은 대만을 동화하는 것과는 달랐다. 기본적으로 대만을 메이지헌법이 시행되지 않는 '이역(異域)'으로 설정하였기 때문이다. 따라서 '이역' 대만의 효율적인 지배와 지배의 안정화를 위하여 무관전임제(武官傳任制) 식민지 통치체제로 귀결되었다.[52]

---

50) 小熊英二, 『'日本人'の境界』, 新曜社, 1998, pp.71~87.
51) 陳培豊, 『'同化'の同床異夢』, 2001, p.28.
52) 春山明哲・若林正丈, 『日本植民地主義の政治的展開 1895~1934 : その統治體制と

대만을 식민지로 영유하고 동화론에 의거한 지배체제를 구축한 것은 대륙으로 진출해야 한다는 의지가 관철된 것이었다. 그러나 아직 본격적으로 대륙으로 진출할만한 준비가 되어 있지 않은 상태에서 뜻밖으로 획득하게 된 대만의 식민지배방침은 현실적으로 동화론과는 모순되는 일본제국헌법 이역의 식민지배, 무단통치로 귀결되었다. 대만을 영유해 지배하는 명분과 사실상 식민지화한 이후의 자기 모순적인 식민지배 방침의 실상은, 개국 이후 서양 열강과 같은 근대 국가체제를 정립하고자 했던 일본이 일차적으로 근대적인 국가체제의 구축이라는 목적을 달성하고 본격적으로 서양 열강과 어깨를 나란히 하는 이른바 '제국'체제를 구비할 수 있는 기회를 포착하게 되자 그 기회를 획득하면서 나타난 현상이었다.

그러나 한국의 경우는 그와 같은 대만의 경우와는 달랐다. 한국의 병합은 일본의 분명한 목적과 장기적이고 점진적인 계획 속에서 이루어졌다. 일본은 한국에 대한 분명한 통치 방침을 갖고 병합하였다. 앞에서 언급한 이익선론의 국책 결의 이후 일본은 군비를 확충하여 청일전쟁을 치루고 대만을 편입하였다. 그 결과 일본은 동아시아의 유일한 제국주의 국가가 되어 메이지헌법에서 명시한 '제국'이라는 이름에 걸맞는 모양을 갖추기 시작하였다. 동시에 대륙에서의 전쟁을 통해서 육군 군벌 특히 조슈벌(長州閥)의 위세가 마치 '제국' 일본 국가의 운명을 어깨에 진 듯이 높아졌다.[53] 청일전쟁은, 종래 섬나라 일본의 중요한 군력이었던 해군에 대하여 육군이 정치적 발언력을 높이는 전환점이 되었다. 그 결과 군 통수권(統帥權)의 독립과 대신무관제(大臣武官制)에 의거하여 육군 군부가 정부로부터 독립적으로 행동하게 되는 배경이 되었다. 조슈벌의 수장 야마가타와 가츠라내각은 육주해종(陸主海從)의 대륙정책 노선을 확정한 영일동맹을 체결함으로써 북진대륙정책(北進大陸政策)의 초석을 놓았다.[54] 조슈벌 육군 군부가

臺灣の民族運動』, 財團法人アジア政經學會, 1980, pp.9~23
53) 井上淸(1975), p.50.

영일동맹을 체결하여 국정 운영의 주도권을 확고히 하고 천명한 적극적인 '북진대륙정책'은 1902년 가츠라 내각에 육군대신 데라우치(寺內正毅)가 입각함으로써 정치와 군사가 일치되어 한국을 병합하는 성과를 낳았다.[55] 인근 반도 한국의 병합은 한반도를 일본 국가의 일부로 만들어서 대륙으로 팽창하는 거점이자 교두보로 삼아 근대 일본제국 국가의 성장을 도모하기 위한 필수 조건이었다. 다시 말해서 서양 열강과 같은 근대적인 제국 일본이 되기 위한 것이었다.

그러므로 일본의 조선에 대한 통치방침은 분명했다. 그것은 근원적으로 섬나라 일본의 대륙국가화, 곧 일본 국가화였다. 관건은 어떻게 병합한 한국을 한국인을 일본의 국가화하고 일본의 국민화 할 것인가 하는 점이었다. 앞에서 언급했듯이 일본으로서는 "제국의 국방상 조선을 병합하지 않으면 제국 백년의 장기계획을 세울 수 없기 때문"에 한국을 병합하였다. 처음부터 한국의 병합은 대륙 국가 일본 제국의 백년지대계에 입각한 것이었다. 그러므로 그 통치방침이 서양 제국주의의 식민지는 물론이고 상대적으로 멀리 떨어진 대만과도 같을 수 없었다. 이와 같은 의미를 대변하는 것이 조선총독정치와 그 일시동인의 동화주의정책이었다.

그 첫 단추를 끼운 것이 청일전쟁 이후 정치적 영향력이 고조된 조슈벌 육군을 중심으로 정략과 전략이 일치했던 가츠라내각의 육군대신 데라우치였다. 그런데 육군벌의 위세가 최고조에 달했을 때 한국을 병합하는 성과를 이룬 데라우치는 다이쇼 데모크라시를 배경으로 군부에 대한 사회적 반감이 고조되고 정당정치가 약진하는 가운데 조선총독으로서 유임하게 되었다. 데라우치는 육군대신 겸임 조선총독에서 전임 조선총독으로 세력이 약화되어 일본정치의 중심에서 멀어진 상태에서 조선총독정치체제를 구축하고 정비하게 되었던 것이다. 당초에 데라우치는 한국병합으로 자신

---

54) 小林道彦, 『日本の大陸政策』, 南窓社, 1996, p.55.
55) 전상숙(2012), pp.28~38.

의 소임을 완수했다고 생각하고 조선총독직을 사임하고 귀국하려 하였다. 그러나 역으로 국내정치 변화로 인한 권력 구조의 변화로 군부대신 직을 사직하고 전임 조선총독으로 유임하게 되었다.[56] 이 사실은, 그가 구축한 조선총독정치체제와 조선통치방침과 직결되어 식민지시기 일제의 조선지배의 특질을 구축하게 되었다.

일본의 한국병합은 이익선론의 국책화 이후 국방설치경영(國防設置經營)이라는 일본 국가의 포괄적인 안보의 차원에서 육군을 중심으로 필연적으로 이루어야한다 총체적인 국가적 차원에서 이루어졌다. 그런데 국방설치경영의 방법을 놓고 한국 병합 이후의 대륙정책 곧 '대륙경영'과 관련해서 조선중심주의와 만주중심주의라는 동상이몽이 내재되어 있었다. 조선지배정책과 관련해서 전자는 일본의 대륙국가화와 대륙국가 일본 방위의 차원에서 조선지배의 안정화에 최우선 순위를 두고 조선을 거점으로 점진적으로 북진대륙정책을 추진하려는 '조선교 두보관'이었다. 이에 비하여 후자는 반도 한국의 병합으로 섬나라 일본이 대륙으로 가는 통로가 확보되었으니 이제 본격적인 개발과 국가 성장의 중심이 조선보다 경제적 가치가 높게 평가된 만주를 중심으로 서양 제국주의 열강과 대등하게 일본 국가의 발전을 꾀해야 한다는 '조선 연륙교관'이었다.[57]

앞에서 언급했듯이 데라우치가 처음부터 조선 교두보관을 갖고 있었던 것은 아니다. 그러나 결과적으로 데라우치가 일본 정계로부터 쫓겨나 있는 상황에서 본국에서는 가츠라가 다이쇼 데모크라시를 배경으로 정당정치를 꾀하고 있었다. 데라우치와 같은 조슈벌 출신의 가츠라는 사회적으로 커가고 있던 군부에 대한 반감과 정당정치의 약진을 이용하여 다이쇼(大正) 정변(政變)을 이면에서 책동하며 신당(입헌동지회)을 결성하며 자신의 세력을 공고히 하고자 하였다. 이에 반해서 한국을 병합한 군부세력은 세간에

---

56) 原敬, 『原敬日記』, 1911.6.1, 原奎一郎 編,, 『原敬日記』 第3卷, 福村出版, 1965.
57) 이에 대하여는 전상숙(2012) 2장 참조.

서 다이쇼 정변을 일으켜 안정적이었던 게이엔(桂園)체제를 해체한 주적으로 지목되어 정치적으로 큰 타격을 입고 약화되었다. 그러므로 조선총독으로서 조선에 체류하게 된 데라우치는 병합 당시와는 급변한 일본정치의 변동을 '이역'에서 지켜볼 수밖에 없었다. 그러면서 조선총독정치를 통해서 후일을 기하기 위한 정치적 기반을 쌓고자 하였다. 그리하여 조선지배의 안정화와 이를 위한 조선총독정치체제를 구축하는 데 힘을 쏟았다.[58]

한국병합 이후, 다이쇼 데모크라시 풍조가 고양되고 있던 일본에서는 가츠라의 변신으로 대변되는 바와 같이 정계는 물론이고 사회적으로도 급변하고 있었다. 병합 전후로 고조되었던 조선에 대한 관심도 급격하게 사라지고 자유민권운동이 고양되었다. 따라서 초대 조선총독으로서 사실상 좌천되어 유임하게 된 데라우치는 병합의 목적에 충실을 기하면서 정치적으로 후일을 도모하고자 하였다. 다시 말해서, 조선을 조슈벌 육군의 북진대륙정책을 추진할 수 있는 독자적인 영역으로 확보하기 위한 조선총독정치체제를 구축하였다.[59] 조선 교두보관에 입각하여 조선지배의 전권을 가지고 본국에 대하여 상대적으로 자율적인 조선총독정치가 관철될 수 있는 지배체제를 구축한 것이다.[60]

그것은 무엇보다도 일본천황의 칙어에 의거한 일시동인주의의 동화주의를 표방함으로써 병합의 목적 곧 조선의 일본 국가화, 조선인의 일본 국민화를 분명히 하는 것이었다. 이 일시동인의 동화주의 방침은 데라우치의 뒤를 이은 하세가와(長谷川好道)총독을 통해서 이어졌다. 하세가와총독은 조선의 통치는 "일찍부터 同化 方針의 一視同仁의 大義에 準則하여 偏私없

---

58) "사설",『경성일보』, 1911.6.4 ; 山本四郎 編(1984), p.587 ; 赤木格堂, "朝鮮總督專任論",『日本及日本人』第560號, 1911, p.24.

59) 마쓰다 도시히코(松田利彦), "일본 육군의 중국대륙침략과 조선(1910~1915)", 권태억 외,『한국 근대사회와 문화 Ⅱ: 1910년대 식민통치정책과 한국사회의 변화』, 서울대학교출판부, 2005, pp.95~122.

60) 전상숙(2012), pp.43~57.

기를 기하였다"고[61] 하여 일시동인의 동화주의 계승 방침을 밝혔다. 그리
고 이 방침은 이후 일본 제국주의의 식민지배 기간 동안 끝까지 견지되었
다.

한국인의 거족적인 3·1운동으로 인하여 일본 내외에서 무단적인 식민지
배정책에 대한 관심과 비판이 고조되는 가운데 부임한 사이토총독도

"一視同仁의 內地延長主義 아래 정책의 주력을 內鮮人同化에 두고 있다"

는[62] 것을 분명하게 밝혔다. 실제 정책 차원에서 민족 차별적 교육을 완화
시키는 조선교육령의 개정도 일시동인에 입각한다는 점을 분명히 하여 동
화주의를 지향하고 있음을 명시하였다. 이후 사이토조선총독의 임시대리를
거쳐서 1931년 6월에 부임한 우가키총독은 "조선인에게 적당한 빵을 주는
것"과 함께 "내지인과 조선인의 융합일치"가 조선지배의 방침이라고 선언하
였다.[63] 농공병진정책으로 현재화된 전자와 함께 후자는 이른바 '내선융화
(內鮮融和)로 현재화된 것이었다. 앞에서 언급했듯이 '융화'라는 말은 일찍
이 '동화'라는 말과 거의 동의어와 같이 사용되며 궁극적으로 동화로 나가
는 과도기적인 의미를 갖는 용어였다. 그런데 우가키총독의 내선융화는 한
국인의 실질적인 '동화'의 단계를 건너뛰고 동화에서 더 나아간 조선인과
일본인의 "사상의 융합"을 강제하는 것이 되었다. 조선인의 사상을 일본인
의 사상과 같이 '융합'되도록 해야 한다는 것이었다. 이는 단순한 한국인의
일본 국민화가 아니라, 한반도를 영구히 일본 국가의 일부로써 고착시기
위하여 조선인·조선민족(朝鮮民族)의 정신을 소멸(消滅)시켜야 한다고 주
창하고 강제한 것이나 다름없는 것이었다.

---

61) 『朝鮮總督府官報』, 1917.7.10.
62) 靑柳南冥(1928), p.128.
63) 『宇垣一成日記』, 1931.7.2, 宇垣一成, 『宇垣一成日記』 2, みすず書房, 1968, p.801.

그와 같은 '내선융화'의 의미는 중일전쟁 발발 이후 '병참기지정책'을 천명한 미나미총독에 의해서 '내선일체(內鮮一體)'로 분명하게 제시되어 조선민족의 말살을 본격화하였다. 내선일체는 실제적으로는 전시 물자총동원을 위한 병참기지정책의 이데올로기이자 조선을 전시 총동원체제의 총후로 동원하기 위한 국민정신 총동원의 황민화(皇民化) 이데올로기가 되었다.[64] 그 실체는 한국 병합 이래 조선지배의 근본방침이 된 일시동인(一視同人)에 의거하여 조선인의 국체(國體) 관념을 확립하고 황국신민(皇國臣民)으로서의 신념을 공고히 해야 한다는 것이었다.[65] 조선인의 사상 곧 민족의 말살을 기하는 것이었다.

내선융화의 단계를 거쳐 제창된 내선일체는, 병합 당시 일시동인의 동화주의의 근거가 된 동종동문의 일가(一家)적 인식을 바탕으로 조선민족의 말살과 동시에 조선인의 일본국민화를 촉구한 것이었다. 또한, 일본 제국주의의 전시 총동원에 적극적으로 응하여 조선인 스스로 일본제국의 일본국민으로 동화되고 또 동화되었음을 증명해 보이라고 요구하는 것이었다. 그것이 곧 선인(조선인)이 내지인(일본인)과 일체가 되었음을 증명하는 '내선일체'라는 것이었다. 이와 같은 내선일체가 중일전쟁 발발 이후 조선총독부 통치의 본의(本義)이자 지배이데올로기로써 주창되었다.[66] 전쟁에서 패하여 전쟁이 끝날 때 까지 일본 제국주의는 조선인의 '정신적 단결' 곧 '내선일체'를 "제국의 흥아국책 수행상 절대적 전제여건"이라고 역설하며[67] 조선

---

64) 鈴木武雄, 『大陸兵站基地論解說』, 綠旗聯盟, 1939, pp.29~42 ; 朝鮮總督府, 『朝鮮總督府時局對策調査會諮問答申書』, 1938, pp.205~206 ; 전상숙, 『일제시기 한국 사회주의 지식인 연구』, 지식산업사, 2004, pp.637~650 ; 전상숙(2012), pp.239~241.

65) 朝鮮總督府, "朝鮮における國民精神總動員", 『國民精神總動員』, 1940, 민족문제연구소 편, 『日帝下 戰時體制期 政策史料 叢書』 第50卷, 한국학술정보, 2000, p.336.

66) "昭和16年 第79回帝國議會說明資料(警務)", 『日帝下 戰時體制期 政策史料 叢書』 第14卷, p.722.

67) 朝鮮總督府, "政務摠監事務引繼書", 『日帝下 戰時體制期 政策史料 叢書』 第29卷, p.365 ; 전상숙(2012), p.240.

인의 민족말살을 통한 일본제국의 국가관 확립을 촉구하였다.

그런데 그와 같은 일시동인 동화주의의 시책은, 처음부터, 조선교육령 제3조에 명시된 바와 같이 '시세'와 '민도'에 적합하게 추진되는 것이었다. 병합을 단행하고 직면한 조선의 상황은 데라우치가 "전도가 용이하지 않아 참으로 望洋之嘆으로 참지 못하여 관직을 그만두기를 희망"할 정도였다. 조선인들의 목적은 병합 이전부터 오직 "국권회복"에만 있는 것 같았다.[68] 그러므로 결국 전임(傳任) 조선총독으로 체류하게 된 데라우치의 시정은 조선지배의 안정화에 최우선 순위를 두지 않을 수 없었던 것이다. 그것이 곧 일본 국가의 포괄적인 안보 곧 대륙국가 일본제국의 주권을 확립하는 일이었다. 또한 자신이 원하는 조선총독정치체제를 구축하는 것이기도 하였다. 따라서 조선총독에게 가장 중요한 것은 조선의 치안을 안정화시켜서 일본제국 국가의 안정적인 조선지배체제를 정립하는 일이었다. 이것은 후임 조선총독들에게도 마찬가지였다.

그렇지만 무단통치로 불린 데라우치의 강압적인 지배에도 불구하고 조선인들은 3·1운동으로 봉기하여 국권회복의 희망을 포기하지 않았음을 표출하였다. 게다가 3·1운동은 무단통치를 10여 년이나 거치고도, 사실상 조선인을 대표하는 정부적 단체나 망명정부가 부재한 상황에서도 국외에 '대한민국상해임시정부'라는 결실을 맺었다. 또한 무단통치에 대하여 내지연장주의를 주창하며 이른바 문화정치라는 유화책이 실시되는 영향을 미쳤다.

그러나 그 지배의 내실을 바꿀 수는 없었다. 오히려, 문화정치의 실상은 "조선의 內治는 헌병의 그물에 의하여 유지되고" 일제를 "마치 염라대왕과도 같"아 "鮮人이 죽은 듯이 굴복하고 있는 것은 상상하고도 남음이 있"을[69]

68) 마쓰다 도시히코(2005), pp.102~103.
69) 『萬朝報』, 1919.3.8. 강동진, 『일본 언론계와 조선 1910~1945』, 지식산업사, 1987, p.169.

정도였다. 이러한 문화정치를 거치며 전개된 만주사변 이후 일본 군부 파
시즘기의 내선융화, 융합과 내선일체로 표방된 조선의 치안상황은 조선총
독이 단순히 일시동인의 동화주의를 주창하는 것으로는 부족한 것이었다.
때문에 동화의 단계를 건너뛰는 정신적 융합을 촉구하는 내선융합으로 나
아가 내선일체를 역설하며 민족말살을 본격화해야 했던 것이 현실이었다.

그러므로 일시동인의 동화주의를 근거로 지배이데올로기화 된 슬로건들
은 곧 조선인의 민족정신을 말살시키고 그에 대신하여 근대 '일본제국'의
국가관을 주입시키는 것이었다고 할 수 있다. 한국병합 이후 조선총독부의
조선지배에서 시종 가장 중요했던 것은 조선지배의 안정성을 확보해 일본
제국의 북진 진로를 보호하는 것이었다. 이것은 곧 조선민족의 말살을 통
해서 조선인이 '제국일본'의 국가관을 가진 일본국민이 되는 것이었다.

그러나 한국을 병합할 때와는 완전히 달라진 일본 정계와 군부의 상황으
로서는 본국으로부터 조선지배의 안정화를 위한 지원을 기대하기 어려웠
다. 그러한 상황은 대공황과 파시즘화로 인하여 더욱 악화되었다. 때문에
조선총독은 조선 지배를 위한 재원을 조선에서 스스로 충당하기 위한 방안
을 조선 산업의 육성책을 도모하며 조선총독부의 재정 독립을 기도하였다.
조선치안질서 확립의 필요에 대한 국가적 위기의식과 조선총독으로서의
정치적 권위를 공고히 하기 위한 문제의 해결 의지는 한국병합 이래 조선
총독들이 조선의 실정을 체험하면서 공통적으로 공고히 되었다고 할 수 있
다. 그 결과 조선총독들은 궁극적으로는 일본제국의 만주경영을 통해서 국
가적 성장을 도모해야 한다는 데 공감하면서도 조선의 치안질서 확립과 이
를 위한 조선총독부 재정의 독립 없이는 본국의 북방정책 또한 안정적으로
확보될 수 없다고 보았다. 그것이 조선지배의 안정성을 우선시하는 조선교
두보관을 갖게 한 것이었다. 때문에 앞에서 언급한 바와 같이 조선특수성
론을 주창하며 본국의 정세로부터 자율적인 조선총독의 정치적 권한이 고
수될 수 있었던 것이다.[70]

조선치안에 대한 불안감 다시 말해서 조선인들의 국권 회복에 대한 소망을 걱정하지 않아도 되도록 조선인들이 일본제국의 국가관을 온전히 받아들이지 않는 한 일본인과 같은 대우 곧 일시동인의 동화주의를 실제화 할 수는 없었던 것이다. 이러한 맥락에서 재조 일본인 잡지『朝鮮及滿洲』사의 사장은 "朝鮮人도 일본 帝國民이 된 이상 일본인으로 취급해야 한다"는 것은 바보같은 소리라고 하였다. "朝鮮人을 日本人처럼 만들려는 것은 가능하지만 日本人 取扱하는 것은 현재로서는 불가능하다"는 것이[71] 그 요체였다.

조선교육령 발표 이전에 일찍이 논의되었던 "교화(敎化)의견서"에서도 조선인들을 "帝國의 忠良한 臣民"이 되게 하지는 못하지만 일시동인의 자세로 선정을 베풀면 일본제국에 신뢰하는 마음이 생겨서 "결국 同化되어 帝國의 順良한 臣民이 될 수 있을 것"이라고[72] 했던 바였다. 또한 조선지배의 목적이 동화라고 언명한 데라우치총독이 감히 "絶對的으로 同化主義"라고 말하지 않는다고 하면서 조선인을 앞으로 동화될 국민(國民)으로 인정하고 동화방침에 기초하여 조선인의 교육과 일반 행정에도 많은 주의를 기울여야 한다고[73] 한 것도 같은 의미에서였다.

이러한 의미에서 '시세(時勢)와 민도(民度)에 적합한 동화주의 시정(施政)'이라는 것은, 한반도의 일본국가화를 위한 병합의 목적을 분명히 하면서 기본적으로 조선인들이 민족적으로 국권의 회복을 꾀할 수조차 없도록 민족의식을 말살하여 근대 일본제국의 국가관을 갖도록 강제해야 한다는 민족 말살 정책을 현실에서 민족 차별로 현재화하는 것이었다. 그 명분은, 병합으로 한반도가 일본제국 영토의 일부가 되었지만 한반도의 사정이 문

---

70) 조선총독들의 조선지배를 위한 재정적 확충을 위한 고민에 대하여는 전상숙(2012) 참조.
71) 釋尾旭邦, "總督政治の方針を論ず", 『朝鮮』32, 1910.10.
72) "敎化意見書", 1910.10.8, 渡部學·阿部洋 編, 『日本植民地敎育政策資料集成』69.
73) "寺內總督談 (4) 同化策", 『매일신보』, 1913.6.28.

화(文化) 등 모든 방면에서 제국(帝國) 내지(內地)와 차이가 많이 나기 때문에 그 민정(民情) 풍속(風俗) 관습(慣習) 등에 맞추어서 시행되어야 한다는 것이었다. 문화의 정도에 조응하는 지식의 개발을 촉진하여 점진적으로 내지인(內地人)과 같은(동화) 적절한 법제를 펼치겠다는 것이었다. 대만의 '6·3법'을 준거로 하여 일본제국의 헌법이 적용되지 않는 '이역 외지(外地)'로 설정된 조선의 전반적인 수준이 '내지(內地) 일본'과 같은 수준으로 '동화(同化)'되어야 한다는 것이었다. 그렇지 않는 한 '내지'와는 다른 '특수한 통치'를 하겠다는 것이었다.[74]

한국 병합의 목적을 통해서 알 수 있는 것처럼 반도 조선이 섬나라 일본제국에서 갖는 중요성은 대만과 견줄 것이 아니었다. 때문에 일시동인의 동화주의를 일관되게 표방하면서도 조선은 대만과 같이 일본국 헌법이 적용되지 않는 일본국 헌법 법역(法域) 밖의 외지(外地)로[75] 설정되었다. 그렇지만 같은 외지의 총독이었지만 조선총독은 대만총독과 달리 천황에 직예하며 법률의 효력을 갖는 제령권을 영구입법으로 처음부터 부여받았다. 뿐만 아니라 사법권과 행정권, 군통수권 등 통치의 전권을 무제한으로 행사할 수 있는 통치권을 조선지배 기간 동안 유지하였다. 이와 같은 조선총독의 권한이 견지되며 공고화된 조선총독정치체제가 일관되게 표방한 일시동인의 동화주의는, 조선민족의 말살 곧 조선인의 민족의식을 말살하는 것이었다. 그리고 그에 대신하여 근대 일본제국의 국가관을 받아들이도록 강제하여 한반도를 영구히 일본제국의 영토로 삼기 위한 정치적 수사이자 지배이데올로기였다. 그 실상은 이른바 '시세와 민도에 적합한 동화주의' 시책이라는 것으로 드러나는 바였다.

시세와 민도에 적합한 동화주의 시책은, 조선의 시세와 민도에 적합한

74) "秘 合倂後半島統治ト帝國憲法トノ關係", 山本四郎 編, 『寺內正毅關係文書 : 首相以前』, 京都女子大學出版部, 1984, p.63.
75) 山崎丹照, 『外地統治機構の研究』, 高山書院, 1943, p.1.

법제와 교육을 실시해서 조선인(외지인)이 일본과 같은 조건에 이르게 되면 일본인(내지인)과 같은 내용의 제도를 시행하여 그 권리도 향유할 수 있게 하겠다는 것이었다. 다시 말해서 조선의 제반 사정이 일본과 같아지기 전까지는 차별적인 외지 식민정책을 시행한다는 것이었다. 그러므로 일본과 같지 않다고 판단하는 조선의 시세와 민도의 실상은 일본국 헌법 법역 밖의 외지통치를 상징하는 자율적인 조선총독정치였다. 그리고 그 조선총독정치를 견지하기 위해서 제창되었던 것이 이른바 조선특수성론, 조선특수사정론이었다. 주지하듯이 조선인들은 식민지시기 내내 참정권은 물론 자치권도 부여받지 못하였다.

그러나 일본 제국주의의 경제적 이익을 위한 경제적 동화 곧 조선과 일본 경제의 일체화는 그와 같은 시세와 민도에 입각하여 급속하게 추진되었다. 민법이나 상법의 경제관련 법령들은 약간의 예외를 제외하곤 조선이 일본과 동일한 법체계 아래 있게 되었다.[76] 그것은 외지 조선 지역의 산업화를 방기하면서 조선의 원료와 노동력을 값싸게 이용하여 일본 산업의 발달에 조선경제를 예속적으로 편입시키는 것이었다. 그리하여 내지 일본 자본과 국가의 이윤을 극대화하는 것이었다.

이와 같은 일본 제국주의의 지배정책은 한국 병합 이후 1930년대에 이르기 까지 조선총독정치와 갈등을 야기하였다. 조선총독부가 조선지배의 안정을 유지하며 본국의 정치변화로부터 자유로울 수 있는 조선총독정치체제를 유지하기 위해서는 본국으로부터의 재정 독립이 필요했기 때문이다. 따라서 조선총독부의 조선산업화 필요와 조선산업화는 허용하지 않으면서 조선의 자원과 노동력은 활용하고자 했던 본국 정부 간에 긴장이 지속되었다. 그러나 만주사변 이후 일본이 파시즘화 되면서는 이 부분 또한 본국에 앞서서 조선총독이 솔선해서 자치통제 법제를 통해서 본국에 봉사하는 조

---

76) 金洛年, 『日本帝國主義下の朝鮮經營』, 東京大學出版會, 2002, p.56 ; 권태억(2008), pp.109~ 110.

선경제의 예속화를 가속화하는 배경이 되었다.[77]

한국을 병합해 일본국의 조선으로 일본국가화하기 위하여 조선인의 민족의식을 말살하고 그에 대신하여 '근대 일본제국'의 국가관을 수용하게 하여 총체적으로 조선인을 일본국민화하기 위한 것이 조선총독부의 일시동인 동화주의 방침이었다. 그러나 그 실상은 일본과는 다른 시세와 민도를 이유로 민족차별정책을 시행하는 것이었다. 이 점에서 일본은 조선을 병합하여 일본국가화 한다는 것 이외에 구체적인 조선지배정책을 갖고 있었던 것은 아니라고 할 수 있다. 황석우가 일본의 이념을 현실주의라고 지적했던 것처럼 일본 제국주의 일본국가화 시책과 이념은 그때그때의 정황과 필요에 따라 선택적으로 활용되었다. 그렇지만 1910년 병합이라는 용어를 찾아내 사용한 병합의 기본 목적과 방침은 공고한 것이었다. 그것은 일시동인의 동화주의라고 하는 조선통치의 기본 관념이자 이념이 되어 관철되었다.

조선총독부의 동화주의의 내용과 실상에 대하여 이견이 존재한다. 그러나 어떤 경우에도 일본의 한국병합이 대륙국가 일본제국을 지향했고 그것은 곧 영구적으로 조선을 일본국가화하고자 한 것이라는 사실은 변하지 않는다. 제2차 세계대전에서 패한 후 일본의 한 문건에도 명시되어 있듯이 적어도 일본은 "조선의 四國九州化"를 지향하였다.[78] 오키나와나 홋카이도의 예에서 알 수 있는 것처럼 얼마나 시간이 걸릴지 어떠한 방식으로 동화할지는 구체적으로 확정되지 않았다. 그러나 섬나라 일본이 고질적으로 갖고 있던 지리적 조건과 과잉인구의 한계를 극복하지 않고서는 서양 열강의 제국주의 국가 제국과 같이 될 수 없다는 강박 속에서 대륙국가화를 목적으로 했다는 점은 부정될 수 없다. 이 점에서 조선총독부의 일관된 일시동인

---

77) 전상숙, "'조선특수성'론과 조선 식민지배의 실제", 신용하 외, 『식민지 근대화론에 대한 비판적 성찰』, 나남, 2009 참조.

78) 고모리 요이치(小森陽一), 『1945년 8월 15일, 천황 히로히토는 이렇게 말하였다』, 송태욱 역, 뿌리와이파리, 2004, pp.55~57.

방침에 의거한 동화주의 시정(施政)이 제국일본의 국가관을 조선인에게 강제하는 것이었다는 것 또한 부정될 수 없는 것이다.

2. 일시동인으로부터 내선일체를 통해서 표방된 일본(內地) 국가와 국민

1) 미완의 근대 일본 국가의 지향을 표상한 '일본제국(帝國)'

1910년 8월 22일 테라우치 한국통감과 이완용 사이에서 체결된 '한국병합에 관한 조약'은, "일본국(日本國) 황제와 한국(韓國) 황제 폐하는 양국 간의 특수한 친밀관계를 고려하여 상호 행복을 증진해 동양의 평화를 영구히 확보하고자 하고, 이 목적을 달성하기 위해서는 한국을 일본제국(日本帝國)에 병합해야 할 것을 확신하여, 양 국 간에 병합조약을 체결"한다고 기술되어 있다.[79] 그리하여 '한국병합에 관한 선언'에서 "메이지43년 8월 22일 일본국(日本國)과 한국 간에 체결된 조약에 의해서 한국은 일본국에 병합되어 당일부터 일본제국(日本帝國)의 일부가 되었다"고 선언되었다.[80] 또한 한국병합을 공포한 같은 날에 재가된 일본 천황의 '병합조서'에서는 한국의 치안을 안정시켜서 "제국(帝國)"의 안전을 보장하고자 한다고 기록되었다.[81] 같은 날 데라우치 통감의 고유(告諭)에는 "대일본국(大日本國) 천황폐하는 … 조선민중은 모두 제국(帝國)의 신민(臣民)이 되어…"라고 적혀있다.[82] 일본은, 스스로 자국 본토를 지칭할 때는 일본국(日本國)이라고 하고, 한국 병

---

79) "韓國倂合に關する條約", 外務省 編, 『日本外交年表竝主要文書 上』, 原書房, 1965, p.340.

80) "韓國倂合に關する宣言", 外務省 編, 『日本外交年表竝主要文書 上』, 原書房, 1965, p.342.

81) 詔書 〈韓國ヲ帝國ニ倂合ノ件〉(1910.8.29), 朝鮮總督府, 1912, 附錄 1.

82) 寺内正毅, "倂合に關する統監の告諭", 朝鮮總督府, 『朝鮮總督府施政年報』, 1912, 附錄, p.21.

합과 관련해서 자국을 자타낼 때는 일본국이 아닌 일본제국(日本帝國) 또
는 제국(帝國)이라고 표기하여, 일본이 '제국(帝國)'임을 표명하였다. 1909년
내각에서 한국병합에 대한 방침을 확정하고 천황의 재가를 받은 각의결
정[83] 원안에도 '제국'이라고 명시되어 있다.

　이 '제국'이라는 용어는, 일본이 한국 곧 조선에 대한 대자적인 관점에서
재래의 한국과 한국인이 일본 국가의 한 지역으로서의 조선이 되고 그 지
역민 조선인이 되었다는 것을 강조하는 것이었다. 대한제국이 일본 국가의
일부인 조선이 되었다는 것을 역설할 때 특히 강조되었다. 이 점은 조선총
독부가 일시동인의 동화주의 지배방침을 실제 정책수준에서 구체화해 확
립한 '조선교육령'에서도[84] 드러난다. 조선교육령에 명시된 조선인 교육의
목적은 "충량한 국민의 양성"[85]이었다. 이것이, 총독의 유고(諭告)를 통해서
"帝國國民"다운 자질과 품성을 갖춰서 "帝國臣民"다운 결실을 거두는 것[86]
이라고 설명되었던 것이다.

　병합 이래 10여 년 간의 무단통치에도 불구하고 거족적으로 발발한 3·1
민족독립운동에[87] 당황한 조선총독부가 조선교육령을 개정하여 조선인을
회유하고자 할 때 강조된 것 또한 '일시동인'과 함께 '일본제국'이었다.[88]
1931년 만주사변 직전 조선총독으로 부임해, '내선융화'라 하여 "내지인과
조선인의 융합일치", "사상의 융합"을 선언했던[89] 우가키(宇垣一成)총독이
만주사변 발발 소식을 접하고 강조한 것 또한 '제국' 일본이었다. 우가키는

83) "朝鮮倂合二關スル件", 外務省 編(1965), p.315 ; 大江志乃夫(1992), p.27.
84) 전상숙, "'한국인' 정치 참여 부재와 조선총독부의 관학(官學)을 통한 사회과학의
　　전개 : 관학 대 반(反)관학, 이항대립관계의 구조화", 『한국정치외교사논총』 37-1,
　　2015, p.11.
85) "朝鮮敎育令", 『朝鮮總督府官報』 305. 1911. 9. 2. pp.17~18.
86) 정재철, 『일제의 對한국식민지교육정책사』, 일지사, 1985, p.293 재인용.
87) "騷擾事件に關する民政彙報(第24報)", 1919.5.29. 『現代史資料 3·1運動 篇 (1)』,
　　국학자료원, 1977, p.435.
88) 靑柳南冥(1928), p.128 ; 전상숙(2015), p.17.
89) 『宇垣一成日記』, 1931.7.2, 宇垣一成, 『宇垣一成日記』 2, みすず書房, 1968, p.801.

만주사변이 "제국흥쇄(帝國興衰)의 중대문제"라고[90] 보았다. 그리하여 제국 일본의 발전에 기여하기 위한 조선의 시책을 적극 실행하고자 하였다. 조선의 "更生을 통해서 母國의 弱點을 보정하고, 朝鮮에 의해서 母國의 위난 (危難)을 救濟하고, 朝鮮을 이끌어 母國의 進運에 貢獻하고자" 한다는[91] 것이었다. 이것이 곧 '내선융화'를 주창하며 시행된 농공병진정책이었다.

만주사변 이후 적극적으로 주창되기 시작한 사상의 융합, '내선융화'는 중일전쟁이 발발하자 조선의 '병참기지정책'을 천명한 미나미총독에 의해서 '내선일체(內鮮一體)'로 강화되어 황민화(皇民化)라고 하는 일본 제국주의의 식민지배 이데올로기가 되었다.[92] 일본의 대륙진출이 일본의 '제국'에 절대적으로 긴요하고, 이를 위해서 조선을 총동원해야 한다고 본 우가키와 기본적으로 인식을 같이 했던 미나미가 내선융화를 강화한 것이었다. 내선일체는, 조선이 "帝國 唯一의 大陸발판"으로서 "兵站基地로서의 특별 사명"을[93] 갖기 때문에 비록 외지인이지만 조선인을 내지의 일본인과 같이 '황민화'하는 것이었다. 일본천황의 '신민'이 될 것을 강제하는 것이었다. 일본천황의 '일시동인의 성지(聖旨)'에 의거하여 조선인이 '국체'관념을 확립하고, '황국신민'의 신념을 공고히 함으로써 "內鮮一體로서 皇運을 扶翼, 皇道를 선양"해야 한다는 것이었다.[94] 이러한 내선일체가 중일전쟁 발발과 함께 '제국' 곧 "帝國의 興亞國策 수행상 절대적 전제여건"으로써 역설되었다.[95]

내선융화로부터 내선일체로 일본파시즘화의 전개와 함께 더욱 강력하게 강요된 조선인에 대한 '황국신민화'는, 조선인의 민족의식을 완전히 말살하

---

90) 『宇垣一成日記』 2(1936.6.23.), p.1070.

91) 八尋生男, 『朝鮮に於ける農家更生運動』, 1934, pp.43~44 ; 전상숙(2012) 4장 참조.

92) 전상숙(2012), pp.239~240.

93) 朝鮮總督府, 『朝鮮總督府時局對策調査會會議錄』, 1938, pp.9~20.

94) 朝鮮總督府, "朝鮮に於ける國民精神總動員", 『國民精神總動員』, 1940, 『日帝下 戰時體制期 政策史料叢書』 第50卷, 336쪽.

95) 朝鮮總督府, "政務摠監事務引繼書", 『日帝下 戰時體制期 政策史料 叢書』 第29卷, p.365 ; 전상숙(2012), p.240.

여 일본천황이 다스리는 나라 '제국일본'이라는 '근대 일본의 국가관'을 조
선인에게 주입시키는 것이었다. 황국신민화는 일본천황의 '신민'이 될 것을
강요하는 것이었다. 메이지헌법에서 '대일본제국'이라 하고 그 국민을 '신민
(臣民)'이라고 명시한 바를 제창한 것이었다. 그러나 일본헌법 법역 밖에 있
는 외지의 조선인에게 강제된 '제국 일본'이라고 하는 국가관은, '제국일본'
과 그 '신민'으로서의 권한을 유보하면서 일시동인을 표방하며 병합한 조선
을 영구히 일본에 귀속시켜서 실제적으로 활용하기 위한 정치적 지배이데
올로기에 불과한 것이었다. 조선의 필요와 조선인에 대한 민족적 차이와
차별의식을 대자적으로 인식하면서 현실적으로 필요한 동원만 강제하는
정치적 명분이자 조작적 정치 이데올로기였다. 이른바 문명을 앞세우며 문
명국 일본제국과 병합됨으로써 문명화되지 못한 조선인도 문명국 일본제
국의 일원이 되었다는 점이 역설되었다. 그에 따라서 '제국'의 '신민'답게 제
국신민으로서 일본제국 국가에 기꺼이 사역(使役)하고 동원에 응해야 한다
는 것이었다. 제국일본이라는 국가관을 받아들여 제국신민이 되어야 한다
는 것이었다. 그것이 곧 조선인이 "충량한 국민"으로 "양성"되는 것이었다.

　　그런데, 일본이 병합된 조선들에게 표방한 '제국'일본이라는 근대 일본
국가의 상(像)은, 한국병합을 단행할 때 그리고 병합 이후에도 그 구체적인
형체가 갖추어지지 않은 미완의 것이었다.

　　일본이 자국을 다른 국가와의 대자적인 관점에서 '제국'으로 표상화하기
시작한 것은 1854년 미일화친조약을 체결하면서였다.[96] 일본은 중국의 아
편전쟁 패배를 타산지석으로 삼아 문호를 개방하면서 새로운 세계상을 찾
으며 화이(華夷)관념에서 벗어나 '황국(皇國)' 일본의 우월성이라는 발상을
낳았다. 에도시대에 경제적 자급을 달성해가면서 관념상으로도 자국 중심
의 발상을 취하기 시작한 것이었다.[97] 일본은 막말이래 긴장관계에 있던

---

96) 吉村忠典, 『古代ローマ帝國の硏究』, 岩派書店, 2003, p.49.
97) 渡邊浩, 『東アジアの王權と思想』, 東京大學出版會, 1997, pp.148~183 ; 요시자와

서양으로부터 민족으로서의 자립의 원리를 모색하는 동시에 실질적으로 할 수 있는 '문명'의 원리를 모색하며 '근대화'를 추진하였다. 당시 일본에게 '제국'은 근대 세계를 지배하는 서양 열강의 존재방식을 내포하는 것이었 다. 제국은 서양의 우월한 문명을 담지한 개념이었다.[98]

아편전쟁을 타산지석으로 삼은 일본은 서양 열강의 제국주의 국가를 대 자적으로 인식하면서 다른 문화를 수용할 때 주체성의 근거를 수립하지 않 으면 안된다는 사상적인 문제의식을 갖고 해결하고자 하였다. 일본은 그 과제를 자주적인 국가에 대한 문제의식과 함께 병렬적으로 인식하고 풀어 갔다. 그리하여 서양사상의 '응용'과 '실천'을 통해서 실질적인 일본적 문명 화로 연계되는 국가체제의 개편으로 이어졌다.[99] 서양 문물의 수용을 통해 서 재래의 한학(漢學)과 국학(國學)에 기초한 세계관을 일대 전환시켜갔다. 그리하여 부국강병론으로부터 막부말기 도쿠가와 막부(德川幕府)를 상대화 하고, 외압에 대항하는 보다 강력한 통일 국가를 창출하기 위한 국권론적 인 구상이 창출되었다.[100] 그 귀결이 제국주의 서양 열강의 이른바 '제국'에 대하여 사상적으로나 기술적으로도 뒤지지 않는 총칭 문명화된 근대적 대 국 일본이라고 하는 것이었다. 그것이 대외적으로 스스로의 정체성을 규정 하는 특성을 갖는 '제국일본'이라는 국가의 상이었다.

일본에서 '제국(帝國)'이라는 용어가 만들어진 것은, 18세기말 19세기 초 난 학파(蘭學派) 지식인들이 영어의 엠파이어(empire)와 케이제레이크(kei'zeriijk)

세이이치로, 『애국주의의 형성』, 정지호 옮김, 논형, 2006, p.70 ; 전상숙, "근대 '사회과학'의 동아시아 수용과 메이지 일본 '사회과학'의 특질 : 블룬칠리 국가학 수용을 중심으로", 『이화사학연구』 44, 2012b, pp.185~186.

98) 이삼성, "제국과 식민지에서의 '제국'", 『국제정치논총』 52-4, 2012, p.15.

99) 沖田行司, 『日本近代教育の思想史研究 : 國際化の思想系譜』, 東京大學出版會, 2007, pp.65~96.

100) 武藤秀太郎, 『近代日本の社會科學と東アジア』, 雲山會, 2009, p.7 ; 전상숙(2012b), p.187 ; 전상숙, "근대적 전환기 일본의 '아시아연대론'에 대한 한국의 인지적 대응 : 국권 인식을 중심으로", 『동아연구』 67, 2014, pp.13~14.

와 같은 서양 개념을 한자어로 번역하면서였다.[101] 그리고 그것이 일본의 자기정체성을 나타내는 용어로 확립된 것은 '제국대학령'을 공포하면서였다 고 할 수 있다. 제국대학령은 동진한 서양 열강과의 대결적인 관점에서 재 래의 점령지 오키나와(沖縄)와 홋카이도(北海道)를 정식으로 메이지국가화하 고 1886년에 천황의 칙령으로 공포된 것이었다. 당시, 사회적으로는 1880년 부터 흥아(興亞)·동종동문(同種同文)·순치보거(脣齒輔車) 등을 외치며 제 창된 '아시아연대'론이 1885년 후쿠자와(福澤諭吉)의 '탈아론(脫亞論)'을 통 해서 '제국일본'이라는 국가의 상으로 정립되고 있었다. 일본 근대화의 총 체적인 스승이자 메이지정부의 스승으로 불리는 후쿠자와의 탈아론은 '아 시아의 맹주론'을 주창한 것으로 평가되는 1881년의 '시사소언(時事小言)에 이어서 제국일본의 비전을 확정한 것이었다. 아시아에 대한 제국주의적 팽 창을 이른바 '문명사관'으로 합리화한 것이었다.[102] 제국일본의 국가관은 서양과 같은 문명사관을 통해서 문명화된 아시아의 맹주 일본, 서양의 제 국과 나란히 하는 동양의 제국 일본을 상징하는 것이었다.

그러한 일본 사회의 제국일본에 대한 비전은 국가시책과 병행되어 정치 적 사회적으로 제시되고 받아들여졌다. 1871년 폐번치현(廢藩置縣)을 단행 해 중앙집권적인 국가체제를 구축한 메이지정부는 문부성(文部省)과 병무 성(兵務省)을 병렬적으로 설치하여 교육행정권을 확립하고 통일적인 교육 정책을 실시하였다.[103] 동시에 병부성을 통해서 아시아에 대한 지리와 지 식을 축적해갔다.[104] 문·무 양 측면에서 제국일본을 실제화하기 위한 준 비가 국가적 차원에서 체계화되고 있었다.

101) 吉村忠典, ""帝國'という概念について", 『史學雜誌』 108篇3號, 1999.

102) 安川壽之輔, 『福澤諭吉のアジア認識』, 高文研, 2000, pp.51~299 ; 이삼성, "'제국' 개념과 19세기 일본", 『국제정치논총』 51-1, pp.73~76.

103) 本山幸彦, 『明治國家の教育思想』, 京都 : 思文閣出版, 1998, pp.3~4.

104) 야마무로 신이치(山室信一), "일본의 아시아주의와 아시아 學知", 『대동문화연구』 50, 2005, pp.68~70.

이와 같이 국가와 사회 양 측면에서 서양 제국주의 국가의 '제국'을 대자적으로 인식하며 그에 필적하는 문명화·근대화된 제국일본이라는 국가관이 정립되어간 것이다. 그리하여 메이지 20년대 전후의 국수주의(國粹主義)를 경유하여 메이지 말 '국민도덕론(國民道德論)적 사상사'에 이르는 일본적 '특수성'이 형성되어갔다.[105] 일본적 '특수성'이라고 하는 이른바 '국민도덕론적 사상사'의 일단은 일본인은 일본천황의 국가인 '제국일본'의 '신민'이라는 것이었다. 다시 말해서 '제국일본'의 '신민'은 일본천황의 이름으로 행해지는 국가에 복종하고 책임져야 한다는 국가주의적 인식을 내재화시키는 것이었다.

이러한 근대 '일본제국'의 특수한 성격은, 1890년에 국책으로 결의된 이익선론과[106] 같은 해에 천황의 이름으로 공포되어 일본인들의 수신(修身)과 도덕교육의 기본규범이 된 '교육칙어'를 쌍두마차로 하여 공고화되었다. 그것은 국가이익과 국력(國力)이라는 관점에서 적극적으로 대외적인 발전을 꾀하기 시작한 1890년대를 거치며 '제국일본'이라는 국가관으로 공고화되었다.[107] 그리고 '대일본제국헌법'의 제정을 통해서 확정되었던 것이다. 이와 같이 폐번치현 이후 제국대학령을 필두로 하여 제도적으로 구축되어 간 '제국일본'이라는 근대 일본의 국가관은 일본적 근대의 특수한 성격을 집약적으로 표상한다고 할 수 있다.

아편전쟁을 타산지석으로 하여 일본이 적극적으로 꾀한 근대화는, 홉스봄(Eric Hobsbawm, 1917~2012)이 '제국의 시대(the Age of Empire)'라고 지적한 바와 같이, 국민국가체제를 구축하고 황제를 칭하며 서양 제국들이 경제적인 지배를 목적으로 치열하게 대외적인 팽창을 겨루며 동진해온 것을 대자적으로 인식하면서 이루어진 것이었다. 서양 열강의 제국들은 무력이

---

105) 石田雄(1976), p.2
106) 大山梓 編(1966), pp.196~201.
107) 전상숙(2015), pp.14~15.

나 정치적 위협 또는 경제적, 사회적, 문화적 종속성 등을 통해서 다른 사회의 주권을 실질적으로 통제하며 제국을 확립하였다. 또한 그 과정에서 제국을 유지하기 위하여 제국주의적인 대외 팽창정책을 전개하며 서로 경쟁하였다.108)

그러한 서양 열강, '제국'의 근대적인 힘은 일본의 개국과 근대화를 촉진하였다. 서양 열강의 제국들은 국경의 경계 안에 있는 사람들을 국민(nation)으로 동질화시키면서 동시에 국경 밖에 있는 사람들은 배제하며 지배하여 제국의 질서를 확립하고 유지하였다.109) 그와 같은 방식으로 근대 국민국가체제를 구축하고 제국주의적 성장을 꾀하는 서양 열강의 이른바 제국은, 일본이 국가적으로 근대화를 촉구하게 한 국가적 위기의 원인이자 국가의 위기를 극복하고 근대적인 주권 국가를 확립하기 위하여 도달하고자 했던 현실적인 목표이자 지상과제였다.

서양 제국의 근대 '문명' 수용과 함께 시작된 일본의 국가적인 근대적 개혁은, '제국일본'으로 표상되는, 독일과 같이 강력한 천황제 국가체제를 위로부터 구축하며 근대화를 이루는 것이었다. 그리하여 천황제 국가체제를 정립하기 위한 국민도덕론적 사상사의 궤적을 형성하며 서양과 같은 근대적 국민국가이자 제국인 일본국가, 통일된 일본제국의 국민 만들기가 추구되었다. 그러한 일본의 근대적 개혁 곧 일본의 제국화는, 대제국이 되는데 섬나라라는 지리적인 한계와 전통적인 과잉인구 문제를 해소하지 않고는 불가능한 것이었다. 그와 같은 문제의 해결을 모색한 것이 바로, 오키나와와 홋카이도와 같은 재래의 점령지를 동진하는 서양 열강에 대한 위협을 적시하며 국가화하고 대만의 영유를 결정한 병략의 관점이었다. 동진하는 서양 제

108) 여기서 제국과 제국주의의 개념에 대해서는 *Doyle, Michael W. Empires, Ithaca : Cornell University Press*, 1986, p.45 참조.

109) 여기서 국민국가(nation state)와 제국(empire)의 개념에 대해서는 *Jane Burbank and Frederick Cooper, Empires in World History : Power and the Politics of Difference. Princeton, N.J. : Princeton University Press*, 2010, pp.8~9.

국에 대하여 국가적 방비를 단속하고 대륙국가가 되어 자원과 지리적인 한계를 극복하며 팽창할 수 있는 성장의 토대를 확보해야 한다는 것이었다.

이러한 인식 속에서 일본은 이익선론을 국책화하고 이후 청일전쟁의 승리와 서양 열강들과의 불평등조약 개정을 통해서 메이지유신 이후 일본 국가 최대의 과제였던 대외적인 자립 곧 국가 주권을 명실공히 확립하였다.[110] 서양 열강과 같은 제국 국가의 면모는 갖출 수 있었다. 그렇지만 일본은 청일전쟁에서 승리했음에도 불구하고 삼국간섭이라는 굴욕을 감내해야 했다. 또한 서양 열강은 청일전쟁을 통해서 획득한 제국일본의 면모를 기껏해야 '극동의 헌병' 정도로 여기고 '구미 열강의 주구'라는 불명예스러운 별명을 붙였다.[111] 일본은 그러한 서양 열강에 대한 굴욕과 열세를 극복하고 그에 필적하는, 나아가 그보다 나은 제국이 되기 위한 현실적인 힘이 절실했다. 그러한 현실적이고 절실했던 힘을 갖추어 서양의 제국에 필적하는 동양의 제국이 되기 위한 기본 조건이 섬나라의 한계를 극복하는 것이었다. 실제로 대륙국가가 되는 것이었다. 그 첫 걸음이 섬나라 일본과 인접한 반도(半島) 한국의 병합이었다. 그러므로 일본의 한국 병합은 제국일본의 기본 토대를 구축하는 것이었다고 할 수 있다.

그와 같은 한국의 병합은, 청일전쟁을 통해서 제국의 위세를 드높인 육군 군벌이 이익선론을 국책화한 기본적인 목표이기도 하였다. 삼국간섭을 통해서 요동반도를 박탈한 러시아가 본격적으로 한국으로 진출해 오자 한반도가 제3국의 지배 아래 들어가는 것은 국가적 안전상 꼭 피해야 한다는 긴박감이 조성되었다.[112] 제2의 삼국간섭과 같은 경험을 더 이상 용인할 수 없다는 정치 사회적 분위기도 형성되었다. 그러한 국가와 사회적인 욕망이,

110) 鈴木正幸, "植民地領有と憲法體制", 日本史研究會 編, 『日本史講座 9 : 近代の轉換』, 東京大學出版會, 2005, p.10.
111) 小林道彦, 『日本の大陸政策 1895~1914』, 東京 : 南窓社, 1996, pp.38~39.
112) 이리에 아키라(入江昭) 지음/ 이성환 옮김(1993), p.37.

서양 열강에 대하여 동아시아에서 일본의 이권을 선점해야 할 필요를 촉구하였다. 그리고 국일을 위해서 서양 열강보다 먼저 한국에 대한 영향력을 선점하고, 그것을 통해서 일본이 대륙국가가 되어야 한다는 구상으로 연계되었다. 섬나라 일본은 반도 국가의 병합을 통해서 대륙국가가 되어 반도 북쪽 대륙으로 진출해 삼국간섭과 같은 굴욕을 더 이상 허용하지 않는 '제국'이 되고자 하였다. 그 결과 한국의 병합은 일본제국의 정립에 가장 중요한 국방 · 외교의 준거가 되어 이익선론을 국책으로 결의하고 단행되었다. 그리고 일본제국의 국가체제 정립이라는 연장선상에서 조선인에 대한 제국일본 국가관의 수용이 강제되었다. 그것은 교육칙어에 입각한 조선교육령의 기본 정신이 되어 일본제국의 신민으로서 '국민정신'을 공고히 하기 위한 신민화교육으로 시행되었다.[113]

한국의 병합은 메이지유신 이래 '대일본제국' 국가를 추구해온 일본이 서양 열강에 필적하는 근대 일본 국가의 상을 확립하는 기본 토대를 구축한 것이었다. '제국'일본이라는 근대 일본 국가의 목표는 병합한 조선 지배의 안정화에 기초한 대륙으로의 국가적 팽창과 함께 성장하는 것이었다. 그러므로 일본의 제국주의적 팽창이 전개될수록 조선인에 대한 제국일본 국가관의 수용과 강제는 더욱 강화될 수밖에 없었다. '제국'을 표방한 일본의 제국주의적 진출에 조선의 자원과 조선인의 동원은 필수적이었다. 그 필요가 더해질수록 조선인에 대한 일본제국 신민으로서의 의무를 요구하는 제국일본 국가관의 수용 또한 더욱 강화되어갔다.

제국일본이라는 국가 목표와 육군벌을 중심으로 한 대륙으로의 국가적 진출이라는 지향은 동전의 양면이자 동의어와도 같았다. 그러므로 그 토대로써 병합된 한반도 곧 조선과 조선인에 대한 동원은 제국일본의 확립과 불가분의 관계였다. 조선인에 대한 제국일본 국가관의 강제 곧 조선인에

---

113) 전상숙(2015), p.15.

대한 '황국신민화'는 제국일본이 성장을 멈추지 않는 한 멈추지 않고 강화
될 수밖에 없는 것이었다.

일본이 정한론과 맥을 같이하는 아시아연대·아시아주의를 주창하며 서
양에 대한 아시아와 아시아 국가들의 협동체적 독립을 주창하는 지점에서
병합된 조선은 일본을 맹주로 한 아시아주의의 토대가 되는 것이었다.[114]
따라서 만주사변으로부터 중일전쟁을 거치면서 이른바 이익선론이 확대되
고 이와 함께 주권선 곧 제국 일본의 '생명선' 또한 한국으로부터 만주 대륙
으로 확장될수록, 일본제국의 조선에 대한 총체적인 동원 또한 확충되는
것이었다. 일본이 한반도에 이어서 만주대륙을 생명선이라고 강조할 때 사
회적으로는 아시아연대론에 이어서 동아협동체론이 논의되었다. 그리고 결
국 고노에성명(近衛聲明)을 통해서 동아신질서·대동아공영권이라는, 서양
제국주의와의 차별성을 강조한 '동양의 평화와 번영'이 주창되었다.

동아신질서·대동아공영권은, 동양을 제국주의적으로 침략하는 이질적
인 서양 문명과는 달리 동질적인 동양 삼국이 서양 제국주의의 침략에 대
응하여 힘을 모아 동양의 평화와 공영(共榮)을 도모해야 한다는 것이었다.
그러한 동양 평화와 공영을 강조한 아시아주의의 침략주의적인 문명화론
이 일본에서 제도화되었을 때 조선의 역할은 더욱 강조되었다.[115] 대륙으
로 진출할 교두보로서 조선의 역할과 그 역할을 수행해야 할 조선인의 동
원이 더욱 절실해지는 것이었기 때문이다. 그리고 그것은, 일본 본국의 일
반지(日滿支)블록에 대하여 조선총독이 대륙전진병참기지로서 조선의 중심
적인 역할을 강조한 '일선만지(日鮮滿支)'론으로 현재화되고 조선총독부의
자치통체체제가 구축되며 조선공업화에 박차를 가하는 것으로 연계된 것
이었다. 여기서 조선인은 소위 '내선일체'라 하여, 제국일본 국가를 위하여

---

114) 전상숙, "근대적 전환기 일본의 '아시아연대론'에 대한 한국의 인지적 대응 : 국
    권 인식을 중심으로", 『동아연구』 33-2, 2014 참조.
115) 전상숙, "일제 군부파시즘체제와 '식민지 파시즘', 『동방학지』 124, 2004 참조.

"충량한 국민"으로서 그 소임을 다해야 하는 것이었다. 이와 같이 한국병합 이후 일본 제국주의가 조선인에게 표방하며 강제한 '제국일본'이라는 국가관은 결국 조선 민족의 정체성을 정신적으로 말살하고 내선일체라는 구호 아래 총체적인 동원을 강제하며 조선인이 제국의 신민이 되었음을 증명해 보이라는 것이었다.

그러므로 일본이 시종일관 침략을 부인하는 한국병합으로부터 만주사변, 그리고 중일전쟁과 이른바 '대동아전쟁'으로부터 '태평양전쟁'에 이르기까지 지속된 일련의 전쟁은, 제국대학령과 대일본제국헌법을 통해서 확립된 일본 근대 국가의 지향인 제국일본이라고 하는 자기정체성을 확립하기 위한 과정이었다고 할 수 있다. 소위 제국일본이라는 근대 일본 국가의 비전과 상은, 국책으로 결의된 이익선론과 함께 그 외연이 확장되면서 그 속에서 생명선(일본제국 국가)와 함께 계속 확장되며 미완의 상태에서 그 내용을 조정해가는 것이었다. 따라서, 쇼와천황은 1945년 8월 15일 종전조서(終戰詔書)에서 일본을 여전히 제국이라고 칭했지만,[116] 제2차 세계대전에서 일본이 연합국에 패한 것은 제국주의적 침략을 지속적으로 확대해가지 않을 수 없었던 이른바 '제국일본'이라고 하는 일본 근대 국가의 실험이 실패했다는 것을 증명하는 것이었다.

2) '제국' 일본 근대 국가의 국민(國民), '제국신민(帝國臣民)'

'한국병합에 관한 조약'을 보면, 제 7조에 "일본국(日本國) 정부는 성의충실하게 신제도를 존중하는 한인(韓人)으로서 상당한 자격을 갖고 있는 자는 사정이 허락하는 한 한국에 있는 제국관리(帝國官吏)로 등용할 것"이라고 명시되어있다.[117] 그리고 데라우치 통감은 병합 직후 고유(告諭)를 통해서

---

116) 고모리 요이치(小森陽一), 『1945년 8월 15일, 천황 히로히토는 이렇게 말하였다』, 송태욱 역, 뿌리와이파리, 2004, pp.55~57.

"조선민중은 모두 제국(帝國)의 신민(臣民)"

이 되었다고 선언하였다.[118]

그리하여 제국 일본의 신민이 된 조선인들은, 이른바 교육칙어에 입각한 일시동인의 동화주의 지배방침에 의거하여 '조선교육령'에서 명시된 조선인 교육의 목적인 "충량한 국민 양성"의 대상이 되었다. 구체적으로 그것은, 총독 유고(諭告)를 통해서 설명되었듯이 "帝國國民"다운 자질(資質)과 품성(品性)을 갖춰서 "帝國臣民"다운 결실(結實)을 거두는 것이었다.[119] 그 결실이란, 한국병합에 관한 조약 제 7조에 명시된 바와 같이 일본 국가에 충실하면서 일본국민 곧 제국신민다운 자격을 갖는 자가 되어 일본인과 같이 제국의 관리로도 등용될만한 일본인이 되는 것이었다.

그와 같이 제국의 신민이 되는 것은, 학무국장 세키야(關屋貞三郞)가 동화의 내용을 설명한 데서 알 수 있듯이, 일본국민적(國民的)인 정신(精神)을 일본인과 함께하는 것, 일본국민(日本國民)으로서 스스로 깨달아 일본국민(황국 일본제국의 신민)이 되는 것이었다.

"소위 同化란 무엇인가. 간단히 말해서 **國民的 精神**을 함께하는 것이다. 즉 **日本國民으로서의 自覺**을 깨닫는 것이다. 그러나 이것은 **조선인을 바로 일본인으로 도야시키는 것과는 다르다.** 바꿔 말하면, 조선인이 日本帝國 國民으로서의 영예를 받고 행복을 온전히 누릴 수 있게 하기 위해서 **國民으로서의 본분을 다하는 인물이 되게 하는 것이다.**"[120] (강조 필자)

---

117) "韓國併合に關する條約", 外務省 編, 『日本外交年表竝主要文書 上』, 原書房, 1965, p.340.

118) 寺內正毅, "併合に關する統監の告諭", 朝鮮總督府, 『朝鮮總督府施政年報』, 1912, 附錄, p.21.

119) 정재철, 『일제의 對한국식민지교육정책사』, 일지사, 1985, p.293 재인용.

120) 關屋貞三郞, "朝鮮人敎育に就きて", 『朝鮮敎育硏究會雜誌』 45, 1919, pp.7~9.

그와 같이 조선인에게 일본제국, 제국 일본의 국가관을 강조한 것은 곧 조선인이 제국일본의 국민으로서 일본의 국민다운 본분 곧 의무를 다하라는 것이었다.

앞에서 언급했듯이, 일시동인의 동화주의는 일본 제국주의가 조선인을 일본인으로 도야시키는 것이 아니라, 국민(國民)으로서의 본분(本分)을 다하는 인물이 되게 하는 것이었다. 제국의 신민이 된 조선인은 일시동인의 동화주의에 의거하여 제국일본의 국민으로서 자각해야 하는 일본인이었다. 그 과정에서 한국을 병합한 일본은 한국인이 일본인으로 도야되도록 하는 것이 아니라 일본제국의 국민으로서 본분을 다하는 인물이 되도록 독려하고 강제하는 것이었다. 병합으로 조선인은 형식적으로 일본인과 같이 일본제국의 신민이 되었다고는 했지만 본국 내지의 일본인과 같은 일본국 국민으로서의 제국신민은 아니었던 것이다. '대일본제국헌법'이 적용되지 않는 '외지 조선'이라는 현실이 그 실체를 대변하는 것이었다.

조선인은 조선총독부의 동화시책을 통해서 일본인으로서의 자각을 갖도록, 일본 제국의 국민적인 본분을 다하도록 요구되는 대상일 뿐이었다. 조선인은 일본제국의 국민으로서 일본인과 같은 권리를 갖게 되는 일본국민으로 도야될 대상으로 상정되지도 상정된 바도 없었다. 이것이 병합조약에서 "상호 행복을 증진"한다고 하고, 데라우치총독이 훈시에서 "치평의 혜택을 입도록" 한다고 한 일시동인의 동화주의 지배 아래 있던 일본제국 국민 조선인의 현실이었다.

그러한 일본제국의 신민이 된 조선인의 실상은 식민지시기 내내 근본적으로 변하지 않았다. 오히려 만주사변 이후 일본의 파시즘화가 강해지면서 일본제국의 국가관과 제국신민으로서의 의무에 대한 강제가 강화될 뿐이었다. '내선융화'를 주창한 우가키총독은, 만주사변이 발발하자 제국 흥쇠의 중대문제에 직면했음을 강조하며 조선의

"更生을 통해서 母國의 弱點을 보정하고, 朝鮮에 의해서 母國의 危難
을 救濟하고, 朝鮮을 이끌어 母國의 進運에 貢獻하자"(강조 필자)

고 하였다.[121] 제국의 신민인 조선인이 일본제국의 국민으로서 그 본분을
다해야 한다고 역설한 것이다. 그러면서 그 본분에 순응하지 않는 것은 "日
本帝國의 지배를 이완시키는 사태"를 야기하는 것이고, 따라서 "억제와 압
박"을 받을 각오를 해야 한다고 언명하였다.[122]

이와 같은 일본제국의 신민이 된 조선인에 대한 일본 국가의 국민으로서
본분을 다해야 한다는 요구는, 중일전쟁이 발발하면서 더욱 강화되었다. 제
국 국민의 본분에 대한 요구는, 전시총동원체제에 일본의 식민지 중 가장
효율적으로 활용할 수 있었던 조선인을 강력하게 동원하여 제국주의적 팽
창의 토대로 활용하는 명분이 되었다.

우가키의 뒤를 이은 미나미총독은 중일전쟁이 발발하자 본국의 '일만지'
블록에 대하여 조선의 중심적인 역할을 강조한 이른바 '일선만지'블록론을
주창하였다. 그것은 조선이 "帝國 唯一의 大陸발판"으로써 "兵站基地로서의
특별 사명"을 갖는다고 대내외에 천명하고 내선융화에서 더 나아가 내선일
체를 강제하는 것이었다.[123] 일본과 조선은 분리할 수 없는 하나이기 때문
에 조선인도 일본인과 마찬가지로 일본의 천황을 정신적인 지주로 받아들
이는 국체(國體)의 관념을 확립하고 황국신민(皇國臣民)으로서의 신념을
공고히 하여 신민으로서 본분을 다해야 한다는 것이었다.

앞에서 언급했듯이, 제국일본 국가관의 비전과 함께 부상한 아시아주의
의 맥락에서 병합된 조선은, 만주사변과 중일전쟁을 거치면서 아시아주의
가 재부상한 이른바 대동아공영권의 토대로 위치되었다. 조선이 대륙전진
병참기지로 설정된 것은 '대제국' 대륙국가 일본에 대한 지향 속에서 병합

---

121) 宇垣一成, 宇垣一成日記 1936.2.23, 『宇垣一成日記』 2, みすず書房, 1970, p.1070.
122) 宇垣一成, 宇垣一成日記 1932.12.9, 『宇垣一成日記』 2(1970), p.871.
123) 朝鮮總督府, 『朝鮮總督府時局對策調査會會議録』, 1938, pp.9~12.

된 조선의 그러한 의미를 재확인하고 제고하는 의미를 갖는 것이었다. 따라서 제국일본의 존립과 우월함을 증명해야 할 제국주의전쟁에서 대륙전진병참기지로 설정된 조선의 조선인에게는, 전쟁수행에 적극적으로 동참하여 제국일본의 안위를 담보해야 할 제국신민으로서의 의무(본분)가 강화되었다. 내선일체는 그와 같은 조선인의 동원을 위한 조선인의 일본 국민으로서의 정신적·물리적 동원을 강제하는 것이었다.

내선일체의 근본전제는 황국신민화에 있었다. 그것은 사심(私心)을 제거하여 공공의 국가에 봉사하는 진정한 천황의 신민 곧 "御民"이라는 자각을 철저히 하는 것이었다.124) 그러한 내선일체는 일본의 제국주의 전선(戰線)이 확장되면서 조선 시정 30여 년의 "有終의 美가 금후의 국민운동", "일본 국민으로서의 운동에 있다"는 일본 제국주의의 결전(決戰)의 각오의 중심에 놓였다.125) 조선총독부가 조선을 일본 제국주의가 대륙으로 전진할 병참기지로 설정하고 대륙에서 전쟁 수행을 책임지는 위치로 자리매김했기 때문이다. 그리하여 조선총독부의 '일선만지' 대륙전진병참기지 조선에 대한 내선일체는 "일본 전체의 문제"라고126) 역설되었다. 이와 함께 조선총독부는 시국에 즉응하여 일본에서 경제통제를 강화하며 전개한 산업보국운동·상업보국운동 등을 조선에서 내선일체에 기초하여 국민총력운동, "仕奉"운동으로 전개하였다.127)

그리하여, 내선일체가 조선총독부의 일본제국 전체의 문제라는 인식 아래서 "국민운동", "일본국민으로서의 운동"의128) 핵심이 되었다. 그와 같이 '국민'을 강조하는 조선총독부의 관제동원운동이 강화되면서 조선인에 대

---

124) 國民總力朝鮮聯盟防衛指導部, "內鮮一體ノ理念及其現方策要綱", 1941.6. 『日帝下 戰時體制期 政策史料叢書』 第50卷, p.57.
125) 國民總力朝鮮聯盟 編, 『朝鮮に於ける國民總力運動史』, 1945, 『日帝下 戰時體制期 政策史料叢書』 第49卷, p.530.
126) 國民總力朝鮮聯盟 編(1945), p.521.
127) 國民總力朝鮮聯盟 編(1945), pp.522~523.
128) 國民總力朝鮮聯盟 編(1945), p.530.

한 시세와 민도에 대한 공식적인 평가도 변화되는 모습을 보이지 않을 수 없게 되었다. 종래와 같이 '시세와 민도'를 이유로 조선인 차별을 유지해서는 '내선일체'를 앞세운 일본제국 신민으로서 의무를 강조한 동원이 언설로조차도 설득력을 가질 수 없을 것이었기 때문이다. 따라서 조선총독부는 정치적으로 조선의 시세와 조선인의 민도가 좋아지고 있다고 하면서 외지조선인에 대한 차별적인 제도의 문제를 정책적인 차원에서나마 고려하는 모습을 보였다. 그러나 근본적으로 조선총독정치체제의 투입면의 정치과정이 변하지 않는 한, 산출면의 통치과정과 결과만 강조되는 한, 근본적인 변화는 당초에 불가능한 것이었다. 일본제국 헌법이 허용하는 참정권이 허용되지 않는 한 조선총독정치체제의 투입면의 정치과정 또한 변하지 않는 것이었다. 그러므로 일본제국의 총력전에 따른 조선인 동원의 강화 필요와 그에 따른 조선인에 대한 제도적인 차별 시정의 문제는 결국 조선총독정치의 정치적인 차원에서 고려만 되었을 뿐 구체화되기 어려운 것이었다.

당초부터 일본 제국주의가 일시동인의 동화주의 지배방침에 의거하여 제국일본의 신민이 되었다고 강조했던 조선인, 그에 걸맞는 의무가 본분으로서 강제되었던 조선인은, 사실 일본 본국의 제국신민과 똑같은 제국신민이 아니었다. 이른바 '대일본제국헌법' 제1장 텐노(天皇) 제9조에 일본 국민은 신민(臣民)이라고 명시되어 있다. 그리고 제2장은 신민의 권리와 의무를 규정하고 있다. 그런데, 근대 입헌주의에 기초하여 1890년 11월부터 대일본제국헌법이 시행된 이래 패전 후 일본국헌법으로 개정될 때까지 수정이나 개정된 적이 없는 헌법의 제2장에서 명시된 일본제국신민의 권리와 의무는 처음부터 조선인에게는 적용되지 않는 것이었다. 적용된 적이 없을 뿐만 아니라 실질적으로 적용 여부가 고려된 적도 없었다. 조선을 일본제국헌법이 적용되는 '내지'화할 것은 고려되지 않았기 때문이다. 일본 제국주의가 전시 총동원체제에 박차를 가하며 조선총독부가 패전 직전에 고려했던 조선인에 대한 제도적인 평등권 문제는 단지 조선인 일부가 병합 이래 꾸준

히 제기했던 일본제국 의회에 참여할 수 있는 정도의 정치적 참여를 고려
하는 정도였다. 그나마도 결국 전쟁이 끝날 때까지 본격적으로 진행되지
않아 조선이 해방될 때까지 조선인은 참정권을 가질 수 없었다.

일본이 한국을 병합할 준비를 마치고 내각회의에서 병합을 결정한 이래
한국에 대한 시정방침은, 한국을 대일본제국헌법의 영역 밖에 있는 '법역외
(法域外)'의 지역으로써 천황이 직접 통치하는 곳으로 한다는 것이었다. 제
국일본의 국민, 곧 제국신민이 되었다는 근거는 단지 이른바 내지 일본과
같이 조선도 천황이 직접 통치하는 곳이라는 것이었다. 그 일본 천황의 직
접 통치도 천황의 명령인 '칙령(勅令)'[129]에 의한 지배가 아니었다. 천황에
대신하여 일본 천황에 직예해 그 대행권을 위임받은 현역 무관 조선총독에
게 일임된 것이었다. 따라서 천황의 칙령이 아니라 조선총독의 명령인 '제
령(制令)'[130]에 의해서 지배하는 것이었다. 조선은, 형식상으로도 실질적인
내용상으로도 천황이 통치하는 곳이라고 하지만 실제로는 천황이 통치하
는 곳이 아니었다. 이것이 곧 외지 조선의 실상이었다. 그것을 대변하는 것
이 바로 행정권을 비롯해서 입법권과 사법권까지 전제적인 권한을 갖는 조
선총독정치였다.

이러한 시정방침이 결정된 것은, 겉으로는 일본이 한국을 병합하여 일본
제국의 한 지역인 '조선'으로 하고 한국인을 제국일본의 신민이 되었다고
하면서 병합된 조선과 조선인을 이른바 '대일본제국헌법'이 적용되지 않는
'외지'로 규정함으로써 식민지에 불과하다는 것을 명백히 한 것이었다. 그

---

129) 대일본제국헌법 제1장 제8조.
130) 조선총독은 제령(制令)과 부령(府令) 제정권을 갖는데, 제령은 조선총독이 필요한
    사항 대해 법률과 칙령에 위배되지 않는 범위에서 천황의 재가를 받아 명령을 시
    행하는 것이었다. 제령은 형식상 법률의 하위규범이고 천황의 재가를 받아야 하
    지만 사후 승인도 가능했다. 따라서 현역무관인 조선총독은 일본의 독자적인 군
    통수권, 천황에 직예한 특수한 위치 등을 배경으로 일본 내각의 통제로부터 벗어
    나 입법권을 행사할 수 있으며, 독자적인 판단만으로 부령(府令)도 실시할 수 있
    었다. 일본의 식민지배 기간 동안 제정한 법령 대부분이 제령과 부령이었다.

러므로 조선총독부가 일시동인의 동화주의를 총독부의 기본 방침으로 공론하며 조선인은 일본제국의 신민이고 일본국가의 국민이 되었다고 주창하더라도 그것은 공허한 정치적 수사에 불과한 것이었다. 실질적으로 '대일본제국헌법'의 적용 대상이 되지 않는 조선인은, 일본인으로 도야되어 제국헌법의 대상이 될 것으로 상정되지 않은 것이었다. 따라서 조선인은 '대일본제국헌법'의 적용을 받는 이른바 '내지(內地)'의 제국신민과는 다른, 차별의 대상인 '외지(外地)'의 예속적인 제국의 신민에 불과할 뿐이었다. 그러므로 조선인은 제도적·형식적으로는 일본 근대국가 '제국'일본의 국민이었다고 하더라도 내지의 일본인과는 다르고 따라서 차별의 대상이 되는 제국의 식민이었던 것이다.

한국병합 이후 결의된 '조선총독부 설치에 관한 건' 및 '조선에서 시행할 법령에 관한 건'을 비롯해서 긴급칙령 제324호로 공포·시행된 '조선에서 시행할 법령에 관한 법률'와 칙령 제354호로 공포된 '조선총독부관제' 등은 모두 그러한 조선인에 대한 시정방침을 명문화하여 공포한 것이었다. 천황의 친임(親任)으로 그 대권을 위임받은 현역 무관 조선총독이 입법·사법·행정의 전권을 갖고 통치하는 "임의적인 자율통치체제"[131] 하의 조선인에게 제국일본의 신민인 일본국민과 같은 권리는 상정될 수 없는 것이었다.

그러므로 한국병합조약안 결정에 앞서 1910년 6월 3일 일본 내각회의에서 결정된 병합 이후 한국에 대한 시정방침 곧 당분간 한국에서는 일본 헌법을 시행하지 않고 천황대권으로 통치한다고 하여 천황에 직예한 조선총독의 권한을 설정하고 그것이 '조선총독부관제' 등으로 규정된[132] 이래, 조선인은 '제국신민'이었지만 결코 '대일본제국헌법'이 적용되는 일본제국의

---

131) 전상숙(2012), pp.90~91.
132) "韓國に對する施政方針", 外務省 編(1965), p.336 ; "合併後半島統治と帝國憲法との關係", 山本四郎 編, 『寺內正毅關係文書－首相以前』, 京都 : 京都女子大學, 1984, pp.63~70.

국민일 수 없는 것이었다. 이른바 '대일본제국헌법'을 외지로 설정한 조선에서 시행하는 문제는 본국에서 조선총독부의 관제개정이나 조선인에 대한 권리문제가 논의될 때 거론조차 되지 않았다.

그러므로 일본 제국주의가 조선인이 일본제국의 신민이 되었다고 선언하고, 일정한 자격을 갖추면 제국관리도 될 수 있다며 일시동인의 동화주의 시정을 천명했지만 '대일본제국헌법'을 조선에서 조선인에게 적용하지 않는 한 그것은 단지 식민지배를 위한 정치적 수사에 불과할 뿐이었다. 제국일본의 신민인 조선인의 실상을 드러내는 것이 이른바 "시세(時勢)와 민도(民度)에 적합한 동화주의 시정(施政)"이라는 것이었다. 시세와 민도라는 말은, 조선총독부가 '대일본제국헌법'이 적용되지 않는 일본제국의 신민인 조선인에게 일본제국의 국민으로서의 의무를 강제하면서 일본제국의 국민이 되기 위한 자격을 부여하기 위한 조건(충성심)을 요구하는 것이었다. 동시에 근대적으로 문명화된 선진 일본제국의 일본인에 대한 열등감을 역설하는 것이었다.

시세와 민도에 따른 동화주의의 시행은 '법역외'의 "신영토", "신부(新附)의 인민"이라고 한 조선인에 대한 차별과 배제 의식이 전제된 것이었다. 다시 말해서, 한국인은 일본제국에 병합됨으로써 국제정치적으로는 형식상 일본인이 되었지만, 일본국 헌법을 적용해 일본인과 같은 권리를 누리기에는 아직 미흡하고 또한 조선의 제반 여건도 아직 미흡하고 준비되어있지 않다는 것을 강조하는 것이었다. 더 나아가 민족 차별을 합리화하는 것이었다. 조선과 일본이 처한 조건의 차이와 여건의 미성숙을 개선하려는 것이 아니었다. 오히려, 시세와 민도를 거론할만한 일본보다 뒤떨어진 조선의 사회경제적 조건을 조선인의 탓이라고 전제하는 것이었다. 그리고 조선인 스스로 시세와 민도가 개선될 수 있도록 해서 일본과 사회경제적 조건이 같아지도록 해야 한다고 역설하는 것이었다. 결국 조선인은 조선총독정치의 피지배대상일 뿐이고, 통제·교화되어야 할 대상일 뿐이라는 것이었다.

이것이 이른바 일본제국의 국민, 제국신민이 된 조선인의 실상이었다.

3. 치안유지법의 제정과 개정에 드러난 외지(外地) 조선과 조선인

1) 내지(內地) 일본천황제 국가의 국체(國體)와 치안유지법

하급무사 출신들이 혁명(메이지유신)을 통해서 천황제 국가체제를 구축하고 위로부터 근대화를 단행한 일본제국에서 가장 심각한 위협은 언제나 '국체' 곧 '천황제'를 문제시하는 것이었다. 천황제는, 메이지유신이후 유신관료들이 이른바 국학의 재정비를 통해서 일본적 문명화의 특수성을 형성하며 서양 문명에 대한 대자적인 일본적 정체성과 국가적 자주권을 확립하는 명분의 중심이자 토대였다. 그것을 상징하는 것이 일본천황제 이른바 '국체'였다. 그러한 천황제 곧 국체를 문제시하는 것은 메이지유신 이래 구축된 근대일본국가 곧 일본제국의 근간을 흔드는 것이었다.

그러한 일본천황제, 이른바 '국체'가 다이쇼 데모크라시 풍조가 팽배하던 1920년 1월 "크로포트킨의 사회사상연구"(『경제학연구』 창간호)라는 논문이 간행되면서 문제시 되어 쟁점화 되었다. 이 글은, 도쿄제국대학 경제학부 모리토(森戶辰男)교수가 크로포트킨의 무정부주의를 요약하고 그 사회사상이 합리적인 근거를 갖는다고 학술적인 관점에서 논한 것이었다. 그런데 이 글이 일본 당국의 표적이 되어 모리토교수가 기소되었다. 당시 일본 사회에서는 다이쇼 데모크라시 풍조의 고양을 배경으로 정당정치가 약진하고 있었다. 대학을 중심으로 개인주의적인 도덕과 기타 이른바 "위험사상"이 광범위하게 확산되고 있었다. 메이지유신 이래 위로부터의 근대적인 개혁을 기획하여 구축해온 일본 정부는 그러한 데모크라시 풍조의 확산과 고조가 근대적인 개인과 자유주의적인 권리에 대한 인식을 확산 심화시켜서 천황제 국체를 문제시하게 될 것을 '위험'하게 여겼다. 일본 당국은 다이쇼 데모크라시 풍조가 천황제 국체를 사회적으로 문제시하는 현상으로까지 전개되는 것을 막아야 할 필요를 느끼고 있었다.

그 때 간행된 모리토교수의 글은 일본 당국이 대학 내의 보수적인 우익 세력과 국민의 도덕적 기풍을 보강하기 위한 모범 케이스가 되기에 적합하게 생각되었다. 일본 당국은 모리토교수의 무정부주의 관련 글을 근거로 모리토교수를 헌법문란죄를 규정한 신문지법 제42조 위반으로 기소하였다. 기소된 모리토 교수는 그의 글이 일본 국민 독자들에게 "국가의 통치권에 의혹"을 갖게 하거 국가의 "國體"를 흔들리게 할 위험과 "국가의 존립을 위태케 할 우려"가 있다는 이유로 유죄판결을 받았다.[133)

이 사건에 대한 재판은, 학문의 자유와 언론문제와 직결된 것이어서 세간에 많은 관심을 집중시켰다. 그런데, 재판 과정에서 쟁점으로 부각된 것이 학문과 언론의 자유 문제보다 오히려 '국체'에 대한 관념이었다. 그리고 일련의 재판과정을 통해서, "국가가 언론과 출판에 대하여 새로운 한계를 포고"했다는 사실이 분명하게 인지되었다. 모리토교수사건을 통해서 정부가 사법부의 판단을 통해서 "유해한 이데올로기"라고 판단하는 이념이나 사상이 일본에 유입되는 것을 막고 또 저지하기 위하여 "조처"를 강구하기 시작했다는 것이 분명해졌다.[134) 모리토교수사건을 통해서 일본 정부의 사회 통제가 표면화되기 시작한 것이었다. 정부의 사회 통제는 이후 1923년 6월 일본공산당원 피의자 검거 사건과 12월의 무정부주의자 남바(難波大助)의 황태자 저격사건을 촉매로 하여 본격적으로 촉진되었다. 그 결과 이른바 국체를 위협하는 외래의 '과격'사상과 관련자들을 통제하고 처벌하기 위한

---

133) 리차드 H. 미첼, 김윤식 역,『일제의 사상통제-사상전향과 그 법체계-』, 서울 : 일지사, 1982, pp.41~45 ; 전상숙, "일제 전향정책의 성격 : 본국과 식민지 한국의 비교",『한국정치외교사논총』24-1, 2002, p.106.

134) 리차드 H. 미첼, 전게서, pp.41~45.

제도적 장치로 1925년 5월에 치안유지법이 제정되었다.

치안유지법을 제정한 근본 목적은 제1조 제1항과 제2항에 분명하게 제시되어있다. 그 내용은,[135]

> 제1조 (1) 國體 또는 政體를 變革하거나, 私有財産制度를 否認하는 것
> 을 목적으로 結社를 조직하거나, 이를 알고 이에 가입한 자
> 는 10년 이하의 징역 또는 금고에 처한다.
> (2) 전항의 미수죄는 이를 벌한다.

는 것이었다.

여기서 '國體'란 "천황을 받드는 제국", 곧 "천황제"를 의미한다.[136] 모리토 교수에 대한 재판과정에서 쟁점으로 부각된 국체의 개념을, 그에게 유죄판결을 내린 일본 당국이, 정부의 입장에서 치안유지법 법안에 정리하여 명문화시킨 것이었다. 다이쇼데모크라시가 고양되고 정당정치가 활성화되었어도 메이지유신관료의 국가학적 계보를 잇는 신흥 제국 일본 당국에서 천황제를 부정하는 이른바 '과격 사상'은 절대 용납될 수 없는 것이었다. 특히 데모크라시의 풍조 속에서 빠르게 확산되어 가고 있는 외래의 자유주의와 무정부주의나 공산주의 같은 사상은 천황제에 기초한 일본제국의 근대성·문명화를 근본적으로 의문시 할 수 있는 가장 위협적인 '과격사상'이었다. 그러므로 애초에 뿌리를 내리지 못하게 해야 할 것으로 간주되었다.

그리하여 제정된 치안유지법은 이른바 천황의 교육칙어 공포 이래 일본인 교육의 근간이 되어 일본인들의 의식 속에 발아된 일본 천황제 국가체제에 대한 어떠한 비판도 일체 용납하지 않겠다는 것을 분명히 한 것이었다. 일본은 모리토교수사건을 계기로 하여, '국체' 곧 국가의 존립을 위태롭게 할 위험이 있다고 판단되는 어떤 '유해한 이데올로기'도 일본 사회에서

---

135) 我妻榮 編,『舊法令集』, 東京 : 有斐閣, 1968, p.451.
136) 信夫清三郎,『大正政治史』, pp.1200~1201, 리차드 H. 미첼, 전게서, p.71 재인용.

유통되는 것을 규제해야 하고 규제해야 할 필요가 있다는 공감대를 사회적으로 조성해갔다. 치안유지법의 제정은 국체의 수호와 국체 변혁 절대 금지를 법제화하여 정치적으로 사회적 공감대를 조성하고 강제한 것이었다.

치안유지법이 실질적으로 적용된 첫 사건이, 1925년에서 1926년에 걸친 겨울에 발생한 교토학련(京都學連)사건, 마르크스주의적 학생 사회과학연합회사건이었다. 당시 교토학련사건에 연루된 학생들은 노동자계급을 계몽하기 위한 비라를 만들어 배포하고 집회를 개최하는 정도의 활동을 했을 뿐이었다. 실제 혁명운동에 직접 종사했다고 볼 수 없는 학생그룹에 치안유지법이 적용된 것이었다.[137] 이 치안유지법을 적용한 첫 사례는, 직접 혁명운동 종사한 사람뿐만 아니라 '국체'에 위험을 가할 수 있다고 사법당국이 판단하는 일체의 모든 행위에 관계된 사람은 누구나 치안유지법의 적용대상이 되어 처벌받게 된다는 것이 분명하게 인식되게 되었다.

이와 같은 치안유지법의 제정과 적용은, 근대 일본제국의 국가관을 공고히 하기 위한 것이었다. 물론 그 주요 대상은 과격사상 곧 기존 체제를 부정하는 혁명이나 체제 개혁을 지향하는 공산주의와 같은 급진사상이었다. 체제 비판적이거나 혁명적인 급진사상을 명분으로 일체의 체제 비판을 단속하고자 한 것이었다. 그 궁극적인 목적은 메이지유신 이래 구축된 근대 일본천황제 국체 곧 일본제국의 국가관을 공고히 함으로써 유신 이래 구축된 제국일본의 국가적 성장을 지속하는 데 있었다.

첫 번째 치안유지법의 판례를 통해서 '국체'의 개념은, 지배자 곧 지배자의 신성한 기원과 만세일계(萬世一系)를 결합시킨 천황제, 다시 말해서 일본제국의 사회통합과 질서있는 일본제국의 존립을 위해서 보호할 가치가 있다고 판단되는 일체의 것을 의미하는 일본사회의 특수한 본질을 의미하

---

137) Okudaira Yasuhiro, "Some Preparatory Notes for the Study of the Peace Preservation Law in Prewar Japan", *Annals of the Institute of Social Science*, Number 14, 1973, p. 63.

는 것으로 되었다.[138] 그리고 그 국체의 개념이 일본제국의 국가관으로서 강화되었다. 그리고 '국체' 개념은 치안유지법의 제정과 시행과정을 통해서 공식적인 법률 용어가 되었다. 또한 다른 한편으로는 다이쇼데모크라시 풍조 속에서 성장한 민권운동과 정당정치를 배경으로 전개된 무정부주의나 공산당의 창립, 무정부주의자 황태자 저격사건 등 일련의 사건을 충격적으로 받아들인 일본인들의 안정을 바라는 정서를 이용하여 천황제 국체를 보호해야 한다는 정서적 일체감을 강화하는 것이었다.

그러한 일본인들의 안정을 지향하는 정서적 지향과 일체감을 배경으로 하여 1928년 2월 총선거에서 의회에 진출한 일본공산당 관계자 수백 명을 3월 15일 새벽에 '국체에 대한 위협'을 이유로 기습적으로 검거한 이른바 '3·15사건'[139]이 발생하였다. 총선거를 통해서 국민의 지지를 받아 의회에 진출한 합법적인 정당 공산당과 관계자를 정부 당국이 치안유지법의 국체관에 의거하여 검거하는 역설적인 역사적인 사건이 발발한 것이다. 이 사건 이후 일본 정부는 더 나아가 치안유지법을 개정해 강화하였다. 공산당이 제국의회에 진출할 정도로 확산되자 국가적인 위기의식을 대내적으로 절감한 일본 정부가 '국체'를 근거로 국가체제에 비판적인 사상과 활동을 본원적으로 탄압하기 시작한 것이다. 본격적인 천황제 일본제국 국가에 대한 국가관의 강화, 사상통제가 시작되었다. 천황제와 그 하부구조를 이루는 자본주의를 부정하는 공산당의의 의회 진출은 천황제 일본제국의 근간이 흔들릴 수 있다는 위기의식을 갖게 한 것이다. 그리하여 이후 국가의 기초를 위험하게 하는, 위험하게 할 수 있는 '험악한 사상'은 철저히 교정하지 않으면 안 되는 것이 되었다. 국체를 존중하는 헌법을 준수할 것과 국체를

---

138) Richard H. Mnear, "Japanese Tradition and Western Law", 河原廣, "治安維持法의 추진자들",『社會科學研究』38號(1968.8), 리차드 H. 미첼, 전게서, 각주 3번 재인용.
139) 1928년 2월 총선거에서 공산당이 공공연하게 대중 활동을 시작한 것에 대응한 일본공산당 대 탄압사.

존중하는 국가관이 일본 국민들에게 호소되었다. 동시에 국체를 존중하지 않는 '험악한' '위험사상'과 그와 관련된 일체의 활동에 대한 탄압이 정책적으로 전사회적으로 실시되었다.140)

개정된 치안유지법은141) 국체의 변혁과 사유재산제도를 부인하는 행위를 범죄로 규정하고, 그에 대한 처벌을 규정한 기존의 치안유지법 제1조를 대폭 강화한 것이었다. 국체의 변혁을 목적으로 한 결사의 지도자와 조직 관계자에 대한 처벌을 징역 또는 금고형에서 사형으로 규정하였다. 또한 국체변혁사상과 사유재산을 부인하는 사상을 구별하고, 그 주안점을 국체 변혁사상에 대한 처벌과 방지에 두었다. 무엇보다도, 국체변혁과 관련된 자로 판단되는 사람은 특정 조직의 일원이 아니더라도 비합법 결사를 지향한 것으로 보고, 목적수행죄로 처벌되게 하였다. 국체변혁과 관련된 판단은 물론, 그에 따른 치안유지법의 적용범위는, 사법당국이 임의로 판단할 수 있게 하였다. 그러므로 공산당은 물론이고 직접적으로 공산주의운동이나 체제 비판적인 사회운동에 참여하지 않은 사람들도 치안유지법 위반으로 기소될 수 있게 되었다. 목적수행죄에 대한 규정은 광의의 사회주의운동 일반을 비롯해서 국체에 대한 비판을 원천적으로 봉쇄하고자 한 것이었다. 이 규정은 비합법 결사와 아무 관계가 없는 경우에도, 공산당원이 아니더라도, 누구나 유관자로써 포함될 수 있게 확대 해석되었다.142)

그와 같이 개정된 치안유지법안은, 일본인들에게 기성 일본제국의 국민

---

140) 치안유지법 개정안은 제국의회에서 승인되지 않았다. 그러나 다나까 내각은 1928년 6월 29일, 추밀원의 자문을 거치는 형식을 취하여 긴급칙령 제129호로 발표하고 바로 시행하는 조치를 취하였다. 그리고 다음 해 1월, 제국의회는 정식으로 치안유지법 개정안을 승인하였다(리차드 H. 미첼(1982), pp.104~109 ; 임종국 (1985), pp.104~125).

141) 「治安維持法改定法律案」, 『思想月報』 第3卷第11號, 1934.2, pp.60~63 ; 「治安維持法改定法律案及不法團體處罰に關する法律案並に其の提案理由等」, 『思想彙報』 第3號, 1935.6, pp.62~66

142) 리차드 H. 미첼(1982), pp.105~109 ; 전상숙(2004), pp.180~181.

으로서 기성 질서에 순응하고 기존 체제가 곧 일본제국이라고 받아들여야 한다는 지극히 보수적인 국가관을 공공연히 강제하는 것이었다. 기성 국가 체제에 대한 일체의 비판도 용납하지 않겠다는 것이 천황제 국체에 입각한 국가관으로서 공고히 되어야 할 것이라고 공시된 것이었다고 할 수 있다. 데모크라시 풍조 속에서 확산된 공산주의가 일본 정부 당국의 일본제국에 대한 국가적 위기의식으로 직결되어 천황제 국가관의 공고화로 이어진 것이다.

그러면서 동시에 소위 '과격분자들' 가운데 양가 출신, 정부 당국자와 같이 엘리트 코스를 밟는 제국대학생 등 기성의 권위체제가 인정한 장래가 약속된 청년들이 증가하자 새로운 시책을 고안해 시행하였다. 기성 체제의 지배세력에 속하는 이들을 치안유지법으로 일괄 처벌해 사회적으로 배제할 수 없었기 때문이다. 일본 정부는 그들을 천황제 국가를 인정하는 일본 국민으로 포용하는 정책을 모색해 실시하였다. 치안유지법의 대상이 되는 이른바 '사상범'[143]들에 대한 '사상선도(思想善導)'와와 '사상전향(思想轉向)' 시책이 그것이었다. 그것은 이른바 과격사상을 국체관념으로 정책적으로 강제해 받아들일 수 있는 시책을 정책적으로 고안한 것이었다. 그 결과 1935년 이래 세계 지성사상 유례가 없는 공산주의자의 대량 전향 현상이 일어나기도 하였다.

일본 정부가 천황제 국가관의 공고화를 위한 '사상대책'의 일환으로 취해진 사상선도와 전향 정책은, "학교교육을 보다 철저하게 하지 않으면 안된다"는[144] 관점에서 국체 관념을 공고히 하고자 한 것이었다. 일본은 메이지 유신 이후 국가가 주도하여 부국강병을 위한 근대적 교육의 내용과 체계를

---

143) '사상범'이란 1928년 일본 전국의 사상계 검사가 사법성에 모여 규정한 바에 의하면, "치안유지법 위반, 황실에 대한 죄, 소요죄, 신문지법 위반, 출판법 위반, 폭력행위에 관한 처벌, 폭발물취체벌칙 및 기타 사상운동에 관련된 범죄"를 행한 자를 말한다(「司法から見た思想問題」, 『思想月報』第1卷 第7號, 1931.10.15).
144) 「司法から見た思想問題」, 『思想月報』第7號.

구축하며 국민 통합을 위한 천황제국가체제를 구축하였다. 그런데 다이쇼 데모크라시기를 거치며 확산된 사회 개혁적·비판적인 사상은 그러한 천황제 국가의 기본을 위험하게 하는 것이었다. 이에 대하여 일본 정부는 메이지유신 이래 해왔던 것처럼 교육을 통해서 사상을 선도하고 지도하고자 하였다. 그것이 바로 위험사상을 선도하여 국체관으로 교정하거나 국체관으로 사상을 전향하게 하는 것이었다.

국체는, 일본은 천황이 통치하는 군주국이라는 것과, 일본의 국체는 건국정신과 분리될 수 없는 위정(爲政)상의 근본의(根本義)에 의해서 정해진 것이므로 다른 국가와 달리 '만세불역(萬世不易)'의 특성을 갖는다는 것이었다.[145] 당시 '국체'에 대한 일본 학자들의 일반적인 설명은, 국체는 국가의 기본 형태이며 국가 존립의 필요 요소로써 근본 조건이라는 것이었다. 국체에는 직접 최고의 통치기관이 구비되는데, 그것은 필히 그 국가의 민족 본연의 사회를 지반으로 하고 있어서, 민족 전통 심리의 배후가 되고 그 위에 국가가 서게 되는 근원이 되는 것이라는 것이었다. 따라서 국권과 정권이 적절하고 유효하게 발동해서 운용될 수 있는 것이고, 국권의 소재와 정권의 조직 운용은 국체를 정한 후의 '정체(政體)'의 문제가 된다는 것이었다. 따라서 국체가 존재하는 곳에 국체를 통한 통일이 존재한다는 것이었다. 일본은 그러한 국체의 전형이고 일본의 국체가 이상적인 국체로서의 조건을 가장 완비하고 있다는 것이었다.[146]

그러한 국체의 개념이, 1935년 동경대 헌법학자이자 귀족의원인 미노베(美濃部達吉)가 헌법을 자유주의적으로 해석하여 천황을 하나의 기관으로 간주한 것을 전환점으로 하여 다시 정치적으로 문제시되었다. 그 결과 국체관은 정체와 일체화되었다. 정체와 일체화된 국체관과 그 국체관과 일체화된 국가관으로 변형되었다. 그리하여 소위 사상선도와 전향이 효율적인

---

145) 泉二新態, 「改正治安維持法」, 『司法協會雜誌』, 1930.8, p.78.
146) 永井亨, 「危險思想の解剖−國體觀念の正解−」, 『警務彙報』 306, 1931, pp.10~11.

사상범대책으로 정책적으로 고안되어 전격적으로 실행된 것이다. 미노베가 천황을 하나의 국가 통치 기관으로 간주한 것을 반(反)국체사상이라고 하여 문제시한 사건이 '천황기관설사건'이었다.

천황기관설사건을 계기로 하여 일본 정부는 이른바 '국체명징(國體明徵)'을 성명하고 국체명징운동을 전개하였다. 이로써 통치권과 일체화된 국체가 신성불가침한 것이 되어 수호되어야 할 것으로 되었다. 국체의 명징과 국체명징운동은, 종래 헌법에 대한 정통적인 해석으로 인정되던 것을 부정한 것이었다.[147] 그에 대신하여 정부가 제시하는 '국체'관을 유일하고 절대적인 것으로 받아들여야 한다는 것이었다.

그러한 국체관은 일본이 파시즘화하면서 '정체(政體)'와 차원을 달리하는 일본 사회의 특수한 본질을 의미하는 것으로 공고화되었다. 신무(神武)천황의 계통을 이으며 건국 이래 일본을 통치해온 천황의 만세일계 황통(皇統)의 불변성이 강조되었다. 그러한 천황을 받드는 제국이 일본이라는 것, 이것이 국체의 의미가 되었다.[148] 이러한 국체의 개념은 정체와 일체화되어, 지배체제에 대한 어떠한 비판도 반체제·도전으로 여겨 용납하지 않겠다는 것을 의미하는 것이었다.

그와 같은 국체의 명징을 성명한 군부 파시스트 세력은 전국의 학교에 "국체의 본의에 따라 일본정신을 부흥시키라"는 지시를 전달하였다. 그리하여 '군부파시즘'체제와 일체화된 국체관이 교육의 기본인 교육칙어와 천황의 신격화를 통해서 일본국민사상을 배양하는 유일한 기준으로 확정되었다.[149] 『국체의 본의(本義)』가 간행되어 배부되고, 교학국(敎學局)이 설치되었다. 정체와 일체화된 국체관 곧 전체주의 국가관이 강화되며 태평양전

---

147) 쓰루미 쑨스케(1982), p.46.
148) 전상숙, "일제 파시즘기 사상통제정책과 전향", 『한국정치학회보』 39-3, 2005, p.207.
149) 강동진, 『일본근대사』, 한길사, 1985, p.374.

쟁으로 돌입되어 갔다.150) 그 결과 개인주의와 자유주의는 부정되어야 할 것으로 되고, 파시즘과 대동아공영권의 논리가 방출되었다.151)

일본제국의 파시즘화와 일체화된 국체는, 군부 파시즘의 지배 이데올로기가 되어 파시즘 지배체제를 구축하는 데 장애가 되는 일체의 사상과 운동을 처벌하는 국가관의 준거가 되었다. 국체의 부정이나 변혁, 비판은 군부 파시즘체제에 대한 도전과 저항을 의미하는 것으로 포괄적으로 해석되어 엄중한 처벌의 대상이 되었다. 모든 일본인, 일본제국의 지배 아래 있는 신민들에게 "국체사상으로의 전향"152)이 강력히 요구되었다.153) 이렇게 국체관을 핵심으로 한 일본제국 국가관의 강제는 1936년 5월, 법률 제29호로 사상범보호관찰법이 시행되어 이른바 '사상범'들의 사상과 행동을 보호 · 관찰해 재범을 미연에 방지한다는 정책으로 나아갔다. 이러한 일본제국의 국가관을 강제하는 정책은 "치안유지법의 결함들을 보충하는 사상박멸제도"라고 불리며154) 중일전쟁의 국면에 조응한 전시총동원을 위한 거국일치 · 체제정비의 긴요성 증대와 함께 점점 더 강하게 시행되었다.

메이지유신 이래 천황제를 중심으로 구축된 일본제국에서 천황제를 인정하는 국체관은 일본제국 국가관의 핵심이다. 앞에서 언급한 이른바 일본적 근대의 특수성이라는 것도 바로 그 국체관, 일본제국 국가관의 구축과정에서 형성된 것이었다. 그러므로 일본 정부가 토대로 하고 있는 국체관과 배치되는 공산주의와 같은 혁명사상을 단속하기 위하여 치안유지법을 제정하고 사상범에 대한 국체관의 확립을 정책적으로 교정하고자 한 것은

---

150) 강동진(1985), pp.48~49.
151) 石關敬三, 「國防國家論と國體明徵」, 早稻田大學社會學硏究所 · プレ · ファシズム硏究部會 編, 『日本のファシズム―形成期の硏究―』, 早稻田大學出版部, 1970, p.47.
152) 北河賢三, 『戰爭と知識人』, 山川出版社, 2003, p.42.
153) 전상숙, "전향, 사회주의자들의 현실적 선택", 방기중 편, 『일제하 지식인의 파시즘체제 인식과 대응』, 혜안, 2005, pp.323~325.
154) 李載裕, 「朝鮮に於ける共産主義運動の特殊性と其の發展の能否 (附) 思想犯保護觀察制度に對する所.

당연한 귀결이었다고 할 수 있다. 그것은 곧 메이지유신 이래 정립해온 근대 일본제국의 국가관을 공고히 하는 것에 다름 아니기 때문이다.

또한, 치안유지법을 개정 강화하여 정부 당국의 판단에 따라 국체관에 대한 위협 요소와 위협의 가능성까지 판단해 사형까지 언도한 것도 파시즘화 이전부터 일본제국의 국가관을 위로부터 수립하며 전체주의적인 성격이 존재하고 있었음을 반증하는 것이기도 하다. 위로부터의 근대화 과정 속에서 내재된 국가 중심 지배체제의 구축이 이른바 천황제 국가 곧 국체관을 통해서 일본적 특성으로 구현되어 전체주의적인 속성을 내포하고 있었던 것이다. 정체와 일체화된 국체관을 중심으로 한 일본제국 국가관의 강화는 그와 같이 내재되어 있던 일본제국의 전체주의적인 속성을 사회적으로 유포하며 통용해간 것이었다고 할 수 있다.

이러한 바탕 위에서, 서양 제국과의 힘의 균형 속에서 조심스럽게 추진된 일본제국의 점진적인 국가적 성장에 불만을 품은 급진적인 일본제국의 성장을 꾀한 군부 파시즘세력이 지배력을 확장해갈 수 있었던 것이다. 동시에 파시즘 지배세력과 일체화된 국체관이 국체명징을 통해서 일본 국민들로 하여금 파시즘의 지배를 받아들이게 한 것이기도 하였다.

이와 같은 일본 국체관의 국가관은, 메이지유신을 통해서 집권한 유신관료들이 천황제를 중심으로 한 근대적인 일본제국 체제를 건설하면서 근대 일본제국의 성장을 견인한 중추였다. 그러므로 국체관에 대한 부정은 곧 근대 일본제국 국가에 대한 부정과 직결될 수 있었다. 또한 치안유지법을 제정하여 국체관에 위협이 되는 사상적 움직임을 발본색원해 근대 일본제국의 국체관, 국가를 지켜야 한다는 논리를 정당화시킬 수 있었다. 그러한 국체관의 국가관은 개인의 자유주의적인 사상과 자유를 제한하는 속성을 내포한 것이었다. 그렇지만 천황제를 중심으로 근대 일본제국을 건설하는 데 일심동체가 되었던 일본 국민들의 정서적 공감대 속에서 유지될 수 있었다.

그러나, 치안유지법 개정 이후 국체관에 위험이 되는 사상범에 대한 국체사상으로의 전향으로부터 사상범보호관찰법에 이르기까지 파시즘화와 함께 전시총동원을 위한 거국일치체제가 구축된 것은 또 다른 국면으로 접어든 것이었다. 파시즘지배체제와 일체화된 국체관은 파시즘 지배체제를 국체관으로 수용하라고 일본 국민들에게 폭력적으로 강제하는 것이었다. 메이지유신 이래 제국일본을 구축했던 국체관이 파시즘 지배체제의 국체관으로 변용된 것이었다.

그것은, 천황제 근대 일본제국의 국체관 속에 내재되어 있던 국가주의적인 요소를 활용하여 극우 파시즘지배체제를 구축하는 것이었다. 그리고 그 파시즘지배체제의 정당성은, 제국주의적인 서양 문명에 대한 동양 문명 공동체의 평화를 표방한 전쟁의 성공을 통해서 모색되는 것이었다. 파시즘지배체제와 일체화되어 강제된 국체관은 일본제국의 확장, 제국주의 일본의 팽창주의, 침략주의를 합리화하는 것이었다.

그러므로 그것은, 일본제국이라는 국가의 이름으로 일본 국민을 전쟁에 동원하며 인권과 자유를 폭력적으로 억압하는 것이었다. 국가주의적 팽창을 정당화하며 전개된 파시즘의 국체관, 곧 국가관이 일본 국민들의 정서적 공감대 속에서 구축된 천황제 근대 일본제국의 국가관과 같지는 않을 것이었다. 그러므로 파시즘화가 본격화되면서 강제된 국체관에, 내지 일본의 국민들이 치안유지법을 처음 제정할 당시 메이지유신으로 구축한 근대 일본제국의 '천황제를 우리 국가'를 지켜야 한다고 여겼던 것과 같은 정서적 공감대가 유지되고 있었는지 재고해 보아야 할 것이다. 또한, 그러한 국체관이, 외지 식민지 조선인들을 일본제국의 전쟁 수행을 위한 총동원체제 구축의 일환으로 강제동원하며 내지 본국에서보다 더 강력하게 강제되었을 때, 조선인들에게 이른바 '국가'의 이름으로 행해지는 폭력을 침묵으로 받아들이거나 목숨을 담보로 저항하는 이외에 다른 선택지는 어떤 의미를 갖는 것이었는지도 재고해 보아야 할 것이다.

2) 외지(外地) 조선의 일시동인주의 동화정책과 치안유지법

앞에서 본 바와 같이 일본의 치안유지법 제정과 개정, 그리고 국체명징성명에 이르는 일련의 과정은, 메이지유신 이후 정립된 천황제국가체제가 다이쇼데모크라시기를 통해서 확산된 자유주의와 '개조(改造)' 사조에 위기의식을 느끼며 위로부터 재편되며 일방적인 국가통제만이 작동하는 군부파시즘화되어간 과정이었다고 할 수 있다. 사실, 서양 열강과의 대자적인 인식 속에서 정립된 '제국'이라는 국가적 정체성을 대만 영유와 한국 병합을 통해서 공고히 하고, 반도 조선을 근거지로 하여 일본제국의 제국주의 북진대륙진출을 촉진·확정한 것은 일본 근대 육군 군부였다. 조선총독정치의 특수성 곧 천황에 직예한 조선총독의 전제적인 권한도 그러한 연유에서 관철될 수 있었던 것이었다. 구체제의 비지배층 하급무사들의 정치혁명에 의해서 천황제를 주축으로 국가체제로 수립된 '대일본제국'이라는 일본의 근대국가 건설은 처음부터 군국주의적인 국가주의 요소를 내포한 것이었다. 또한 서양 열강의 제국에 대하여 동양의 일본제국이라는 위상을 지속적으로 구축해가야 하는 것이었다. 그러므로 메이지유신이래 제국 일본이라는 근대 일본 국가의 발전과정은 처음부터 개인적 자유주의와 사회비판적 '개조'사상을 경계하며 군부파시즘화의 가능성을 담지하고 있었다고 할 수 있다.

그 과정에서 섬나라 일본제국의 팽창주의적 성장에 중추가 된 것이 반도 한국이었다. 제국일본의 완성은, 일본이 명실 공히 서양 열강과 독자적으로 어깨를 나란히 하는 국제정치 열강의 일원이 됨으로써 이루어질 것이었다. 그러므로 한국병합 이후 제국일본의 완성에 긴요한 것은 내지(內地) 일본뿐만 아니라 외지(外地), 특히 외지 조선에서도 '대일본제국공동체'를 정립하는 것이 되지 않을 수 없었다. 그러한 일본제국의 완성을 위한 일본제국공동체 정립의 정치적 이데올로기의 핵심이 된 것이 이른바 천황제 '국체'

의 국가관이었다.

때문에 일본은 치안유지법을 제정하며 국체에 위해한 '사상사건'에 대한 대책을 메이지국가 건설과정에서 가장 중요시 했던 학교교육, "학교교육을 보다 철저하게 해야 한다"는 입장에서 마련하였다.[155] 그것은, '악한 사상'에는 '바른 사상'으로 대처하는 것이 제일이고, 사상 전쟁에서 국가 최후의 무기는 '사랑'이라는 것이었다.[156] 이때 '바른 사상'은 물론 천황제 국체관념을 수용하는 것이었다. 또한 '사랑'이란, 일본제국의 국가는 일본제국의 신민, 국민을 누구든 다 같은 공동체의 일원으로 포용한다는 의미였다. 다시 말해서 국체를 위태롭게 하는 사상범들조차도 엄벌하고 마는 것이 아니라 일본제국의 중추인 국체관념을 공고히 하도록 교육을 통해서 교정하여 일본제국의 신민인 국민으로 다시 받아들일 수 있도록 한다는 것이었다.

그와 같은 사상범대책의 관점에 정책화된 것이 이른바 사상의 방향을 국체관으로 바꾼다는 것을 의미하는 '전향' 시책이었다. 사상범에 대한 전향 시책은, 치안유지법 위반사건을 취급하기 위한 정책적 방법으로 1931년 사법대신 통첩 제270호 '일본공산당관계 치안유지법 위반사건 처분방침의 건'을 통해서 이른바 '전향(轉向)'을 정책으로써 확정한 것이었다. 그것은, 가혹한 형벌을 대신하는 사상의 개조, 실형을 대신해서 형의 집행을 유예하는 조치를 정책화한 것이었다. 이러한 방식으로 전향을 정책화한 것은 앞에서 말한 '사랑'으로 과격사상으로 이탈한 사상범을 일본제국의 신민으로 다시 받아들이겠다는 것이었다.

정책적으로 사상범의 사상을 전향시키겠다는 것은 사상범대책을 교육과 지도의 측면에서 교정하는 것이었다. 정부의 지도와 교육을 통해서 위험사상을 포기하고 기성 지배체제를 인정하는 국가관을 받아들이게 한다는 것

---

155) "司法から見た思想問題", 高等法院檢事局思想部, 『思想月報』 第1卷 第7號, 1931.1.
156) 坂本英雄, "思想的犯罪に對する硏究", 『司法硏究』 第8輯 第6號, 1928.12, pp.659~60, 리차드 H. 미첼(1982), p.120 재인용.

이었다. 그와 같은 전향을 한 사람은 사람은 처벌하지 않고 일본인, 일본제
국의 신민으로서 갱생의 길을 갈 수 있도록 법적으로 보장한다는 것이었
다.[157] 이와 같은 정책은, 천황과 천황에 직속되어 있는 군부와 관료에게
정치권력이 집중되어 있는 일본 특유의 정치제도를, 일본인의 모반(母斑)과
도 같이 역사적으로 국민의식 속에 자리한 국체(천황제)에 기초하여[158] 체
제위협 요소를 잘라내 버리지 않고 통합적으로 방어하면서 유지하고자 한
것이었다.

그런데, 일본에서 1925년에 치안유지법이 제정되는 직접적인 동인이 되
었던 일본공산당원 피의자 검거 사건과 무정부주의자 남바사건 사이에 체
포된 조선인 무정부주의자 박열사건은[159] 일본 정부가 '좌익 과격사상'의
위험성을 또 다른 측면에서 인식하는 계기가 되었다. 그것은 국체에 반하
는 '과격사상'을 공통분모로 하여 일본과 조선의 '과격분자들'이 연대하여
일본제국에 대한 비판과 체제변혁운동을 일으킬 수도 있다는 것이었다. 황
태자 저격사건을 일으킨 남바는, 일본의 사법 당국이 천황에 충성하던 지
지자가 좌익의 정치선전에 의해서 무정부·반정부적으로 과격화되어갈 수
있다는 극적인 실례를 보게 하였다.[160] 마찬가지로 황태자와 천황에 대한
저격을 시도했던 조선인 박열도 일본인 무정부주의자 오스기(大杉榮)와 친
교를 맺고 있던 인물이었다. 따라서 남바의 사건에 잇따른 박열의 저격사
건은 천황제 일본제국의 체제를 비판하는 과격사상을 매개로 하여 일본과
조선의 체제 비판자들이 연대할 가능성을 심각하게 위협적으로 인지하게
되는 계기가 되었다. 만일 그러한 경우, 이미 3·1운동을 통해서 확인된 바
와 같이, 항일 민족의식이 강한 조선인들이 항일 민족주의 독립운동으로

---

157) 전상숙(2002), p.108.
158) 立花 隆, 박충석 역, 『일본공산당사』, 서울 : 고려원, 1985, pp.144~45.
159) 그는 천황과 황태자 살해 기도로 체포되었다.
160) 리차드 H. 미첼(1982), pp.58~59 참조.

발흥하여 일본제국의 지배체제를 위협하게 될 것이었다. 따라서 그 대책
또한 수립하지 않을 수 없었다.

그리하여 1920년대 초 외래의 과격사상을 단속하기 위한 새로운 법안 논
의가 활발해진 가운데 1925년 1월 소련과 국교가 회복되었다. 그런데 소련
과의 국교 회복은 소련으로부터 과격사상과 공산주의가 유입되는 통로를
인정하는 것으로 받아들여질 여지가 있었다. 그래서 일본은 소 · 일기본조
약의 제5항에 상호 선전 금지 조항을 명시하였다.[161] 그러나 보다 신뢰할만
한 안정장치가 필요했던 일본은 치안유지법을 제정해하여 국체를 위태롭
게 하는 일체의 사상을 단속하고자 했던 것이다.

그런데, 조선에서도 이미 3 · 1운동의 결과 제한적이나마 허용된 사회적
공간을 통해서 러시아혁명 성공 소식이 전해지고 공산주의자들의 선전 · 조
직 활동이 이미 전개되고 있었다. 일본 제국주의 당국은 조선에서 공산주
의(主義)운동이 "1922년 말 이래 점차 실행의 제1기"에 들어가[162] 1923년에
들어서면서 "實際化"되고 있다고 파악하였다.[163] 일본 제국주의는 그러한
공산주의의 전파가 특히 조선인들의 생활과 직결된 노동쟁의와 소작쟁의
의 이면에서 이루어지고 있다고 판단하였다.

> "소작쟁의의 경우에서와 마찬가지로 노동쟁의에 있어서도 他力的 요소
> 가 적지 않게 작용하였다. 그것은 사회주의 사상을 기반으로 하여 불평
> 불만을 해결하려는 소위 주의자 · 사상단체원으로 그들은 … 노동쟁의를
> 이용하여 역량을 획득하기 위해 백방으로 노동자들을 선동하고 그들을
> 자기편으로 끌어들이려 하였다. 쟁의의 뒷면에는 많은 경우 그러한 조정
> 자가 있었다."[164]

---

161) 第50回 帝國議會, "治安維持法案議事速記並委員會議錄", 『現代史資料』 45, 51,
　　 鹿島平和研究 所 編, 『日本外交史』 15, 1970, pp.93~94, 김경태, "1925년의 소 · 일
　　 협약과 소련의 조선정책", 한국정신문화연구원, 『한국사학』 13, 1993, p.196 재인용.
162) 朝鮮總督府警務局, 『治安狀況』, 1923, 姜德相 · 梶村樹水 編(1982), 第29卷, p.9.
163) 朝鮮總督府警務局, 『勞農運動概況』, 1924.6, 이재화 · 한홍구 편(1988), p.7.

그러나 10여 년의 무단통치를 경험했음에도 불구하고 거족적인 항일 민족 독립의지를 분출했던 조선인들이 이른바 '문화정치'로 지배정책이 변화된 환경에서 반제국주의 민족독립운동의 일환으로 수용하고 있는 공산주의를 처음부터 적극적으로 단속하고 검거할 경우 반발이 클 것이었다. 그리하여 3·1운동과 같은 "妄動"이 재발할 것을 우려한 일본은 조선 공산주의 운동 상황을 예의 주시하며165) 검거망을 확보하고 있었다.

일본은, 조선에서 공산주의가 사회운동으로 '실제화' 되어가자 3·1운동을 계기로 기존의 보안법을166)보완하여 제정했던 1919년의 제령 제7호 "정치에 관한 범죄 처벌의 건"에167) 대신하여 일본에서와 같이 치안유지법을 제정해 단속하였다. 제령 제7호는 3·1운동에 대한 탄압과 처벌을 목적으로 한 것이었다. 조선인들의 민족적 시위와 활동이 일본제국의 지배에 대한 정치적 변혁을 목표로 하여 안녕과 질서를 방해하거나 방해하고자 의도하는 것이라고 규정한 것이었다. 그리고 그러한 2인 이상의 공동행위에 대하여 10년 이하의 징역 또는 금고처분을 규정하였다. 민족적 저항에 대한 처벌 강도를 종래 보안법에서 최고 형량 2년이었던 것 보다 훨씬 강화한 것이었다. 이후 제령 제7호는, 보안법·신문지법 등과 함께 항일 반제국주의 민족독립운동으로 규정된 조선인들의 민족적 움직임과 그 연장선상에서 활동하는 언론과 출판 및 집회, 결사를 억압하는 법률이 되었다. 일본제국

---

164) 朝鮮總督府, 「朝鮮の群衆」, 『村上智順調査資料』 16, 1926, pp.66~67.
165) "檢事局監督官ニ對スル中村高等法院檢查長訓示", 1922.5.2., 齊藤榮治 編, 『高等法院檢事長訓示通牒類纂』, 1942, pp.18~19.
166) 1907년, 일제의 노골적인 식민화 정책에 대항하여 각지에서 의병과 정치결사가 결성되자 일본의 치안경찰법을 모방하여 제정한 법률. 그 목적은 첫째, 안녕과 질서유지를 위하여 결사 및 집회 제한·금지·해상 ; 둘째, 안녕 질서유지를 위하여 기계·폭발물, 기타 위험한 물건의 휴대 금지 ; 셋째, 공공장소에서 안녕 질서를 해칠 우려가 있는 언동 금지 ; 넷째, 정치에 관한 불온 언동을 할 우려가 있는 자에 대한 거주제한, 정치에 관한 불온언동자 처분 등이었다(村崎滿, "保安法(光武11年法律第2號)の史的素描", 『司法協會雜誌』 第22卷 第11號, 1943, pp.1~2).
167) 임종국, 『일제하의 사상탄압』, 평화출판사, 1985, pp.125~27.

의 식민지배체제를 비판하거나 저항하는 세력을 탄압하는데 적극적으로
활용된 법령이었다.168)

그와 같은 제령 제7호를 대체한 치안유지법을 조선에서도 제정해 실시한
것은 물론 국제공산당과 연계된 조선인 공산주의자들을 단속하기 위한 것
이었다. 공산주의 전위당 조직활동을 탐지한 조선총독부 당국은 "엄중 사
찰"을 강화하였다.169) 국제공산당과 조선인 공산주의자들이 연계하여 공산
주의운동이 활성화되고 있다고 판단하고 그 통로를 차단하고자 하였다. 여
기에 일본 당국은 당시 진행 중이던 소비에트정권과의 국교정상화 협상을
적극 활용하였다.170) 그 결과 1925년 1월 20일에 체결된 소 · 일 기본조약
제5항에 상호 선전금지가 명시된 것이다.171) 그리고 4월 21일 법률 제46호
로 일본에서 공포된 치안유지법을 같은 해 5월 12일부터 제175호 칙령으로
조선에서도 시행하였다.172)

치안유지법의 시행은 본격적으로 조직활동을 전개하기 시작한 조선인
공산주의운동을 강력하게 탄압하는 것이 기본 목적이었다.173) 그 주요 내
용은 다음과 같다.

> "제1조 國體 또는 政體를 變革하거나, 私有財産制度를 否認하는 것을
> 목적으로 結社를 조직하거나, 또는 사정을 알고 이에 가입하는
> 자는 10년 이하의 징역 또는 금고에 처한다.
> 제2조 條 제1항을 목적으로 이의 實行에 協議한 자는 7년 이하의 징역

---

168) 전상숙(2004), pp.64~65.
169) 『治安槪況』, 1925.5, pp.333~68.
170) 鹿島平和硏究所 編, 『日本外交史』15, 鹿島平和硏究所出版會, 1970, pp.93~94 ;
　　 김경태, "1925년의 소 · 일협약과 소련의 조선정책", 『한국사학』13, 한국정신문
　　 화연구원, 1993 참조.
171) 池井優(1986), pp.143~45.
172) "치안유지법 조선에도 시행!", 『東亞日報』, 1925.5.9.
173) 第50回 帝國議會, 「治安維持法案議事速記錄委員會議錄」, 姜德相 · 梶村樹水 編
　　 (1982), 第45卷, p.51 ; "治安法의 解釋에 대하야", 『東亞日報』, 1925.5.16.

또는 금고에 처한다.

제3조 제1조 제1항을 목적으로 이의 實行을 煽動한 자는 7년 이하의
징역 또는 근고에 처한다.

제4조 제1조 제1항을 목적으로 騷擾·暴行 및 그 밖의 생명·신체·재
산 상 위해한 범죄를 煽動한 자는 10년 이하의 징역 또는 금고
에 처한다.

제5조 제1조 제1항 및 前 3조에 해당하는 범죄를 敎唆할 목적으로 금
품 또는 기타 사상의 이익을 供與하거나 이를 申請·約束한 자
는 5년 이하의 징역 또는 금고에 처하며, 사정을 알고도 공여를
받거나 이를 要求·약속한 자 역시 동일하게 처벌한다.

제6조 前 5항에 해당하는 죄를 범한 자가 自首했을 때는 그 죄를 減輕
또는 免除한다.

제7조 本法은 누구를 막론하고 본법 시행구역 밖에서 죄를 범한 자에
게도 적용된다."174)

치안유지법의 중점은 반제국주의적인 조선인 결사의 조직과 가입에 대
한 처벌에 있었다. 그런데 그 단속이 조직과 가입을 위한 결사행위와 관련
된 일체의 모든 혐의를 대상으로 하였다. 결사행위 자체뿐만 아니라 그와
관련된 전반적인 혐의 일체를 처벌의 대상으로 함으로써 사상처벌법으로
서의 성격을 강하게 갖는 것이었다.175) 특히 제2조에서 제4조는 결사 행위
와 직접적으로 관계되지 않아도 일어날 수 있는 모든 행위에 대한 처벌을
규정한 것이었다. 따라서 "사상탄압을 위한 耳懸鈴鼻懸鈴의 구실"을 하기에
충분한 것이었다.176) 뿐만 아니라 제6조에서는 자수한 자에 대한 혜택을 규
정해 사상처벌법의 효과를 극대화하고자 하였다. 이러한 치안유지법의 근
본 특질은 철저한 사상탄압의 관점에 입각하고 있다는 점이었다. 그것은,

174) 我妻榮 編, 『舊法令集』, 有斐閣, 1968, p.451.
175) 鈴木敬夫, 『법을 통한 조선식민지 지배에 관한 연구』, 고려대학교 민족문화연구
소, 1989, p.220.
176) 김준엽·김창순, 『한국공산주의운동사』 2, 청계연구소, 1986, p.343.

"사상범죄에서의 사상은 단순히 이론적·추상적 사상이 아니라 실천적
인 사상이며 이른바 이론과 실천이 불가분의 관계로 결합되어 있으며,
이론임과 동시에 수단이고 수단임과 동시에 조직"이라고 보는 것이었
다.[177]

철저한 사상탄압책인 치안유지법의 궁극적인 목적은 천황제 일본제국의
안보 곧 제국일본 국가의 체제안정에 있었다. 특히 조선인들의 항일민족의
식에 천황체를 부정하는 혁명사상이 더해지게 되면, 박열사건과 같이 가장
극단적인 천황 암살시도는 물론이고 제2의 3·1운동 사태까지 우려해야 할
것이었다. 그러므로 조선에서 치안유지법의 실시는 처음부터 일본과는 차
원을 달리하며 "실천적인 사상", "실천과 불가분의 관계로 결합"되어 있다고
여긴 반체제 '불령(不逞)' 사상에 대한 발본적인 탄압을 실시하는 것이었다.

이미 조선인들은 3·1운동을 계기로 제정된 제령 제7호를 통해서 일체의
민족적 저항은 일본제국의 이른바 '국체변혁'운동이 되어 엄중한 처벌의 대
상이 된다는 것을 알고 있었다. 때문에 조선인들, 특히 조선인 공산주의자
들은 최대한 일본 제국주의의 법률적인 검거망을 피하고자 하였다. 조선인
공산주의자들은 체제 특히 국체를 언급하지 않았다. 단지 조선인의 실생활
과 직결된 사회·경제적인 모순을 부각시키고 그에 대한 개혁을 전면에 내
세우고자 하였다. 궁극적으로 지향하는 일본제국의 식민주의와 제국주의
타파를 위한 이론적·실천적 네트워크의 구축은 그 이면에서 비밀리에 전
개되었다. 조선인의 절대 다수를 점하는 농업 문제와 식민지 산업구조가
형성되며 증가하기 시작한 노동 문제를 주요 이슈화하며 항일 민족의식을
촉구하였다. 조선인들의 열악한 생활문제와 직결된 소작쟁이나 노동쟁의
운동을 전개하면서 공산주의 선전활동은 표면화시키지 않았다.

그러한 공산주의자들의 이중적인 활동의 여지를 치안유지법은 원천적으

---

177) 池田克,『治安維持法』, 日本評論社, 1938, p.23.

로 차단하려는 것이었다. 국체변혁과 관련된 것이 아니더라도 일본 제국주의 사법 당국이 관련된다고 판단하고 또 관련될 수 있다고 여기는 어떤 논의나 움직임도 적발해 처벌하겠다는 것이었기 때문이다. 혁명적인 이념은 물론이고 진보적인 이념이나 사상적인 논의조차 처벌의 대상이 되는 것이었다. 이러한 치안유지법은 법으로 조선인의 일본제국의 국체관, 일본제국의 국가관에 위협이 되는 사상을 단속함으로써 제국일본의 국가관을 수호하고 공고히 하고자 한 것이었다.

사실 그 단초는 이미 제령 제7호를 통해서 발아되고 있던 것이었다. 공산주의 운동이 실제화 되자 사상처벌법의 성격을 갖는 치안유지법을 시행해 조선인에게 일본 천황제 국가관을 일층 강력하게 단속한 것은, 반제국주의 운동을 지원하는 국제공산당과 연계되어 3 · 1운동보다 조직적이고 체계적으로 반체제 국체변혁 혁명운동이 전개될 수 있는 가능성을 원천봉쇄하기 위해서였다.

그러한 치안유지법이 시행되어도 천황제 일본제국 국가에 가장 위험시된 공산당 사건이 끊이지 않자 조선총독부는 1928년 6월 일본에서 개정된 치안유지법을 조선에도 적용하였다.[178] 개정 치안유지법은 혁명적인 내용 곧 국체의 변혁과 사유재산제도의 부정에 대한 처벌 규정을 대폭 강화한 것이었다.[179] 3 · 15사건을 통해서 드러났듯이 천황제 일본제국에 대한 공산주의 반제국주의 운동의 전반적인 위협이 더욱 강해졌다는 것을 반증하는 것이기도 하였다. 본국 일본의 상황이 그 정도였으므로 외지 조선의 상황은 겉으로 드러난 것 이상으로 일본 및 국제 공산주의자들과 연계되어 실제화되고 있을 것으로 판단되었다. 따라서 개정 치안유지법을 조선에서

178) 『매일신보』, 1928.6.30.
179) "治安維持法改定法律案", 『思想月報』第3卷第11號, 1934.2, pp.60~63 ; "治安維持法改定法律案及不法團體處罰に關する法律案竝に其の提案理由等", 『思想彙報』第3號, 1935.6, pp.62~66.

도 시행하였다. 천황제 일본제국의 성장의 토대인 조선에서 사상범대책을
확실히 하지 않고서는 일본제국의 성장을 안정적으로 담보해야 할 조선지
배의 안정성을 확보할 수 없기 때문이다.

　그리하여 개정 치안유지법은 조선에서 일본에서보다 더욱 확대되어 시
행되었다. 조선에서는 현행범이 아니더라도 조선형사령 제12호에 의거하여
압수 · 수색 · 검증 및 피의자 구인 등을 할 수 있게 하였다. 그 권한이 검사
는 물론이고 일반 사법경찰관에게도 부여되었다.[180] 결국 일선 법 집행자
의 의지에 따라서 자의적으로 사상범에 대한 판단과 처벌이 가능해지도록
한 것이었다. 게다가 조선인은 한번 '요시찰인(要視察人)' 또는 '요주의인물'
내지 '불령선인(不逞鮮人)'으로 분류되면 항상 일본 제국주의의 감시와 미
행, 가택 수색, 검거 · 투옥 등을 당해야 했다. 뿐만 아니라, 본인 이외에 가
족까지도 여행이나 취직 · 학교 입학 등 생활 전반에 걸쳐서 위협적인 불이
익을 감수해야 하였다.[181]

　3 · 1운동 이후 일본 제국주의는 "在野의 有識者 및 兩班儒生, 名望家 중
정치를 말하며 불평을 외치는 자를 경찰상 要視察人"이라고 불렀다. 그리
고 조선총독부는 요시찰인들의 언행을 경무관헌(警務官憲)을 통해서 주력
해서 감시하였다.[182] 경무(警務)상 요시찰인 또는 요주의인이라고 불린 총
칭 '불령선인'들은 "주로 언론을 통해서 일하기 때문에 간접적으로 소위 직
접행동을 조성하는 자"들이라고 판단되었다. 때문에 그들의 동태를 감시해
통제하는 것이 일본 제국주의에게는 '불온사상'의 확산을 차단할 수 있는
중요한 일이었다. 그들을 사형까지 할 수 있도록 개정된 치안유지법을 시
행하는 것은, 조선인 공산주의자들을 "조선의 적화와 독립사상을 가지고 실

---

180) 金世杓, "판례를 통해 본 보안법과 제령 제7호", 『批判』, 1931.5, p.97.
181) 司空杓, "朝鮮의 情勢와 朝鮮공산주의자의 當面任務", 『레닌주의』 제1호, 1929.5.5,
　　p.50, 朴慶植 編, 『朝鮮問題資料叢書』 7, アジア問題研究所, 1982.
182) 朝鮮軍司令部, "不逞鮮人ニ關スル基礎的研究", 1924.6.1, 朴慶植 編(1982), pp.14~15.

천운동을 전개하는 죄를 지었기 때문에 단순한 동기에서 비롯된 것"이라고 볼 수 없다고 보는 것이었다.[183]

개정 치안유지법을 조선에서 실시하는 것은, 혁명사상은 물론이고 민족적인 독립사상, 민족의식을 지니고 있다고 판단되는 조선인은 모두 천황제 일본제국에 대한 적극적인 저항으로 간주하고 처벌하겠다는 의지를 천명한 것이었다. 이와 같이 일본 제국주의가 치안유지법을 제정하여 조선인들에게 강제한 천황제 일본제국의 국가관은, 개정 치안유지법을 통해서 민족의식을 말살하는 것으로 강화되었다. 그러나 아직은, 법에 의한 국가관의 강제와 단속은, 비록 일선 당국자의 자의적인 판단에 따르는 것이지는 했지만, 겉으로 드러나는, 일제의 사법제도에 의해서 포착되는 경우에 한정되는 것이었다.

메이지유신을 통해서 위로부터 기획된 자본주의적 경제성장에 따른 경제적·정치적 부작용을 제국주의적 팽창을 통해서 해결하고자 했던 일본이 스스로 '제국'으로 규정하면서 병합한 한국은, 일본제국이 대륙국가가 되어 존립하는데 기본적으로 필요한 원료 및 식량의 공급지이자 대륙으로 진출하는 초석이었다. 서양 열강과 같은 제국일본을 완성하기 위한 토대를 구축한 것이었다. 여기서 조선지배의 안정성은 일본제국의 성장과 서양열강과 같은 근대적인 제국 국가를 완성하는 데 필수적인 조건이었다.

그런데 다이쇼 데모크라시의 풍조가 고조되며 민권의식과 혁명사상이 일본은 물론이고 일본 및 국제공산당과 연계되어 조선에서도 확산되고 있었으므로 사상통제는 물론이고 제국일본의 국가관을 강화하지 않을 수 없었다. 특히 1920년대 후반 세계공황의 타격으로 일본의 경제적·정치적 혼

---

183) 1928년에서 1930년 사이에 치안유지법으로 6명이 사형을 언도받았으며, 제5차 간도공산당사건의 피의자 261명 가운데 22명에게 사형이 구형되었다("朝鮮治安維持法違反調査 (2)",『思想月報』第1卷第3號, 1931.6.15 ; "第五次間島共産黨事件論告要旨",『思想月報』第3卷第10號, 1934.1.15, pp.39~45.

란이 심화되자 일본인의 불만을 조선인에게 돌리려는 정치적 조작과 함께 조선인에 대한 단속이 더욱 강화되었다. 코민테른의 식민지 민족해방운동에 대한 지원방침이 열악한 조선인의 형편과 맞물린 소작쟁의 등 공산주의자들의 지하운동을 독려하며 일본 제국주의의 일관된 검거에도 불구하고 지속되었기 때문이다.[184]

한편, 4차례에 걸친 조선공산당검거사건에도 불구하고 지속된 조선공산당재건운동은, 일본이 만주를 비롯한 대륙으로 군사적 침략을 확대하지 않고는 조선 지배의 안정성을 확보할 수 없다는 인식을 강화하는 촉진제의 하나가 되었다.[185] 조선과 국경을 접하고 있는 만주는 조선인들이 국권 상실 이후 일본 제국주의의 식민지배를 피해 이주하여 항일민족운동을 추진하는 주요 근거지였다. 때문에 조선군참모 간다(神田正種) 중좌나 도요시마(豊島房太郎) 등은 만주사변이 조선 지배의 안정을 위한 것이라고 주장하기도 하였다.

> "만주사변은 조선군의 입장에서도 꼭 필요하였고, 조선혁명의 근원지 만주를 누르지 않는 한 선내의 안정을 기대할 수 없다."[186]

일본이 만주사변을 도발해 중국 대륙으로의 침략을 개시한 이래 조선총독부는 제국주의 전쟁 수행을 통해서 일본 국가에 기여 위한 조선 산업화의 일환으로 농촌진흥운동과 자력갱생운동을 실시하였다. 그리고 이후 중일전쟁이 발발하자 조선을 대륙전진병참기지로 설정하고 조선의 힘만으로도 일본 제국주의 전쟁 수행이 가능할 수 있도록 하는 것을 목표로 예속적

---

184) 淺田喬二, "항일농민운동의 일반적 전개과정", 『항일농민운동연구』, 동녘, 1984, p.34, p.40.
185) 김운태, 『일본제국주의의 한국통치』, 박영사, 1986, p.417.
186) 花谷正, "滿洲事變は號して始まった", 『秘められた昭和史』, 김운태(1986), p.33 재인용.

인 군수산업화에 박차를 가하였다. 병참기지화정책은 대륙침략전쟁에 필요한 군수물자를 확보하기 위한 군사산업을 개발함으로써 조선의 일본에 대한 식민지 공업적 예속화를 촉진하였다.[187] 이와 함께 조선인에게 일본제국의 국가관 수용을 체험적으로 증명하라는 내선일체, 황국신민화정책 등을 실시하였다. 그것은 조선인의 대다수를 점하는 농민의 친일화와 민족말살을 강제하는 것이었다.[188]

한국병합 이후 대륙진출의 신호탄이었던 일본 제국주의의 만주 침략은 제1차 세계대전의 경험을 통해서 바뀌어진 식민지 없는 제국주의의 국제질서를 배경으로[189] 하여 식민지가 아닌 형식상 독립국인 만주국 수립으로 이어졌다. 사실상 일본 제국주의의 괴뢰국이었던 만주국을 수립한 일본 제국주의는 조선인들에게 신대륙 개척의 이상을 전파하며 조선인을 만주로 이주시켜 경작하게 하였다. 그 실체를 알 수 없었던 조선인들 사이에서 그러한 일본의 제국주의 정책은 새로운 신세계의 기회를 꿈꾸는 만주 붐을 일으키기도 하였다.

그 실상은 일본제국의 외지 조선인들을 만주로 이민시켜서 일본이 세운 괴뢰정권 만주의 이권을 일본제국의 신민(국민)인 조선인 보호를 명분으로 하여 일본의 경찰권을 확대하며 팽창하는 것이었다. 그러나 풍부한 자원을 기대했던 만주 침략은 일본 제국주의의 기대를 충족시키지 못하였다. 그리하여 만주로의 제국주의 북진 전쟁은 결국 중국 대륙으로의 침략, 중일전쟁으로 이어졌다. 그런데 중국 침략은 예상치 못한 중국의 완고한 항일 투쟁으로 인하여 장기화되었고 결국 전쟁은 이른바 '태평양전쟁'으로 이어졌다. 그 결과 중일전쟁 발발 직후 '대륙전진병참기지화'로 설정된 조선과 조

---

187) 박경식(1986), p.334.
188) 조동걸(1979), p.245 ; 서중석, 『현대한국민족운동연구』(서울 : 역사비평사, 1993), pp.75~83 참조.
189) 有馬學, "'大正でもくらし'再檢討新射程", 和田春秋 外編, 『東あじあ近現代史 4 : 社會主義となしょないずむ』, 東京 : 岩波書店, 2011, p.109.

선인에 대한 총동원 또한 내선일체로부터 황국신민화를 통해서 극대화되게 하였다.

이러한 일본 제국주의의 파시즘화 과정에 대륙전진병참기지화된 조선과 조선인에 대한 동원은, 치안유지법을 통해서 법으로 천황제 일본제국의 국가관을 강제했던 것에서 더 나아가, 생활 속에서 일상화된 강제동원에 적극 호응함으로써 제도화된 천황제 일본제국의 국가관을 증명해야만 하는 것으로 전개되었다. 내선일체(內鮮一體)와 황국신민화(皇國臣民化)가 그것이었다. 황국신민화 단계에 이르게 되면 조선인은 제도적인 강제동원과 사상통제의 한계를 넘어서 조선인 스스로 황국의 신민 곧 일본제국의 제국신민으로서 내지의 제국신민과 같이 황국신민이 되었음을 일본 제국주의 당국자가 인정할 수 있도록 실천적인 사역을 통해서 증명하고 인정받아야 하게 되었다.

그러므로 일본 제국주의가 조선총독부를 구축하고 표방한 일시동인의 동화주의라고 하는 조선지배의 근본 방침은 곧 '병합'이라는 용어에 걸맞게 조선인들에게 천황제 일본제국의 국가관을 처음부터 강제한 것이었다고 할 수 있다. 일본제국헌법이 적용되지 않는 법역 밖의 외지 조선인에 대한 천황제 일본제국의 국가관은, 일시동인이라고 하는 '시혜적'인 언사를 표방하며 시작되었다. 그리고 치안유지법을 통한 법률적인 강제로부터 본격화되어 대륙전진병참기지화 단계에 이르러서는 전쟁동원의 필요에서 본격화된 조선공업화와 함께 조선인 스스로 일상생활 속의 사역을 통해서 제국의 신민이 되었음을 증명해야 하는 것이었다. 내선일체·황국신민화로 강화 일변도로 지속 전개되었던 것이다.

그 과정에서 내지에서와 같이 시행된 치안유지법으로부터 전향에 이르는 사상범대책으로 제정된 정책은, 일본에서는 천황제 국체를 비판하는 사상범을 전향을 통해서 국체를 인정하는 일본제국의 신민으로 동화시켜서 포용하는 것이었다. 그러나 외지 조선에서 그것은 일시동인 동화주의에 입각하여 일본천황제를 인정하고 스스로 황국의 신민, 일본제국의 신민이 되었음을 언행을 통해서 실천적으로 증명해 보여서 인정받아야 하는 것이었다. 조선인의 친일과 친일을 촉구하는 데 그친 것이 아니라 일본 국가관을 수용하여 일본국민이 되었다는 것을 증거하기 위한 근거로써 민족정신의 말살을 기하는 것이었다.

Ⅳ. 식민지 민족의식과 '민주공화국' 건설
지향과 분화, 내포된 '국가'의 이중성

1. 참정권과 자치론에 내포된 식민지 국가와 국민의 이중성

1) 일본제국의 국민과 외지 조선 제국신민의 국가

제1차 세계대전은 반전(反戰)사상과 더불어 제국주의 전쟁으로 전개된 서양 근대 문명에 대한 비판적인 인식이 전 세계적으로 고조되어 확산되는 전환점이 되었다. 또한 제국주의 전쟁에 동원된 약소민족과 식민지 국가에서 반제국주의 저항 민족의식이 촉진되어 반제국주의 민족독립운동이 본격적으로 발현되는 계기가 되었다. 더불어서, 세계대전 중에 발발한 러시아혁명의 성공은 러시아혁명정부의 민족자결선언과 그에 잇따른 미국 대통령 윌슨의 민족자결선언을 낳았다. 그리하여 세계대전 중에 발화된 식민지 약소민족의 민족자결 독립운동의 기폭제가 되었다. 그 결과 제1차 세계대전을 겪으며 세계적으로 자본주의적 근대 문명을 비판하는 '개조(改造)'론이 확산되고 식민지 약소민족 국가에서는 반제국주의 민족자결운동이 발흥하였다.

이러한 제1차 세계대전 전후 국제정세의 변화는 일본 제국주의의 병합 이후 억압되었던 조선인들이 세계 개조의 분위기를 접하며 항일 민족 독립 의지를 거족적으로 분출시키는 배경이 되었다.[1] 세계 개조의 사조와 민족 자결선언은 10여 년에 걸친 일본 제국주의의 무단통치 아래서 숨죽이고 있

---

1) 전상숙, "제1차 세계대전 이후 국제질서의 재편과 민족 지도자들의 대외 인식", 『한국정치외교사논총』 26-1, 2004b, pp.313~341.

던 조선인들이 일본 제국주의에 대하여 민족의 자결과 독립을 선언하며 거족적으로 항거하는 주요 동인이 되었다. 비록 3 · 1독립운동은 성공하지 못했지만 국제 사회는 물론이고 일본 내에서도 일본 제국주의의 무단통치에 대한을 비판을 불러일으켰다. 그 결과 조선총독부의 무단통치가 이른바 '문화정치'로 전환되는 소기의 성과를 이루었다.

1919년 8월 8일 일본 추밀원에서 데라우치육군대신이 병합한 이래 군부의 독자적인 지배 영역으로 구축된 조선총독부의 관제개정안이 통과되었다. '조선총독부관제개정안'의 핵심은 종래 무관(武官) 전임이었던 조선총독의 자격을 문무(文武)병용제로 개혁하는 것이었다.[2] 8월 19일 다이쇼천황은 '조선총독부관제개정에 관한 조서'를 발표해 그 내용을 확인하며 다음과 같이 일시동인주의 조선지배방침을 재천명하였다.

> "一視同仁하여 짐(朕)의 臣民으로 추호의 차이가 없어 각기 其所를 得하며 其生에 聊하여 均히 休明의 澤을 享하게 되기를 期하였다."[3]

이에 의거하여 개정된 조선총독부관제가 8월 20일부터 조선에서 시행되었다. 그리하여 1919년 9월 2일, 제3대 조선총독으로 취임한 사이토(濟藤實)는 등청한 첫 날 '훈시'에서 일시동인(一視同人)의 취지를 재확인한 천황의 '총독부관제개혁 조서'에 기초하여 새로운 시정 방침을 밝혔다.

> "문화적 제도의 혁신을 통해서 조선인을 가르치고 이끌어 그 행복과 이익을 증진하고, 장래 문화의 발달과 민력(民力)의 충실에 따라 궁극적으로 정치상 · 사회상의 대우도 내지인과 동일하게 하는 것을 목적으로 한다."[4]

---

2) 전상숙(조선총독정치연구), p.126.
3) 外務省 編(1965), pp.169~170.
4) 朝鮮總督府, 『朝鮮總督府官報』, 1919. 9. 4.

여기서 제시된 '문화적 제도의 혁신', '문화의 발달과 민력의 충실'을 비롯해서 '조선 문화와 구관(舊慣)'을 인정하고 '문명적 정치의 기초'를 시행하겠다는 등의 내용이 관제개혁 이전 무단통치에 비해서 이른바 '문화정치'라고 불리는 근거가 된 것이었다.[5] 이에 따라서 9월 10일 조선총독부는 총독의 유고를 통해서 조선총독부관제개정과 무단통치의 상징인 헌병경찰정치의 폐지를 조선총독부 기구개혁의 2대 핵심으로 시행하며 조선인의 처우개선 등 시정쇄신 방침을 밝혔다. 그 내용은 9월 15일 중추원회 소집을 필두로 한 이른바 문화정치의 시책으로 시행되었다.[6]

기존 연구를 통해서 잘 알려진 바와 같이, 이른바 문화정치는 정당내각의 내지연장주의 식민정책의 연장선상에서 시행된 것이었다. 그것은 제1차 세계대전을 경유하며 국제정치의 변화와 함께 일본에서 고조된 나이쇼데모크라시 풍조 속에서 데라우치 등 군부와 군부의 무단통치에 대한 비판세력으로 출범한 평민 출신 정당내각의 수반 하라(原敬)의 식민정책에 입각한 것이었다. 그런데 3·1운동 이후 조선총독부관제개정을 실시하고 하라 수상의 내지연장주의 식민지배정책에 입각하여 조선을 통치할 조선총독으로 임명된 것은 전임 해군대신이었던 사이토였다. 조선총독부관제는 개정됐지만 순수 문관 출신 조선총독이 부임하지 못한 것은 당시 일본 지배세력 가운데 무관의 영향력이 얼마나 컸었는지, 또한 군사적 관점에서 보는 조선관이 얼마나 강했는지 짐작할 수 있는 부분이다.

주도면밀하고 군인으로서의 사명감이 투철했다고 알려진 사이토는 스스로 "국가본위의 사람"임을 자처하는 인물이었다.[7] 조선총독으로 취임한 사

---

5) 糟谷憲一, "朝鮮總督府の文化政治",『近代日本と植民地』2, 岩波書店, 1992, p.122.

6) 齋藤實, "朝鮮施政ノ改善",『齋藤實文書』2, 서울 : 고려서림, 1999, pp.73~110 ; 齋藤實, "新總督施政",『齋藤實文書』2, 고려서림, 1999, pp.111~118 ; 長田彰文,『日本の朝鮮統治と國際關契―朝鮮獨立運動とアメリカ 1910~1922』, 平凡社, 2005, pp.37~42 ; 전상숙(2012), pp.126~127.

7) 有竹修二(1958), pp.51~56 ; 松下芳男,『日本軍閥の興亡』2, 東京 : 人物往來社,

이토는 내선융화(內鮮融和)라는 슬로건을 표방하며 "內地延長主義의 문화정치"를 실시하였다. 그것은 "'조선은 일본의 版圖로서 속방도 식민지도 아닌 일본의 연장이므로 일본과 조선을 동일한 제도 아래 두는 것이 근본원칙'이라는 자신의 식민지배관에 입각한 것이었다."[8]

소위 문화정치의 실시로 조선총독부관제가 일부 개혁되어 비록 실현된 적은 없지만 문관 출신도 조선총독이 될 수 있게 되었지만 부임한 신임 총독은 전직 해군대신 출신이었다. 그리고 종래 무단통치의 상징과도 같았던 헌병경찰제도가 폐지되고 그에 대신하여 특고경찰제도가 수립되었다. 주지하듯이, 조선총독의 자격이나 경찰제도가 변화된 것은, 사실상 형식적으로만 변화된 것일 뿐이었다. 일본 제국주의의 조선지배정책의 실질이 변화된 것은 아니었다. 실질적으로 무관총독의 지배 아래 있는 것과 같았다.

그렇지만 문화정치는 비록 조건부의 제한적인 것이기는 했지만 언론과 출판에 대한 허가제를 시행하고 집회와 결사를 부분적으로 허용함으로써 조선인들이 사회적으로 소통할 수 있는 여지를 가질 수 있게 하였다. 언론·출판·결사의 자유를 일부 허용한 것은 일본 제국주의가 표방한 내지 연장주의 문화정치를 상징하는 동시에 조선인들을 회유하기 위한 것이었다.[9] 그렇지만 제한적으로나마 허용된 사회적 공론의 공간은 조선인들이 다양한 시대사조를 접하고 신문과 잡지를 출간하며 사회적으로 소통하고 정치사회적인 공간을 개척해갈 수 있는 여지를 가질 수 있게 하였다.[10]

1967, p.204 ; 讀賣新聞政治部 編著(1934), pp.80~82, p.116.

8) 綠旗聯盟 編, 『朝鮮思想界槪觀』, 綠旗日本文化硏究所, 1939, p.12.

9) 일제는 1919년 10월, '保安法, 集會取締令' 등 민중운동을 탄압하던 법령을 폐지시킴으로써 규제하고 있던 언론 및 집회, 결사의 자유를 허용하였다.

10) 1920년, 『東亞日報』, 『朝鮮日報』, 『時事新聞』이 발간된 것을 비롯하여 『開闢』, 『現代』, 『共濟』, 『靑年』, 『啓明』, 『東明』, 『我聲』, 『新天地』, 『新生活』, 『朝鮮之光』, 『思想運動』, 『新生命』 등의 잡지가 1920년대 초에 간행되었다(김근수, "문화정치 표방시대의 잡지 개관", 『한국 잡지개관 및 호별 목차집』, 중앙대학교 영신아카데미 한국학연구소, 1973, pp.181~82).

조선총독부는 종래의 억압적이던 무단통치가 문화정치로 변화되었다는 것을 대내외적으로 알리는 상직적인 의미로 언론과 출판의 자유를 일부 부여하면서도 일제는 그로 인해서 전개되기 시작한 조선사회의 변화를 탐탐치 않게 여기며 주시하였다. 동아일보, 조선일보, 시대일보와 같이 당시 3대 신문이라고 불리운 일간지를 비롯해서 다양한 잡지와 신문이 발행되고 이를 통해서 세계사조가 유입되었다. 그리고 다양한 개조의 사조를 접한 조선인들은 각양각색의 논의를 전개하였다. 조선총독부는 이러한 상황을 조선인들이 "언론방종의 악폐를 조성"하고 있다고 부정적으로 평가하며 감시하였다. 그렇지만 3·1운동으로 인해서 일본 제국주의의 무단통치에 대한 비판이 국내외에서 거세게 일었고, 그로 인하여 문화정치로 식민지배정책을 바꾸었고, 또한 이 사실을 대내외에 홍보하고 과시하는 실정이었으므로 조선총독부가 섣부른 단속에 나설 수는 없었다. 조선총독부는 문화정치를 실시하며 증강한 경찰력을 통해서 조선인의 동태를 주의 깊게 관찰하며 현상을 주시하고 파악해갔다.

조선총독부가 조선인을 보는 기본적인 관점은 병합 당초와 변함이 없었다.

> "現下 조선의 사정이 외관상 비교적 평온하나 이면에서는 對日 민족적 관념이 왕성하여 朝鮮獨立의 意氣를 심각하게 體得하기에 이르렀으니 現時의 정온은 磁殼에 기초한 節制이다. 그 將來 獨立 期成의 思想은 조선사회 각반의 사상에 반영되어 社會主義 諸운동에 솔연 밀접하게 되기 용이한 禍根으로 統治 乃至 防衛에 注意를 要한다"[11]

는 것이었다. 또한 내지연장주의를 역설하며 문화정치를 실시한다고 했지만 조선인을 보는 기본 시각은 무단통치기와 별반 다를 것이 없었다.

문화정치는, 러시아혁명 이후 국외에서 발흥하고 있던 무산계급운동의

---

11) 朝鮮軍司令部, 『不逞鮮人ニ關スル基礎的研究』, 1924.6.1, pp.52~53.

신사조와 세계피압박 민족해방운동의 새로운 정세를 민족적 독립의식이 강한 조선인들이 잠재적인 외부의 지원 세력으로 보고 있다고 판단되는 상황에서 시행된 것이었다. 따라서 문화정치의 실상은, 문화정치를 통해서 조선인들에게 자유로운 사회적인 공간을 제공하는 듯이 해서 조선인들을 회유하는 한편으로, 1910년 한국병합 당시와는 기본적으로 달라진 일본 국내외 정세변화에 대응하며 일본제국의 총체적인 반공반소(反共反蘇)정책을 강화해가는 것이었다. 세계사조의 하나로 일본에서도 발흥하고 있던 무산계급운동과 조선민족이 제휴하는 것을 차단하는 것이 새로운 주요 과제의 하나였다. 동시에 조선민족 내부의 계급적인 대립 곧 가진자와 못가진 자들에 대한 지배를 정책적으로 차이를 두어 이를 조선인들 간의 민족적 갈등으로 조장해서 반제국주의 민족독립운동을 분열시키고자 하였다. 그와 같이 책동함으로써 궁극적으로 조선인들의 항일 민족투쟁의식을 분산시키고 말살시키고자 하였다.[12]

문화정치를 실시한 일본 제국주의의 그러한 의도는 1920년 이후 조선총독부의 경무비(警務費)와 재판비, 감옥비 등 조선인을 감시 감독하기 위한 행정관리비가 급증한 것과도 직결되는 것이었다. 3·1운동이 있던 1919년보다도 1920년에 경무비가 거의 5배나 증가하였다. 그 결과 재판비 또한 2배나 증가하였다. 조선인을 통제하기 위한 행정관리비 총액이 경상비 세출의 1/3에 달할 정도로 급증하였다. 주지하듯이 문화정치를 실시하며 무단통치기 조선인 통제의 상징과도 같았던 헌병경찰제도가 폐지되었다. 그러나 그에 대신해서 일반 경찰이 헌병경찰제를 운영할 때보다 비약적으로 확충되어 그들을 중심으로 식민지배체제의 조선인에 대한 감시와 통제는 사실상 강화되어갔다.[13] 3·1운동 이후 전환된 이른바 '문화정치', '내지연장

---

12) 崔昌益, "조선 무산계급운동", 『偉大한 러씨야 社會主義 十月革命 三十二週年 紀念 朝鮮民族解放 鬪爭史』, 김일성 종합대학, 1949, pp.290~91.
13) 조동걸, "1920년대의 일제 수탈체제", 『한국민족주의의 발전과 독립운동사연구』,

주의'라는 것은 기존의 일시동인의 동화주의 식민지배정책의 연장선상에서 조선총독정치의 지배체제를 외피만 바꾸고 확충된 일반경찰력을 통해서 조선인의 실생활에 대한 통제망을 무단통치기보다 더욱 촘촘하고 견고하게 확정해간 것이었다.

앞에서 보았듯이 일본 천황의 조선총독부관제개정에 관한 조서는 일시동인주의 조선지배방침을 재확인한 것이었다. 사이토총독도 문화정치로의 시정을 "일시동인의 대의"에 의거한다고 밝혔다.[14] '일시동인의 조서'라고 불리는 일본 천황의 조서와 하라 수상의 내지연장주의 식민지배방침에 입각한 문화정치로의 변화는, 일본 국내외의 정치변동이 중요한 요인이었다.

그러나 기본적으로 3·1운동이라고 하는 조선인들의 거족적인 반일항거가 큰 역할을 한 것은 분명하다. 문화정치로의 변화를 이끌어낸 3·1운동은 무엇보다도 무단통치 아래서 숨죽이고 있던 조선인들이 힘을 합해서 일제에 저항할 수 있다는 것을 자각하게 하였다. 힘을 합하면 항일 민족적 저항이 가능하고 또 민족적으로 저항하는 독립운동을 통해서 주권을 회복해야 한다는 저항적 민족의식과 의지를 각성하는 중요한 전환점이 되었다.

그런데 다른 한편으로 결과적으로 실패한 3·1민족독립운동은, 조선인들 가운데 일제의 강세를 재확인하고 민족 독립의 가능성을 더 이상 기대하지 않으며 일제의 지배를 공공연한 현실로 받아들이는 계기가 되기도 하였다. 3·1운동의 실패와 일제의 문화정치 실시로 인해서 달라진 조선 사회의 환경은, 일부 조선인들이 이제 일제가 표방하는 내지연장주의가 조선에서 정책으로도 구현될 것이라고 기대하는 배경이 되었다.

특히 일본 정당내각의 수상이 주창한 내지연장주의는 일부 조선인들이 이제 조선에서도 일본제국헌법이 시행되어 내·외지의 구별과 그에 따른 내·외지인 간의 제도적인 차별이 없어질 것이라고 기대하게 하였다. 그들

지식산업사, 1993, pp.99~100.
14) "大詔煥發", 『매일신보』, 1919.8.21.

은 그 기대를 공공연히 표출하며 조선총독부에 즉각적인 내지연장주의 제도를 실시해야 한다고 요구하였다. 그 요구는 조선인도 내지 일본인들과 마찬가지로 제국신민으로서의 권리를 의무와 함께 부여받아야 한다는 것이었다.[15] 이렇게 문화정치와 함께, 무단통치 아래서 침묵했던 조선인들의 정치·사회적 욕구가 다양하게 표출되었다.

일본 정당내각의 내지연장주의 식민지배정책으로의 변화와 조선총독부의 문화정치로의 변화에 가장 즉각적으로 반응한 것이 일본의 한국병합을 기정사실로 받아들였던 조선인들이었다. 그들은 일제의 병합에 적극 호응했음에도 불구하고 무단통치 하에서 특별한 대우를 받지 못했었다. 이제 그들은 내지연장주의 문화정치에 대한 기대감을 참정권과 자치 청원으로 표출하기 시작하였다.

그러나 앞에서 언급한 바와 같이 일본 천황의 '일시동인의 조서'에 입각한 사이토총독의 문화정치는,

> "문화적 제도의 혁신을 통해서 **조선인을 가르치고 이끌어** 그 행복과 이익을 증진하고, **장래 문화의 발달과 민력(民力)의 충실에 따라 궁극적으로 정치상·사회상의 대우도 내지인과 동일하게 하는 것을 목적으로 한다**"[16](강조 필자)

는 것이었다. 문화정치의 실시가 곧 조선인들이 생각하는 바와 같은 의미의 내지연장주의의 시행을 의미하는 것이 아니라는 것을 분명히 한 것이었다. 문화정치는 무단통치의 외형만 바꾼 것일 뿐, 일시동인의 동화주의를 표방하며 시세와 민도를 이유로 차이를 차별적인 시책으로 제도화했던 조선지배정책의 변화를 기한 것은 아니었다. 헌병경찰제도가 폐지되었지만 그 대신에 일반경찰의 수가 급증하고 특고경찰제도가 신설되어 경무비와

---

15) "大詔煥發", 『매일신보』, 1919.8.21.
16) 朝鮮總督府, 『朝鮮總督府官報』, 1919.9.4.

재판비가 급증한 것이 상징적인 예라고 할 수 있다.

　일본제국의 식민지통치방식을 내지연장주의라 하여 무단통치에서 문화정치로 전환해서, 종래의 무단통치를 비판하면서 무단통치 하에서 주창된 일시동인의 동화주의 통치의 실질을 제고시킨다는 것이었다. 내지연장주의 식민지배를 주창한 하라 수상도 즉각적으로 내지연장주의 시책을 시행한다고 한 것은 아니었다. 하라 수상은 단지 조선인이 일본인과 인종적으로나 역사적으로 거의 같은 계통이니 조선에 일본과 같은 제도를 실시해야 한다는 기본적인 입장을 역설한 것이었다. 식민지 외지에서 즉시 일본 내지와 같은 제도를 실시해야 한다고 한 것은 아니었다. 단지 "조선을 통치하는 원칙으로서는 모두 내지 인민을 통치하는 것과 같은 主義 같은 方針"을 갖는다고 했을 뿐이었다. 이것이 바로 이른바 문화정치의 내지연장주의의 실제였다.

　조선인을 대상으로 한 무단통치기의 동화주의와 문화정치기의 내지연장주의를 대조해 보면 전자는 조선인을 제국일본을 국가로 받아들이는 다시 말해서 일본인이 되도록 해야 한다는데 주안점이 두어진 것이었다고 할 수 있다. 이에 비해서 후자는 원론적으로 조선에서도 제도적으로 일본에서와 같은 제도를 실시하여 외지와 내지의 제도적 차이가 없도록 해야 한다는 것으로, 조선인에 대한 동화의 내용을 포함할 수도 포함하지 않을 수도 있는 것이었다. 다시 말해서 전자가 조선 사람 조선인의 일본인화에 역점을 둔 것이었다고 한다면 후자는 외지통치방식 상의 제도에 중점을 두고 외지를 내지 영토의 연장선상에서 통치해야 한다는 입장이었다고 할 수 있다. 기본적으로 모두 병합된 조선을 일본의 일부로 본다는 점에서는 같은 것이었다. 일시동인주의 동화방침이 그것이었다.

　3·1운동 이후 문화정치로의 전환을 가져온 정당내각의 내지연장주의는 일본제국이라는 국가 영토의 연장선상에서 외지 조선에 최소한의 조건으로써 내지와 같은 제도의 시행을 원론적인 입장에서 역설한 것이었다. 내

지연장주의를 외지에서 실행하기 위한 구체적인 정책을 실질적으로 담보
한 것은 아니었다. 문화정치의 실시는 일본 내외에서 거세진 조선총독부의
무단통치에 대한 비난에 대응해서 일본제국에 대한 대내외적인 비난을 무
마하고 지배의 안정성을 공고히 하는 시책의 일환이었지 외지 조선에서 내
지연장주의 시책을 실행하기 위한 것이 아니었다. 헌병에 대신한 경찰의
확충을 통해서 경무를 강화하고 조선인에 대한 단속을 더욱 엄중히 한 것
은 문화정치가 사실상 무단통치와 차이가 없다는 것을 반증하는 것이었다.
   굳이 말하자면, 문화정치로 외형상 유화된 국면이 일시동인의 동화주의
방침의 실질을 부분적으로 제고시킬 수 있는 여지가 있었다고 할 수는 있
을 것이다. 일시동인의 내지연장주의 문화정치는, 내지연장주의를 기본 방
침으로 하되, 실질적인 시정은, 당면한 조선 현실의 조건 곧 생활·문명의
정도가 일본인과 차이가 크게 나니 내지연장주의의 시책들을 "점진적"으로
추진해서 일본의 부현제(府縣制야)·시정촌제(市町村制)를 시행할 수 있도
록 한다는 것이었다.[17] '점진적'으로 실시한다는 것은 일시동인의 동화주의
시책이 시세와 민도의 차이를 이유로 점진적으로 동화의 시책을 실시하겠
다고 한 것과 다를 바 없는 것이었다.
   그러한 조선식민통치방침을 갖고 부임한 해군대신 출신의 "국가본위의
사람"이었던 사이토총독은[18] 일본에 호의적인 각계각층의 한국인들과 만
나 의견을 들으며 조선에 대한 정세 인식과 통치 구상을 정리해 부임하였
다.[19] 그는 1920년 '조선민족운동에 관한 대책'을 수립하였다.[20] 그것은 친
일세력을 육성해 이용함으로써 조선인 민족운동을 분열키는 정책을 기본
으로 한 조선인 민족운동 억압 구상이었다.[21] 그러므로 사이토총독은 기본

---

17) 原敬, "朝鮮統治私見", 『齊藤實文書』 13, pp.64~65.
18) 有竹修二(1958), pp.51~56 ; 松下芳男, 『日本軍閥の興亡』 2, 人物往來社, 1967,
    p.204 ; 讀賣新聞政治部 編著(1934), pp.80~82, p.116.
19) 財團法人齋藤實子爵紀念會(1941), pp.539~540 ; 강동진(1980), pp.168~171.
20) 〈朝鮮民族運動二關スル對策〉, 『齋藤實文書』 9, 1920, pp.143~157.

적으로 친일세력의 확보에 조선통치의 성패가 달렸다고 보았다. 그리하여
내지연장주의를 표방한 문화정치로 조선된 유화 국면을 활용해서 친일세
력을 육성해 그들을 광범위하게 활용함으로써 일본제국의 포괄적인 지배
체제를 안정시키고자 하였다. 그 결과 잘 알려진 바와 같이 문화정치를 표
방한 사이토 총독에 의해서 민족분열정책이 무단통치기보다 사실상 본격
화되고 격화되었던 것이다.[22]

그러므로 문화정치로 조선총독부의 지배정책이 바뀌고 일본 본국에서는
정당내각의 하라 수상이 내지연장주의라고 해서 식민지배정책이 바뀌었다
고 하더라도 일제의 기본 방침인 일시동인의 동화주의와 차별적인 시책이
근본적으로 변화된 것은 아니었다. 조선총독부는 내지연장주의의 문화정치
에 조응하여 1920년 1월 18일 일군의 조선인들이 제국의회에 참여할 수 있
는 참정권을 요청하며 국민협회를 조직하자 도와주는 듯이 행세하였다. 그
러나 실제로는 처음부터 그들을 경계하며 조선인들이 참정권을 요구하는
행태를 주시하였다. 그러면서 국민협회가 일본제국의회에 참정권을 직접
청원하려고 하자 국민협회라고 하는 단체 이름조차 사용하지 못하게 하였
다. 결국 국민협회 회원들은 각기 개인 자격으로만 제국의회에 조선인의
참정권을 요청하였다.[23]

조선인에게 참정권을 부여하는 것이야말로 일제가 표방한 일시동인의
동화주의 내지 내지연장주의 문화정치가 현재화되는 것을 증명하는 것이
될 것이었다. 그러나 병합 당초부터 시세와 민도를 이유로 스스로 표방한
일시동인의 동화주의에 역행하는 차별적인 시책을 실시했던 조선총독부는
조선인들이 단체를 조직해서 일본 정부에 직접 참정권을 요청하는 것조차
억제하였다. 제국의회에 대한 단체적 행위조차 허용하지 않은 것이야말로

---

21) 강동진(1980), p.167.
22) 전상숙(2012), p.131.
23) 金丸, "국민협회의 본령", 『시사평론』 341, 1927, p.9.

조선인에게 참정권을 부여할 의사가 애초에 없었음을 반증하는 것이라고 하지 않을 수 없다.

내지연장주의에 대한 기본 방침은 "점진적"으로 실시하는 것이었고, 문화정치는 "장래 문화의 발달과 민력(民力)의 충실에 따라 궁극적으로 정치상·사회상의 대우도 내지인과 동일하게 하는 것을 목적"으로 한다는 것이었다. 바로 내지연장주의 문화정치의 내실을 갖추겠다고 한 것은 아니었지만 그렇다고 조선총독부가 조선인의 참정권 청원을 공식적으로 부정하거나 부정적인 태도를 취할 수는 없는 일이었다.[24] 따라서 조선총독부는 조선인의 국민협회의 참정권청원에 협조적인 태도를 취하면서 제국의회에 대해서는 개인적인 차원에서 청원을 요청하도록 했던 것이다. 내지연장주의에 이거해서 조선인의 일본인화를 적극 찬성하며 조선인들이 단체를 조직해 참정권을 청원하게 되면 이를 수용할 의사가 전혀 없었던 제국의회로서는 실로 난처한 일이 아닐 수 없을 것이었다.

그러한 조선총독부의 조선인의 참정권과 정치참여에 대한 입장이 분명하게 드러난 것이 동광회조선총지부를 해산한 것이었다. 1922년 5월, '일선(日鮮)의 혼연융합(渾然融合)'을 주창하며 동경에서 설립된 동광회[25]의 조선총지부가 결성되었다. 동광회조선총지부는 참정권청원조차 단체명으로 하지 못하게 하는 조선총독부의 문화정치가 무단정치보다 못한 "虛僞"라고 비판하였다. 그러면서 조선총독부에 대한 조선의 '내정(內政)독립'을 주장하였다. 그러자 조선총독부는 1922년 10월 27일 동광회조선총지부를 해산시켜버렸다.

동광회조선총지부를 해산시킨 조선총독부의 입장은, 동아일보가 "일본통

---

24) 마츠다 도시히코, 『일제시기 참정권문제와 조선인』, 김인덕 역, 국학자료원, 2005, pp.152~153.

25) 동광회에 대하여는 동선희, "동광회의 조직과 성격에 관한 연구", 『역사와현실』 50, 2003, 참조.

치권의 실체를 부인"했기 때문이라고 논평했던 바를 통해서 알 수 있다. 조선총독부는 조선의 내정독립을 요구하는 것은,

> "조선사람만이 조선의 정치를 하는 것은 현재 일본의 통치를 인정치 않는 것인즉 법률상으로도 모순되는 섬이 많고, 총독정지를 개선한다는 의미가 아니라 총독정지 즉 일본통치를 받지 않겠다는 의미가 내포되어 있으므로 입으로 일본통치를 인정한다 해도 사실상으로는 일본정치의 실체를 인정치 아니하는"

주장이라고 격노하였다.26) 동광회조선총지부가 조선총독부에 대해서 조선의 내정독립을 주장하는 것은 일본 천황에 직예한 전권을 가지고 조선을 통치하는 조선총독정치를 부정하는 것과 같다는 것이었다. 병합으로 일본국의 일환이 된 조선은 당초 천황에 직예한 조선총독을 통해서 일본제국과 직결되는 것인데 조선총독부에 대해서 내정의 독립을 요구하는 것은 곧 조선총독정치를 부정하는 것이고, 이는 곧 천황 직예의 조선총독을 통해서 직결된 일본제국 국가를 인정하지 않는 것이라는 논리였다. 일본국민으로서의 참정권을 논하면서 조선총독부에 대한 내정독립을 말하는 것은 바로 그 "일본통치권의 실체"인 조선총독정치를 "부인"하는 것이라는 논리였다.

　조선총독부의 동광회조선총지부 해산 명령은, 일본의 병합을 받아들이고 일본의 조선통치를 인정한다면 천황에 직예하는 조선총독의 위치와 조선총독정치의 의미를 인정하지 않으면 안된다는 것을 조선인들에게 분명하게 인지시킨 것이었다. 이러한 조선총독부의 조선총독정치에 대한 입장은 일본에서 조선총독부관제개정이 추진될 때마다 기타 외지 식민지와는 달리 천황에 직예하는 조선총독의 조선지배의 전권이 실질적으로 견지된 사실로 알 수 있는 바와 같이27) 일본제국의 입장이었다고도 할 수 있다. 조선

---

26)『동아일보』, 1922.10.29.
27) "조선총독의 '조선의 특수성'론과 한국 지배의 실제", 전상숙(2012) 5장 참조.

지배정책의 변화는 일본 국내정치의 변화가 반영된 것일 뿐 조선지배에 대한 일본제국의 기본 입장이 바뀐 것을 의미하는 것은 아니었던 것이다.

그러므로 일본 국내외의 정치변동을 배경으로 3·1운동이 일어나 문화정치가 실시되고 조선인들의 정치적 요구가 활발히 제기되었지만 그 결과는 이미 정해져 있었던 것이다. 기본적으로 천황제 일본제국의 국가 곧 일본의 통치를 받아들이는 의미에서 조선총독정치를 인정하고 그 지배체제가 인정하는 범위에서의 정치적 요구만 가능하다는 것이었다. 그러므로 조선지배의 전권을 장악한 조선총독체제에서 가능한 '정치'란 조선총독의 지배 외에는 사실상 불가능한 것이었다.

조선총독정치가 허용하는 조선인 정치참여의 범위는 1920년 7월 지방제도를 개정하고 실시한 지방자치로써 그 내용이 구체적으로 드러났다. 당시 미즈노(水野鍊太郎) 정무총감이 밝힌 지방제도개정의 요지는,

> "10년을 경과하여 사회질서의 정비, 산업교통의 발달, 교육의 보급 등 만반의 사물의 진보에 따라 지방개발의 度가 근년 특히 현저하여 … 그러나 아직도 완전한 지방자치를 시행할 수 있는 시기에 달했다고 할 수는 없다. 오늘날의 民度는 우선 그 계제로 지방 선각의 士를 내세워 지방 공공의 사무에 참여하게 하여 그 성실한 노력으로 점차 지방자치의 훈련을 쌓게 할 필요를 인정한다 … 이번의 개정은 주로 民意를 暢達하고 民情에 맞는 政治를 펴서 시민의 행복을 증신시키려는 데 목적"

이 있다는 것이었다.[28]

10여 년 동안의 조선통치를 통해서 부족하나마 조선인의 민도가 향상되었으니 그에 준하는 정도의 민의 창달 제도로써 제한적인 지방자치를 실시하여 민중의 정서에 맞는 정치를 펴도록 하겠다는 것이었다. 3·1운동 이후 본격적으로 발흥하고 있는 조선인들의 정치적 욕구를 제한적인 지방자치

---

28) 水野鍊太郎, "地方制度改正の要旨", 『朝鮮』, 1920.8. pp.1~3.

제도의 형태로 수용하는 모양새를 갖추겠다는 것이었다. 이 정도가 문화정
치를 표방한 일시동인의 내지연장주의 명분에 맞추어 일제가 수용할 수 있
는 조선인 정치참여의 수준이었다. 그리하여 도지방비령(道地方費令), 부제
(府制), 면제(面制)를 설치하고 그에 의거하여 도평의회, 부협의회, 면협의
회가 설치되었다. 이것이 한반도에서 처음으로 시행된 근대적인 지방자치
의회의 형식을 갖춘 지방자치제도였다.[29]

　사실 그러한 지방자치제도의 시행은, 조선총독부가 민정(民情)에 맞춰서
민의를 창달하는 정치를 시행한다고 생색을 내면서 조선인의 민도(民度)가
아직 본국 일본 제국의회에 참가할 권리를 논할 정도는 아니라는 것을 공
식적으로 확정한 것이었다. 조선인의 민도는 아직 조선 전체적인 차원에서
지방자치를 실행할 수 있는 정도도 안 된다는 것이었다. 그렇지만 조선인
들이 정치참여를 원하고 또한 10여 년 간에 걸친 일본제국의 통치를 통해
서 조선인들이 근대적인 정치제도도 훈련한 바도 있으니 그에 호응한다는
정치적인 선심이었다고 하겠다.

　내지연장주의를 주창하고 문화정치를 시행하는 상황에서 조선인들의 참
정권요구를 전혀 받아들이지 않는 것은 정책적인 자가당착이라는 것을 인
지하고 조선인들의 참정권요구를 최소한도의 수준에서 수용하는 듯이 하
는 명분상의 정책이었던 것이다. 그리하여 시행된 극히 제한적인 조선의
지방자치제는 조선인에게 제한된 선거권과 피선거권을 부여하고 조선인
자문기관을 설치하는 것이었다. 1922년 일본 지방의회가 납세액의 제한을
철폐하고 보통선거를 실시하여 의결기관으로써 성립된 것과는[30] 극단적으
로 대조적인 것이었다. 외지 조선과 내지 일본의 지방자치제도의 대조적인
차이는 이른바 내지연장주의 문화정치의 실상을 증명하는 또 하나의 사례
라고 하겠다.

---

29) "改正地方制度條文", 『朝鮮』, 1921.9. 부록.
30) 都丸泰助, 『地方自治制度史論』, 新日本出版社, 1982, pp.128~138.

지방자치제의 실시는 사실상 일시동인의 동화주의 내용을 제고하는 내지연장주의 문화정치를 상징하는 실질적인 제도였다고 할 수 있다. 그런데 그 첫 걸음부터 본국 일본과는 근본적으로 다르고 또한 차별적인 제도로 공공연하게 실시되었다. 정치참여를 요구하는 조선인들의 요구를 수용하는 듯이 하여 내지연장주의의 명분을 살려, 조선인들이 참정권에 대한 기대를 유지하도록 한 것이었다. 그럼으로써 3·1운동을 통해서 결집된 조선인들의 민족적 저항의지를 분열시키고, 정치참여를 요구하는 조선인들의 정치세력화 또한 막아 제도적으로 흡수하고자 하였다.

그러나 내지연장주의에 대한 기대에서 참정권이나 자치권을 청원한 조선인들은 수적으로도 사회적 영향력으로도 조선사회에서 그리 힘을 갖지 못했다. 반면에 일제가 치안유지법을 확대하여 시행해야 할 정도로 조선인들의 항일 민족적 저항의식과 저항운동은 확산되어갔다. 일제는 신간회가 항일 민족통일운동단체로 창립되는 것을, 3·1운동 이후 확산되던 혁명적 공산주의 운동의 확산을 억제하면서 민족운동을 합법운동으로 유도하여 통제할 목적으로 허가하였다. 그렇지만 그 의도와는 신간회는 달리 항일민족운동의 구심체가 되어 광주학생운동, 민중대회 등을 주도하였다.[31] 결국 일제가 신간회나 지방자치제도를 통해서 기대했던 조선민족 분열의 효과는 소기의 성과를 거두지 못하였다.

그리하여 3·1운동 이후 정당내각에 의해서 선택된 조선총독 사이토는, 일본 정부의 조선지배정책과 조선총독정치 간의 간극과 조선의 실정을 경험한 후 조선총독정치를 중심으로 한 조선인 지배정책을 강구하며 제한적이나마 조선인의 참정권을 자체적으로 검토하기 시작하였다. 그 귀결이 1929년에 두 번째로 부임한 사이토총독의 '조선에서의 참정권 제도 방책'이었다.[32] 1930년의 지방제도 개정과 1931년 4월부터 시행된 개정 지방자치

---

31) 이균영, 『신간회연구』, 역사비평사, 1993, p.103.
32) 김동명(2006), pp.442~445 ; 李炯植(2007), pp.393~398.

제도는 그 '방책'에 의거한 것이었다. 사이토총독의 '조선에서의 참정권 제도 방책'은, 일본제국의 관점에서 조선총독 사이토가 생각하는 '이상적인 정치조직'과 그것을 이루기 위한 '과정적 단계'를 고려한 '현실적인 안'으로 만들어진 것이었다. 그 내용은 극히 제한적이기는 했지만 조선인을 귀족원 의원으로 칙임할 것과 직접세를 재원으로 하는 '조선지방의회' 설치를 핵심으로 한 것이었다.[33]

사이토 안의 핵심은, '칙임'으로 극소수의 조선인을 귀족원으로서 일본제국의회에 참여하게 하는 것이었다. 이는 기존 연구에서 지적되었듯이 조선인에 대한 참정권 부여 범위를 대폭 축소시킨 것이었다고 할 수 있다. 그렇지만, 조선인에게 참정권을 부여하는 문제를 현실화시킨 것이었다고도 할 수 있다. 또한 직접세를 재원으로 하는 '조선지방의회'를 설치한다는 것은 조선총독부가 일본제국의회가 부여하는 세입으로부터 상대적으로 자유로울 수 있는 세수를 직접세의 형태로 확보하여 조선지방의회를 자율적으로 통제하겠다는 의미를 갖는다. 이러한 사이토총독의 정책은 조선총독정치의 내지 일본에 대한 상대적인 자율성을 실제적으로 공고히 하면서 조선인의 참정권 요구를 현재화하는 방안이라는 점에서 일제의 조선식민통치사상 획기적인 것이었다고 할 수 있다.

물론, 조선인의 입장에서 보면, 그것은 보통선거도 실시하지도 않고, 칙임으로 조선인 몇 명을 참의원에 참여시킨다고 생색을 내는 회유책에 불과한 것이었다. 그러나 사이토총독의 입장에서 보면, 그것은 분명히 조선인을 일본제국의회에 참식시키는 것이었다. 또한 문화정치를 내건 내지연장주의 동화정책을 점진적으로 현실적인 방식으로 실현해가는 방식이라고 할 수 있었다. 종래 언설로만 표방해 오던 내지연장주의의 참정권 부여 문제를 실제로 현재화한 전환적인 것이었다고 할 수 있다.

---

33) "朝鮮二於ケル參政二關スル方策",『齋藤實文書』2, pp.487~662.

　일부 지방자문기관과 도평의회를 의결기관으로 바꾼 것도 마찬가지였다. 사이토총독의 입장에서 그것은, 현실적으로 참정권을 부여하기 위한 훈련 과정으로 과도적인 것이라고 할 수 있다. 조선총독 사이토로서는, 기본적으로 자신이 표방한 문화정치의 틀을 견지하면서, 그에 대한 조선인들의 저항과 반발을 회유하여 식민통치를 안정화시키려는 방안이었다. 이러한 사이토총독의 '방책'은 실제로 중앙 수준의 참정권 부여를 전망하면서 자치주의로 식민통치정책의 전환을 지향하는 조선총독부 관료들과 타협해서 이루어낸 결과물이었다. 이러한 점에서 사이토총독은 현실적으로 실현 가능한 점진적인 참정권 부여 방안을 구상하여 실시하고자 했다고 볼 수 있다.[34] 또한 이 점에서 조선인에게 법률을 제정하면서까지 강제했던 일시동인의 천황제 일본제국의 국가관이 명분을 가질 수 있게 되었다고도 할 수 있다.

　그 결과, 결과적으로 조선인이 선거로 뽑은 의원이 일본제국의회에 참가할 수는 없었지만 1932년 12월에 박영효(朴泳孝)가 귀족원에 처음으로 칙임되었다. 박영효 사후에는 1939년 12월에 윤덕영(尹德榮)이, 1943년 10월에는 이진호(李軫鎬)가 칙임으로 귀족원 의원이 되었다. 그리고 '태평양전쟁'이 한창이던 1945년 4월 칙령 193호 '귀족원령중개정'으로 조선과 대만의 칙임 귀족원 의원 수가 증가되었다. 조선과 대만에 거주하는 만 30세 이상의 명망이 있는 남자 10명 이내에서 귀족원 의원을 칙임할 수 있게 되었다. 이와 함께 같은 시기에 법률 제43호 '중의원의원선거법중개정법률'로 중의원을 선출할 수 있게 되었다. 만 25세 이상, 만 1년 이상 직접 국세 15엔 이상을 납부한 남자 중에서 직접 선거로 조선인 23명(대만인 5명)을 선출해 중의원에 참여하도록 하였다.[35]

---

34) 전상숙(2012), pp.140~147.
35) 김동명, "15년전쟁 하 일본제국주의의 식민지 지배체제의 전개 : 식민지 참정권부여문제를 중심으로", 『일본학』 20, 2001, pp.194~196.

이들 조선인들이 사상적으로 천황체 일본제국 국가관을 갖고 있었는지 그 속은 알 수 없다. 그러나 분명한 것은 외지 조선인이 일본제국의회에 정치적으로 참여한다는 것은 곧 일본제국의 신민임을 공공연히 함으로써 제국일본 국가의 국민으로서 인정받아 그 권리를 부여 받고 행사할 수 있게 되었다는 상징성을 갖는다는 것이었다. 이 점에서 이들 조선인들은 천황제 일본제국을 국가를 모국으로 받아들이고 천황제 국가관을 가지고 있었다고 하겠다.

그러나 일제는 자신들이 허용한 범위 이외에 조선인 일반이 참정권이나 자치권을 요구하는 것은 물론이고 조선총독부가 허용한 지방자치에 참여하는 것조차 포함하여 조선인이 지원병제도의 실시를 요구하는 것까지도 "정치운동"이라며 경계하였다.[36] 일반적으로 정치는 사회적 희소가치의 권위적 배분이라고 정의된다. 그러한 정치는 주권국가의 국민을 전제로 한다. 그러므로 국가의 주권을 타국에 박탈당한 식민지 사회에서 정치는, 식민모국에 대하여 그러한 정치의 실질을 확보할 권리를 찾는 것에서부터 시작된다. 그러한 식민지민의 정치활동은 자유롭게 허용되거나 주어진 것이 아니라 식민 모국에 대항하여 투쟁하거나 절충적인 타협을 통해서 획득하지 않으면 불가능하다. 따라서 식민지 민족이 식민 모국에 대하여 권리를 요구하는 모든 행위는 넓은 의미에서 전부 정치운동이라고 할 수 있다. 식민지사회에서 식민지민이 활동할 수 있는 사회적 활동의 여지와 사회적 공간을 요구하는 것 자체가 식민지민이 단체적 움직임을 꾀할 수 있는 따라서 민족운동도 조직할 수 있는 출발점이 된다. 이러한 의미에서 일제가 조선인들이 조선총독부에 대해서 요구한 조선인의 정치참여 권리는 물론 일체

---

36) 조선총독부는 "지방자치의 상황, 지방의회의 단속상황, 국민협회의 참정권운동, 갑자구락부의 조선평의회설치운동, 지병병제도실시 요망운동" 등을 조선인의 "정치운동"으로 규정하여 감시하였다. 朝鮮總督府警務局 編, 『最近における朝鮮治安狀況』, 1938, pp.34~51.

의 움직임을 정치운동이라고 본 것이 무리는 아니라고 할 수 있다.

그런데, 조선총독부는 비록 제한적이었지만 스스로 조선지방자치를 허용하고 조선인의 참정권을 고려하였다. 그러면서도 조선인이 스스로 제기하는 “정치운동”은 경계하였다. 다시 생각해 보면 병합 직후부터 시세와 민도를 전제로 한 일시동인의 동화주의를 제창한 일제로서는 당연한 귀결이었다고 하겠다. 천황제 일본제국의 국가관의 주입과 강제를 전제로 한 일시동인의 동화주의는 수사에 불과했기 때문이다. 병합하여 조선을 일본제국의 일부로 하더라도 당초 조선인을 실질적으로 일시동인의 동화주의에 입각한 시정을 통해서 일본제국헌법이 규정하는 내지 일본인과 같은 권리의 주체자로 육성하는 것은 전혀 고려하지 않았기 때문이다. 이러한 점은 사이토총독 역시 마찬가지였다.

만주사변이 발발하자 우가키총독은 그것이 일본제국의 진로에 중요한 전기가 된다고 하였다. 만주사변이 한국병합을 통해서 이루고자 했던 대륙진출이 본격화된 것으로 본 것이었다. 한국을 병합한 궁극적인 목적인 대륙진출에 첫 발을 내디뎠으니 이제 조선을 제국일본의 대륙진출을 위한 토대로써 전쟁 수행에 적극 동원하여 조선인에게 제국신민의 의무를 다하게 해야 한다는 것이었다. 이것이 문화정치에서 처음으로 표방되었던 ‘내선융화(內鮮融和)’를 총독으로 취임하며 우가키가 재창하고 시행한 농공병진정책의 실체였다.

우가키총독의 내선융화는 그나마 문화정치 아래서 분출되기 시작한 조선인의 참정권청원운동 등 일체의 정치적 논의와 행위를 일체 엄금하는 것이었다. 만주사변을 시발로 하여 본격화되기 시작한 일본제국의 대륙진출에 조선을 포함한 전 제국의 신민이 힘을 합하여 뒷받침해야 하는데, 외지인의 정치적 논의와 행위는 갈등과 분열을 조장하는 것일 뿐이기 때문이었다. 그리하여 우가키총독은 조선총독부가 허용하지 않는 정치적인 언사를 논하거나 조선총독부나 일본제국을 비판하는 어떠한 논의나 행위는 처벌의 대상이 된다고 공표하였다.

그러므로 일본의 데모크라시와 정당정치의 활성화를 배경으로 사이토총독이 문화정치를 표방함으로써 시작된 조선인들의 정치사회적 공간과 논의는 일본 정치의 군국주의화와 함께 사실상 불가능하게 되었다. 특히 중일전쟁이 예상 밖으로 장기화되면서 제국주의적인 팽창을 지속하지 않고서는 '제국'을 보지하기 어렵게 되자 일제는 반도 조선의 자원과 조선인의 동원이 더욱 절실해졌다. 그 결과가 더욱 강도 높은 동원과 수탈이었음은 설명을 필요치 않는다.

전쟁의 장기화로 인한 총체적인 조선총동원의 필요는, 일제 스스로 조선인에게 표방한 내선일체와 황국신민화의 최소한의 명분이라도 충족시키지 않고서는 더 이상 조선인을 동원하기 어렵다고 여길 정도였다. 그리하여 소위 '대동아전쟁' 도발 이후 조선인의 총동원을 위한 조선인 참정권이 본격적으로 검토되기 시작하였다. 그 결과 1945년 법률 제43호로 조선인의 중의원 진출이 가능하게 되었다. 그러나 곧이어 1945년 8월 15일 일본은 패전을 선언하지 않을 수 없게 되었다. 결국 일제는 패전의 마지막 순간까지도 조선인의 참정, 일본제국헌법의 조선 시행을 고려하지 않았던 것이다. 그렇게 조선의 식민지시기가 종식되었다.

일제는 조선식민지배 기간 동안 시종해서 일시동인의 동화주의가 조선지배의 근본 방침이라고 강조하였다. 그것은 병합된 반도 조선은 일본제국의 영토이니 조선인을 일본인과 같은 관점에서 일본인과 같은 정도의 근대문명의 혜택을 누릴 수 있도록 해 주겠다는 것이었다. 그렇지만 그러한 일시동인의 동화주의는 일제의 자의적 판단에 의거한 이른바 조선의 시세와 조선인의 민도를 이유로 형식적으로라도 한 번도 실질적인 정책으로 시행된 적이 없었다. 조선지배의 기본 방침은 굳이 '병합'이라고 하는 새로운 용어를 찾아내 반도 조선을 섬나라 일본제국의 일부로서 일본국가화 하고자 했기에 수립된 것이었다. 일시동인의 동화주의는 한마디로 조선인의 일본인화에 있었다. 그런데 병합은 반도 조선을 이미 일본제국의 영토화 한 것이었다. 병합으로 섬나라 일본제국은 대륙국가 일본제국이라는 궁극적인 목적을 달성한 것이었다. 조선인에 대한 인시동인, 동화주의는 일본국가가된 조선의 조선인에 대한 일본화를 언젠가는 이루어야 한다는 것을 상정하는 것 이상도 이하도 아니었다고 하겠다. 동화주의 방침은 그로 인하여 설정된 것이었다.

그리하여 역설된 일시동인의 동화주의로부터 내지연장주의, 내선융화, 내선일체는 모두 조선의 일본화를 상징하는 것이었다. 표방된 바는 조선인의 일본인화였다. 그렇지만 그 실상은 그야말로 일본 국내외의 시세 변화에 따라 총체적인 의미의 조선동원의 필요와 그 수요를 충당하기 위한 실속을 꾀한 것이었다. 조선인도 일본인이니 일본인과 같아져야 한다는 명분을 앞세워 일본인으로서의 의무를 다하라고 강제하는 수사였다. 조선인에게 천황제 일본제국의 국가관을 강제하고 천황제 일본제국을 국가로 받아들여야 한다는 것이었다.

일제의 그러한 일시동인의 동화주의 시책은 자신들이 주창하는 정치적슬로건과는 모순적이었고 이율배반적이었다. 한국을 병합한 일제는 한국인이 조선인이 되어 일본제국의 국민, 제국신민이 되었다고 선언하였다. 그러나 일시동인의 동화주의로부터 문화정치의 내지연장주의에 이르기까지 조선인의 일본인으로서의 '권리청원'은 금지되어야 할 정치운동으로 받아 들여졌고, 언제나 엄중한 경계의 대상이었다. 일본제국의 신민이라고 하면서그에 따른 당연한 권리를 요구하는 것조차 허용되지 않았다. 그러므로 병합으로 조선인의 국가가 된 천황제 일본제국 국가나 제국신민이라고 역설된 조선인의 실상은, 한국을 병합한 일본제국의 입장에서조차 근원적으로처음부터 형식과 내용이 서로 상충하는 모순적인 이중성을 갖는 것이었다.

'제국'으로 자신을 대외적으로 규정한 일본에 의해서 병합된 후 조선은일본제국헌법이 적용되지 않는, 일본제국헌법 밖의 '외지'로 규정되었다. 따라서 일본제국헌법이 적용되는 일본열도를 지칭하는 이른바 '내지'만이 진정한 의미의 일본제국이었고 내지인만이 제국 일본의 국민이었다. 그러므로 외지 조선의 조선인에게는 처음부터 '내지' 일본과 일본인에 대한 차별적이고 계서적인 종속적 위치밖에 주어지지 않았다. 그러한 조선인이 일본제국을 자신의 국가로 받아들이며 참정권이나 자치를 청원한다고 해서, 일제가 총동원의 필요에서 조선인의 참정권을 결의한다고 해도 바뀔 것은 없었던 것이다. 외지 조선에 이른바 대일본제국헌법의 적용은 아예 고려의 대상조차 되지 않았기 때문이다.

결국 일제는 시종해서 일시동인의 동화주의를 주창하며 조선인들에게 일본 국가를 받아들이고 일본인이 되라고 강제만 했지 실제로 조선인을 '일본제국의 신민'으로서 국민으로 받아들이거나 여기려고 생각조차 하지 않았다. 일시동인의 동화주의는 반도 조선이 일본제국의 영토라는 것 따라서 일본제국이 더 이상 섬나라가 아니고 반도 조선의 국가라는 것을 조선인들에게 역설해 주입시키기 위한 것이었을 뿐이다. 병합된 조선은 제국일본의 한 지역이고 그 지역 조선의 인민인 조선인의 국가는 일본제국이라는 것을 나타내는 또 다른 표현이었다. 그러므로 조선인이 일제가 주창하는 내지연장주의를 환영하고 따른다고 해서, 또는 일제가 강제하는 내선융화나 내선일체를 그들이 요구하는 방식으로 실천해 보인다고 해도, 조선인은 내지 일본제국의 일본인 제국신민과 같아질 수는 없는 것이었다.

일제는 천황을 받드는 '대일본제국'의 '신민'이라고 해서 외지 조선인이 일본 국가의 국민이고 따라서 국민으로서 일본 국가를 받아들여 그 의무를 다하라고 했지만, '대일본제국헌법'의 적용 여부를 기준으로 한 내지의 신민과 외지의 신민은, 같지도 같아질 수도 없었기 때문이다. 외지의 '신민'에게 강제한 '대일본제국' 국가는, 이와 같이, 이른바 '대일본제국헌법'이라는 근본적인 헌정의 기본으로부터 그 자체로 모순적인 이중성을 갖고 차별을 내재하고 있는 것이었다.

2) 조선인의 참정권과 자치론에 내포된 식민지 국가와 국민의 이중성

앞에서 언급했듯이, 3·1운동 이후 변화된 정치사회적 환경에 가장 즉각적으로 반응한 것은 일본의 한국병합을 기정사실로 받아들였던 조선인들이었다. 내지연장주의 문화정치의 실시를 '대일본제국헌법'이 조선에도 시행되는 것으로 받아들인 것이다. 따라서 조선인들도 일본제국헌법에 의해서 일본인들과 같은 일본제국의 신민으로서 권리를 의무와 함께 부여받게 될 것이라는 기대로 이어졌기 때문이다. 그러한 기대 속에서 본격적으로 전개된 것이 일부 조선인들의 참정권 '청원'운동이었다.

참정권청원운동은, 1920년 1월, 대한제국 말기부터 친일 활동을 전개했던 인물들을 중심으로 결성된 협성구락부가 '국민협회'로 개칭하고, 제42회 제국의회에 참정권 '청원서'를 제출하면서 본격적으로 시작되었다. 국민협회는 "신일본주의"를 표방하였다. 그것은 일시동인의 동화주의가 갖는 "근본의(根本義)"는 조선인에게 참정권을 부여하는데 있다고 주장하는 것이었다. 참정권을 부여하는 것이 곧 일본제국이 조선인들에게 일본 국가를 받아들이라고 강제하는 가장 좋은 방법이라고 역설하는 것이었다. 조선인들에게 정치에 참여할 수 있는 참정권을 부여하게 되면 조선인들 스스로 일본제국의 '국민'이 되었다고 자각하지 않을 수 없으니 그것이 곧 일본제국의 국가를 인정하게 하는 가장 좋은 방법이고 또한 조선인의 민심을 얻을 수 있는 근본적인 대책이라는 주장이었다.[37] 국민협회의 이러한 주장은 원론적으로 일제가 제창한 일시동인의 동화주의 방침에 입각한 것이었다. 그와 같은 참정권 청원을 국민협회는 1920년 1월에 이어서 만주사변이 발발한 이후 우가키총독이 조선인의 정치적 논의를 엄금할 때까지 3회에 걸쳐서 진행하였다. 또한 1922년 3월부터 1932년까지는 매년 일본 내각에 조선인의

---

37) 國民協會宣傳部 編, 『國民協會運動史』, 1931, pp.9~13.

참정권을 청원하는 '건백서'를 제출하였다.

일제의 병합으로 일본제국의 신민이 된 조선인의 참정권청원운동은, 굳이 국민협회의 취지서를 언급하거나 '신일본주의'를 제창하지 않더라도, 천황제 일본제국을 국가로 받아들이는 조선인이라면 또는 국가로 받아들여야 한다고 하는 조선인이라면 누구나 할 수 있는, '국민'으로서의 당연한 권리를 부여하라고 요구하는 것이었다. 이른바 '위험 사상'을 방지하여 천황제 국체를 보지하기 위한 치안유지법은 물론이고 내선융화로부터 황국신민화에 이르는 천황제 일본제국의 국가관을 굳이 강제하지 않아도, 스스로 병합을 받아들이고 일본제국을 국가로 받아들인 일군의 조선인들로서는 당연한 요구였다. 따라서 그들은 주어진 사회적 공간 속에서 당연히 주어져야 할 권리가 주어지지 않은 사실을 적시하고 이의 시정을 요구한 것이었다. 일시동인의 실질을 제고한다고 하면서 문화정치가 실시되었어도, 병합 이후 천황제 일본제국을 자발적으로 국가로 받아들인 조선인들에게조차, '대일본제국'의 '신민'인 국민으로서의 권리가 부여되지 않았으니, 청원을 통해서 그 권리를 요구한 것이었다. 이것이 제국일본 국가의 신민이라고 선포된 '외지' 조선 신민의 실상이었다.

그러므로 그러한 참정권청원운동에 대하여 참정권청원운동이 의거하고 있는 내지연장주의의 동화주의에 대한 비판이 제기되는 것 또한 당연하였다. 『동아일보』는 사설을 통해서 내지연장주의의 동화주의를 비판하며 조선인에 의한 조선자치를 의미하는 논지를 전개하였다. 동아일보 측의 비판의 요지는, 내지연장주의는 조선인을 일본인화 하고 조선을 일본의 부(府)나 현(顯)과 같이 한다는 것이므로 거기에 동참하는 것은 사실상 조선의 독립을 저버리는 것이라는 바였다. 또한 일본제국의회에 조선인 대표가 참석한다 한다고 한들 조선의 실생활과는 전혀 관계가 없는 일본제국의회에서 조선 문제를 토의하겠다는 것은 사실상 무의미하다는 것이었다. 따라서 조선의 문제는 조선 민중의 의견으로 조선에서 결정해야 한다는 점을 강조하였다.

조선민중의 의견으로 조선 문제를 결정하자고 하는 '자치' 논의는, 3·1운동 이후 표면화된 조선인의 참정권청원운동을 동화주의 정치운동이라고 비판하며 전개되었다. 참정권청원운동에 대신하여 조선인의 실력을 양성하기 위한 조선인의 자치를 정치적으로 제안한 것이었다. 이때 정치적이라 함은, 자치론이, 일시동인의 동화주의 내지연장주의에 편승한 참정권청원운동을 비판함으로써 3·1운동 이후 고양되고 현재화된 조선인의 민족독립의 의지를 계승하면서 동시에 일제의 일시동인 문화정치의 유화국면을 활용하는 정치·사회적 공간을 확보하는 의미를 갖는 것이었다. 이러한 자치론은, 동아일보가 창간 이후 지면을 통해서 아일랜드와 폴란드 등 피압박 민족의 해방운동을 고찰하며 현실적인 대안으로 찾아낸 정치적 입장이었다.[38]

이와 같은 자치론이, 동아일보를 필두로 하여 한때 조선총독부의 정무총감 아베로부터 자치운동을 실시해볼 것을 제안받은 적이 있었던 최린 등을 중심으로 하여 전개되었다. 사실, 동아일보보다 앞서서 유민회가 자치청원운동을 전개한 바 있었다. 박영효를 회장으로 하여 재야 기득권 세력이 결집했던 유민회의 자치청원운동은, 유민회가 1924년 국민협회를 필두로 동광회조선총지부·소작인상조회·조선경제회 등이 발기한 각파유지연맹(各派有志聯盟)에 합류함으로써 지속되지 않고 동화주의로 귀결되었었다.[39] 따라서 1920년대 전반 조선인들의 공식적인 정치운동은 국민협회 계열의 참정권청원운동과 동아일보를 필두로 한 자치운동으로 양분된 형세가 되었다.

1924년 1월 3일, 『동아일보』는 사설에 이광수의 "민족적 경륜"을 게재하였다. 이 글에서 이광수는 이른바 문화정치로 전환된 정치사회적 국면에서 그 어느 때보다 "정치생활에의 욕망"이 치열해졌음을 명시하였다. 그러면서 동시에 사실상 "정치적 생활"이 존재하지 않는 일제하 식민지의 현실을 적

---

38) 박찬승, 『한국근대정치사상사연구』, 역사비평사, 1992, pp.322~333.
39) 지승준, "1924~5년 '각파유지연맹'의 정치적 성격", 『사학연구』 105, 2012 참조.

시하고 식민지 민족의 '정치적 생활'을 모색해야 한다고 주장하였다.

> "우리는 조선 내에서 許 하는 범위 내에서 一大 政治的 結社를 조직하여
> 야 한다는 것이 우리의 주장이다. 그러면 그 이유는 … (1) 당면한 民族
> 的 權利와 利益을 擁護하고, 조선인을 政治的으로 訓練하고 團結하여 民
> 族의 政治的 中心勢力을 作하야써 장래 久遠한 政治運動의 기초를 成하
> 기 위하여"

라는 것이었다.

동아일보의 민족적 경륜은, 조선총독부의 동광회 해산 명령을 통해서 드러났듯이 조선총독부의 식민지배를 인정하지 않고서는 어떠한 권리도 요구도 주장할 수 없는 정치사회적 현실을 주어진 전제로 한 것이었다. 따라서 조선총독부가 허용하는 범위에서라도 정치운동을 전개해야 한다는 것이었다. 그래야 필요한, 당면한 조선 민족의 권리와 이익을 확보할 수 있도록 장기적으로 움직일 수 있고 또 그렇게 해야 한다는 것이었다. 참정권청원운동자들과 같이 천황제 일본제국을 국가로 받아들이고 그에 따른 국민으로서의 권리인 참정권을 요구하거나 청원한 것은 아니지만, 조선총독부의 지배를 현실로 인정한다는 것은 사실상 그 자체로서 일본제국을 국가로 인정하는 것이나 다름이 없는 것이었다.

그러므로 자치론은 동화주의 내지연장주의를 비판했던 내용과 사실상 다르지 않게 독립을 실질적으로 유보하는 것이었다. 그러면서 현실적으로 가능한 일부터 장기적인 안목을 갖고 시작하자는 것이었다. 조선'민족'을 위한 민족의 '정치적 생활'을 장기적으로 꾀하자고 역설하였다. 비록 현실의 국가, 일본제국을 인정함으로써 반도 한국 국가의 독립은 유보하는 것 같겠지만 주어진 현실 속에서 조선 민족이 할 수 있는 실질적인 실력을 양성하여 그것을 토대로 국가적 독립을 기할 수 있는 정치적인 요구를 할 수 있는 '정치적 생활'을 장기적으로 추진해야 한다는 것이었다. 일보 전진을

위한 이보 후퇴라고 할 수 있겠다.

민족적 경륜을 통해서 제시된 조선총독부가 허용하는 범위의 정치적 생활의 내용은, 1928년 2월호『조선급만주(朝鮮及滿洲)』발행인과의 사담 형식으로 게재된 송진우의 발언을 통해서 드러났다. 그것은 조선의회를 설치하는 것이었다. 송진우는 참정권운동은 일본국의 국민으로서의 정치적 권리인 참정권을 요구하는 것이니 그것은 곧 천황제 일본제국을 국가로 받아들이는 것이라는 의미에서 그에 대한 반대 입장을 분명히 하였다. 그러면서 그는 "조선에 조선의회를 만들어 예산은 물론이오 조선의 정치는 조선인으로서 논의할 수 있게 해주면 좋겠다"고 주장하였다. 결국 조선에 조선의회를 설치해 조선인의 조선자치를 주장한 것 또한 일제의 지배를 인정하는 것이 아닐 수 없는 것이었다.

참정권청원운동이 일제의 직접 지배를 인정한 것인 반면에 조선의회를 통한 조선자치 주장은 일제의 간접 지배를 요구한 것이었다고 할 수 있다. 자치론이 일본제국 국가의 지배를 부정한 것은 아니었다. 조선인들이 일본제국 국가의 지배아래 있기는 하지만 그 생활 터전인 한반도에 조선인들의 의회를 만들어 조선인 스스로 조선지역의 문제를 논할 수 있도록 해줄 것을 요구한 것이었다. 이러한 조선자치론에 대하여, 3·1운동의 경험을 통해서 냉정한 국제정치의 현실을 체험적으로 인식하고 근대 정치의 실질을 훈련해야 할 필요성을 느끼고 있던 사람들이 공감을 표하였다. 대표적인 인물로 안창호와 사회주의자 서상일을 들 수 있다. 그들은 근대 국제정치와 국제정치의 변화에 익숙하지 않아 무지한 조선인들이 "자치권획득" 운동을 통해서 근대 국제정치의 경험을 쌓게 된다면 그 경험이 독립을 달성해 가는데 도움이 될 것이라고 생각하였다.[40]

그런데 자치론은, 최린이 분명하게 지적했던 바와 같이, "조선독립이 오

---

40) 박찬승, "일제하의 자치운동과 그 성격", 『역사와현실』 2, 1989, pp.211~212.

늘날 불가능하다는 데 대한 확신"[41]에서 나온 것이라고는 할 수 없을지라도, 조선의 독립을 일단 유보하고 일제의 식민 지배를 인정하는 "식민지주의 정치론"이었다. 결국, 일본제국의 식민통치를 스스로 허용하고 받아들인 것은 아닐지라도, 일본제국의 식민통치를 현실로 인정하고 받아들임으로써 국제법상 현실의 국가인 일본제국을 인정하는 것이 전제된 것이었다. 그러므로 조선자치론은 어떤 의미에서건 '대일본제국'을 조선인의 국가로 인정하고 그 국민이 되는 것이었다.

또한 다른 한편으로 자치론을 재고해보면, 자치론을 주장한 이광수는 "민족적 경륜"에서 정치적 훈련을 위해서 조직해야 할 결사의 목적을, 결사의 조직 활동을 통해서 최후에 최종적으로 스스로 결정되도록 하자고 하였다. 일제의 지배를 용인하고 조선총독정치체제 하에서 이루어질 정치적 훈련과 이를 위한 조직의 필요를 역설하면서 그 궁극적인 목적은 일이 진행되는 것을 지켜보아 최종적으로 결정하자고 한 것이다. 그것도 조직활동을 통한 최후의 양상을 통해서 결정되게 하자고 하였다. 결국 조선자치론의 정치적 훈련과 결사의 필요는 현실에 당면한 이익을 취해야 할 필요를 역설한 것이었다고 할 수 있다.

바로 그러한 점에서 조선자치론은 현상 추수적이었다고 하겠다. 당면 이익을 위한 정치적 결사의 필요는, 그것이 궁극적으로 민족적 독립을 위한 독립 국가 건설에 있는 것일지 아니면 일제의 지배가 존속되어 결국 유민회와 같이 참정권청원운동과 같은 방향으로 가게 될지 그 목표와 방향이 분명하지 않은 것이었다. 그렇지만 분명한 것은, 그 유보된 정치적 훈련 결사의 최종 목적이, 일제의 지배와 그 동화주의 시책에 대하여 민족적 입장에서 저항하며 절대 반대 부정하는 것은 아니었다는 사실이다.

최린에 의하면 "조선의회의 설치"는 "조선 민심의 안정을 꾀하는데 가장

---

41) 김동명, "일제하 '동화형협력'운동의 논리와 전개 : 최린의 자치운동의 모색과 좌절", 『한일관계사연구』 21, 2004, p.171.

긴요"한 것이었다. 그는, 만일 조선의회가 설치된다면 민중의 신임을 얻게
될 것이고 그렇게 된다면 반듯이 조선의회의 한 사람이 되기를 사양치 않
겠다고 하였다.[42] 최린의 말을 통해서 알 수 있는 바와 같이, 자치론자들은
정치적 훈련 조직의 목적을 유보한 채 일제가 조선의회를 설치하여 조선인
들이 의회를 통해서 정치에 참여할 수 있게 해준다면 조선인의 항일 민심
은 완화될 것이고 또한 그러한 기회가 제공된다면 스스로 일제하의 조선의
회를 통해서 정치에 참여하겠다고 공공연히 말하였다. 이러한 자치론자들
의 생각은, 손병희가 언급한 것처럼, "독립은 허용되지 않는다 해도 자치는
허용될 것"[43]이라는 판단 위에서 현실적으로 당면한 이익을 꾀할 수 있는
적실성 있는 노선을 제시한 것이었다.

    결국 자치론은 민족적 독립을 유보하고 일제와 현실적으로 타협하여 정
치적으로 절충한 것이었다. 식민 모국과 식민지 인민 간에 현실적으로 가
능한 '정치적 훈련'은 곧 절충적인 정치적 타협이 아닐 수 없었다. 과연 그
'정치적 훈련'의 실체가 무엇이고 무엇을 위한 것인지, 그것이 민족적 독립
을 위한 것이라면 식민지배아래서 분명하게 표방할 수 없는 것은 주지의
사실이었다. 단지 확실하게 표방된 것은 절충적인 타협을 통해서 당면한
조선인의 이익을 획득하는 것, 이것이 곧 민족적 이익이 되고 이에 기초하
여 민족의 실력을 양성해야 한다는 것이었다. 그러므로 이를 위해서 제한
적이나마 정치적으로 참여할 수 있는 길을 터놓아 획득해가는 것이 현실적
이고 최선이라는 것이었다.

    당면한 조선인의 이익과 민족적 이익 사이의 등치될 수 없는 부분을 뒤
로 미룬 그러한 자치론이 갖고 있는 현실성과 동시에 민족 독립에 대한 모
호성으로 인하여, 이미 1922년 5월 『개벽』에 "민족개조론"이 발표될 때부터
'민족개조'라는 용어가 무슨 의미인지 그 용어에 대한 비판이 사회적으로

---

42) 강동진, 『일제의 한국침략정책사』, 한길사, 1980, pp.424~245.
43) 박찬승(1989), p.172.

논쟁거리가 되었었다. 또한 개인적으로 인격을 개조하여 민족적 '중추계급'을 형성하자는 것 또한 어떤 의미인지 민족운동선상에서 그 내용을 둘러싸고 찬반 논쟁이 격렬하였다.[44] 그러한 민족운동의 방법론 논쟁을 야기한 이광수가 "민족적경륜"을 통해서 일제와의 정치적인 타협을 제창한 것이다. 요체는 약육강식의 국제관계에서 살아남는 길은 상실한 국가를 앞세워서 될 일이 아니라는 것이었다. 비록 국가는 상실했지만 국가와 국민의 터전인 국토 한반도와 한국인은 실재하고 또한 실제로 거주하고 있으니, '민족'의 실력을 길러 민족의 독립과 '국가'의 회복을 기해야 한다는 것이었다. 민족이 실력을 키워야 국가적 독립도 도모하며 준비할 수 있다는 것이었다.

그러면서,

> "그러면 정말로 인류평등, 세계일가의 이상을 실현하는 방법은 무엇보다도 각 民族의 文化的 平等을 圖할 것이며, 또한 勢力的 均衡을 要할 것이다"

> "먼저 朝鮮民族 자체가 文化上으로 優者가 되고 勢力上으로 强者가 되어야 할 것"

이라고 하여 민족의 실력양성을 위한 문화운동을 역설하였다.[45]

이제 조선민족도 세계적인 변화의 추세에 맞추어 역사적 사실을 '과장'하여 '민족적 감정'으로 들끓기 보다는, "생활의식"을 각성하여 민족적 생활을 충실히 하는 "新文化"를 건설해야 한다는 것이었다.[46] 세계적인 변화에 맞추어서 역사적으로 발생한 사실을 '과장'하며 '민족적 감정'을 분출하는 것을 자제하고, '생활의식'을 각성하여 민족적 생활에 충실한 '신문화'를 건설하자는 것이었다.

---

44) 辛日鎔, "춘원의 민족개조론을 평함", 『신생활』7, 1922.7.
45) "모든 방법의 근저 (1)", 『동아일보』, 1924.2.18.
46) "문화건설의 핵심적 사상(민족감정과 생활의식)", 『동아일보』, 1922.10.4.

여기서 역사적 사실을 과장한다고 한 것이 일제의 병합과 그로 인하여 국권이 상실된 국제정치적 현실을 말하는 것이라고 한다면, 생활의식을 각성하여 신문화를 건설하자고 한 것은 일본제국에 병합된 것은 기정사실이니 실리적으로 실생활의 이익을 도모하자(향상)고 한 것이라고 할 수 있다. 그러면서 세계적 변화에 맞는 민족의 실력을 양성하는 신문화의 건설을 주장한 것은 곧 국권상실의 현실보다는 현실적이고 실리적인 실생활의 향상과 그에 따른 문명화를 주창한 것이었다. 과연 병합의 문제에 대항하는 것과 실생활의 향상 양자가 민족의 독립을 전제로 한 국가 인식과 분리될 수 있는 별개의 것인가.

국가 없는 민족의 실생활, 민족의 생활 터전인 영토가 국권 상실로 피지배국의 영토가 되어 이민족의 지배 아래 있는 상황에서 민족의 생활의식의 각성과 이를 통한 신문화의 건설이 갖는 의미는 무엇인가. 국권을 상실한 역사적 사실인 일제의 한국병합을 규탄하며 국권의 회복과 독립을 지향하는 민족 감정을 어떤 의미에서 '과장'한다고 한 것인가. 물론, 병합은 이미 단행된 현실이었다. 그러나 국권이 상실된 사실을 받아들이고 그에 대신하여 국권을 박탈한 강대국의 국가를 자국으로 받아들이지 않는 한 병합의 현실은 끝나지 않은 현재이기도 하다. 또한 병합의 현실에 감정적으로 분규하기만 할 것이 아니라 냉정하고 이성적으로 국권회복의 방안을 장기적으로 고찰해가자고 할 수도 있다.

그러나 위의 신문화운동론, 국권상실을 과장하며 민족적 감정으로 들끓지 말고 실리적으로 일본 제국주의 지배 아래 있는 생활을 충실히 하여 향상시킬 수 있는 '신문화'란 과연 어떤 것인가. 궁극적으로 그것이 지향하는 것은 무엇인지, 자치론자들이 명시하지 않고 유보한 것에 대해서 재고하지 않을 수 없다. 과연 식민 지배 아래에서 피지배 민족의 생활의식을 각성한 신문화란 무엇이고 어떤 의미인지. 국권을 상실한 민족의 식민 지배 아래서 획득하는 생활상의 이득, 그것도 식민 지배 아래 있는 민족 구성원 개개인의 주권과 무관한 실생활의 이익과 그것을 위한 신문화 속에 민족적 주권과 그에 기초한 독립국가에 대한 전망이 담겨져 있는지.

조선자치론자들은 '신문화'는 신시대에 걸 맞는 경쟁력을 갖춘 "전민족적 의식"을 발달시키는 것이라고 하였다.47) '문화적 공동체'로 의식적으로 거듭나야 한다는 것이었다.48) 혈통과 관계없이 "역사의 공통적 생명"을 위한 "국민적 고락"을 극복하여 "국민적 운명" 공동체가 되어야 한다고 하였다. 조선자치론자들은 그것이 곧 현실적으로 민족의식을 갖는 것이라고 하였다. 그리고 그러한 민족의식 위에서 '범인간적 민족주의'가 주창되었다.49)

국가적 독립과 국권 회복이 명시되지 않고 유보된 가운데 주창된 민족적 생활의 각성이, 장기적으로 민족적 독립을 전망하며 현실적으로 가능한 방식으로 실리를 취하며 민족적 실력을 양성하여 독립으로 나가자는 것이었다고 이해할 수도 있다. 그러나 그와 같은 전 민족적인 의식의 발달과 실력의 양성을 역설하면서 제창한 '문화적 공동체'는, 혈통과 관계없는 '역사의 공통적 생명'을 위한 '국민적 고락'을 극복하는 '국민적 운명' 공동체라고 하였다. 그러면 그 '문화적 공동체'에서 피압박 식민지 상태에 처해있는 민족의 현실은? 그 민족은 어떤 의미인지 재고해 보아야 할 것이다.

결국 병합의 현실을 받아들임으로써, 현실의 국가가 된 일본제국을 국가로 받아들임으로써, 조선인이 이제 혈연과 관계없이 일본과 '국민적 고락'을 같이 해야 할 역사적 공통의 생명체, 국민적 운명 공동체가 되었다고 한 것은 아닌지. 이 문제에 대해서 재고의 여지가 크다. 그것이 곧 조선자치론자들이 역설한 역사적 사실을 과장하지 말고 민족적 감정으로 들끓기보다는 생활의식을 각성하여 민족적 생활을 충실히 하는 신문화를 건설하자고 한 것이 아니라고 하기 어렵다. 민족적 실력 양성론의 그러한 여지가 일제

47) "민족적 해체의 위기-조선인은 다 맹성하라", 『동아일보』, 1923.10.27.
48) "세계개조의 벽두를 당하야 조선의 민족운동을 논하노라", 『동아일보』, 1920.4.6.
49) "범인간적 민족주의", 『개벽』, 1923.1.

치하의 '구관누습(舊慣陋習)'의 '개조혁정(改造革正)', 그리고 그것을 통한 근대적 민족성을 갖는 신문화 건설론으로 연계된 것이었다고 할 수 있다.

이러한 동아일보를 중심으로 한 조선자치론의 핵심은 민족이 국제적인 경쟁력을 갖출 수 있도록 민족 구성원 개개인이 실력을 양성해야 한다는 것이었다. 그러면서 개개인의 실력 양성을 위하여 혈연에 기초한 종래의 민족의식에 연연하지 말고 그로부터 벗어나 '범인간적인 민족의식'을 갖는 신문화를 건설해야 한다는 것이었다. 그것이 곧 국제적 추세에 걸 맞는 민족의 실력을 양성하는 방법이라고 하였다. 그리고 그 운동의 결과를 보며 결정되도록 하자고 유보했던 자치운동의 최종 목적 곧 신문화건설의 목적과 구체적인 내용은, 전 민족적 단일당결성 운동이 활성화되며 신간회에 참여하게 되면서 중단되었다.

일제의 병합 이후 3·1운동의 결과 국외에서 민족독립을 위하여 민족을 대표하는 대한민국임시정부가 수립되기는 했지만 국내에서 민족독립을 위한 정치투쟁을 목표로 이념을 초월한 민족단일당 결성 움직임이 본격적으로 활성화되어 결성된 것은 신간회가 처음이었다. 따라서 이념을 초월한 민족적 대단결을 통해서 민족독립운동을 전개해야 한다는 신간회의 대의명분에 공공연히 반대하는 한국인은 없었다. 민족의 독립을 공공연히 부정하지 않는 한 현실정세인식 여하를 불문하고 3·1운동 이후 처음으로 활성화되고 있던 민족대단결운동에 불참할 수는 없는 일이었다.

그러나 1931년 신간회 결성에 함께 했던 이른바 좌파와 우파 간의 식민지 민족해방운동 방식의 이념적 차이가 해소되지 못하고 신간회가 해소되게 되자 자치론자들은 더 이상 민족적 정치운동은 사실상 불가능하다고 판단하였다. 그리하여 자치론자들은 새로운 정치적 국면에 조응하는 문화운동을 재차 제기하였다. 이제 그들은 "문화의 혁신, 사상의 혁신"을[50] 주창하

---

50) "문화혁신을 제창함−새로운 생활은 새로운 사상에서", 『동아일보』, 1932.4.18.

며 신문화운동을 재개하였다. 일본제국에의 동화, 동화주의자들을 비판했던 자치론자들은 반(反)동화주의의 입장에서 항일 독립을 지향하는 민족단일당 결성에 동참했지만 그것이 실패하자 다시 본래의 현실주의로 회귀하였다.

신문화운동을 재개한 자치론자들은 '신문화 건설'을 외치면서도 정작 조선의 '민족문화'에 대해서는 관심을 기울이지 않았다는 점을 스스로 반성해야 한다고 하였다. 그러면서 문화의 혁신을 통해서 민족·정치·경제 등 제 운동의 기초를 마련하자고 주장하였다.[51] 이 때 문화의 혁신이란, 조선인의 민족문화에 관심을 기울이지 않았던 것에 대한 반성이 반영된 것이었다. "조선정신에의 복귀"라고 표현된 것이었다. 그것은 서양의 자유주의와 개인주의에 대하여 "우리주의", 우리 민족의 "전체주의"를 주장하는 것이었다.[52] 조선민족의 '조선정신'으로 일본제국주의에 대한 '우리', 우리 민족 '전체'가 중심이 되는 '주의'를 역설한 것이라고 하겠다. 이것이 곧 조선정신에 기초하여 민족의 문화를 혁신해 신문화를 완성하는 것이라고 하였다. 그리고 그것이 바로 조선인을 지도할 민족주의라고 역설되었다.

신간회 해소 이후 새삼스럽게 '조선정신에의 복귀'를 외치며 '조선정신'을 강조한 것은 결렬된 신간회를 통해서 함께 했던 외래의 공산주의를 비판하는 입장이 반영된 것이었다. 동시에 종래 유보하였던 일제에 대한 항일 민족의식과 민족적 단결을 드러내 강조하는 것이기도 하였다. 반공산주의와 반일본제국주의의 기본을 조선 민족의 조선정신에 두고, 그에 기초하여 단결하자는 것이었다. 그것이 '우리주의'나 '전체주의'라고 역설되었다. 서로 다른 이념적 지향이 충돌하여 결국 결렬된 신간회의 공산주의자들을 비판

---

51) "문화혁신을 제창함－새로운 생활은 새로운 사상에서", 『동아일보』, 1932.4.18 ; "다시 우리 것을 알자", 『동아일보』, 1932.7.12 ; "조선을 알자", 『동아일보』, 1933.1.14.

52) 이광수. "옛 조선인의 근본도덕－전체주의와 구실주의 인생관－", 『동광』, 1932.6. pp.2~4.

하고, 공산주의나 개인주의·자유주의와 같은 외래 사상에 의거하지 말고, 조선민족의 정신·사상에 입각하여 전 조선인이 하나가 되어 결렬된 신간회와 같은 정치적 조직체를 결성하자는 것이었다.

그런데 그러한 민족 단결과 지도 원리의 핵심으로 강조된 '조선정신'이 과연 구체적으로 무엇인지는 명확하지 않았다. 또한 그에 기초하여 혁신될 신문화 건설의 요체라고 할 수 있는 민족주의를 의미하는 것으로 받아들일 수 있는 '전체주의'나 '우리주의'를 논하면서 식민지 민족 최우선의 과제인 민족의 독립이나 독립 민족국가 건설에 대한 전망은 제시되지 않았다. 다시 말해서 자치론자들은 '문화의 혁신'과 '사상의 혁신'을 주창하면서 '우리주의'나 '전체주의'를 역설하여, 이것이 항일 민족주의를 주창하는 것으로 받아들여질 여지를 제공하면서도, 항일 민족 독립과 민족 독립 이후 건설해야 할 근대 국민(민족)국가 건설에 대한 전망은 유보하였다.

자치론자들이 주창한 이른바 '범인간적 민족주의'에 의거하여 건설할 신문화와 민족의 실력 양성이라는 당면 목표의 일차적인 대상은 물론 천황제 일본 제국주의 국가였다. 그런데 그 문화운동은, 3·1운동 이후 조선 독립의 불가능을 상정하면서 비록 독립은 허용되지 않았더라도 변화된 지배정책이 최소한 조선의 자치는 허용할 것으로 여겨 제창했던 당초 자치론의 기본 구상에서 한 걸음도 더 나아간 것은 아니었다. '조선의회의 설치'를 역설했던 신문화건설론의 중점은 민족적 생활의식의 각성과 실생활 면의 실리에 있었다. 제국주의 식민지배의 틀 속에서 가능한 실생활 상의 실익을 취해서 다소라도 생활의 향상을 꾀해야 한다는 지극히 실용적인 것이었다. 일반 민중의 입장에서 보면 지극히 소박한 것이었다고도 할 수 있을 만한 것이었다. 그런데 그러한 주장이 식민지사회의 '문화적 공동체'로서 '범인간적인 민족주의'의 '실력양성'론으로 연계되어 역설되었다.

그와 같은 범인간적 민족주의, 실력양성론은 결국 일본 제국주의에 대한 민족적 저항 의식이나 의지보다는 당면한 생활고를 현실적으로 해결하기 위한 실리를 취하면서 점차 일본 제국주의와 같은 힘을 길러야 한다는 것을 역설하는 것이었다. 이러한 점에서 실력양성론이나 조선자치론은 결국 일제에 대한 열등감 내지 일제의 우월함에 대한 인식이 반영된 것이었다고 하겠다. 기본적으로 일본과 같이 '근대화(서양적 문명화)'하여 일본이나 서양 열강과 같이 되어야 한다는 근대화 지상론이라고 할 수 있을 것이었다. 그와 같이 선진국의 근대화를 당면한 현실의 목표로 설정한 민족적 실력양성론에서 상실한 조국의 국권 회복은 최우선의 목적이 될 수 없었다. 당면한 최우선의 목적은 실력의 양성이었고 근대화에 있었다. 때문에 유보된 민족 독립의 전망 속에서 현실의 국가는 실체로써 조선 민족을 지배하고 있는 일본제국일 수밖에 없었다.

이 지점에서, 혈통과 관계없이 "역사의 공통적 생명"을 위한 "국민적 고락"을 극복하여 "국민적 운명" 공동체가 되어야 한다고 한 '범인간적 민족주의'에 대한 자치론자들의 인식을 재고해 보지 않을 수 없다. 여기서 '국민'이 과연 조선정신에 입각한 조선인, 조선인 일반이 중심이 된 우리주의, 그 조선인이 하나로 단결하는 전체주의의 주체라고 여겨지는 조선인을 의미하는 것인지. 아니면, 일본제국 국가의 국민 가운데 조선인, 조선 민족만을 지칭하는 것인지. 그런데, 왜 굳이 혈통과 관계없는 역사의 공통적 생명을 언급하며 국민적 운명을 언급했는가. 같은 맥락에서 국민적 운명 공동체로서의 '범인간적 민족주의'를 주창한 것이 조선인의 우리주의, 전체주의와 같은 의미인지도 재고해야 할 것이다.

당면한 최우선의 목적으로 삼은 실력의 양성 곧 근대화 과정에서 민족적 독립을 실리적으로 유보함으로써 일본 제국주의를 현실의 국가로 받아들일 수밖에 없는 조건을 인정한 상황에서 혈통과 관계없는 "역사의 공통적 생명"과 "국민적 고락"을 극복하는 "국민적 운명" 공동체가 되기 위한 '범인간적 민족주의'는 논리적으로 일본제국의 국민, 일본제국 국민 일반의 민족주의가 된다. 물론, 조선정신을 역설하는 식민지 조선인의 언설을 조선 민족과 조선인의 민족주의를 논하는 것으로 받아들이는 것은 자연스럽고 또 당연히 조선 민족주의와 조선인을 주체로 논하는 것으로 받아들여진다.

그런데, 그러한 '범인간적 민족주의'를 향한 인간성 개조와 그것을 위하여 주창된 신문화운동의 논리는 그것을 곱씹어 재고해 보면, 조선에서 허용되는 범위의 정치적 결사 주장과 맞물리게 된다. 그러면 이는 곧 일본제국주의의 조선지배체제를 인정하고 받아들이는 것 곧 현실의 지배국가인 일본제국을 모국으로 받아들이는 것과 논리적으로 연계된다. 그리하여 일본 제국주의에 대한 저항적 식민지 민족의 "역사적 공통적 생명"을 위한 항일 조선 민족주의가 아니라, 일본제국의 국민으로서의 역사적 공통적 생명을 위하여 '국민적 고락'을 함께 극복하는 "국민적 운명" 공동체를 위한 '범인간적 민족주의' 곧 일본제국의 민족주의로 이어진다.

이러한 점에서, 백남운은 "자치운동은 민족적 기운을 마취시키는 동시에 계급통일의식을 교란하고 종국에는 사회분열의 계기가 되고 말 것"이라고 비난했던 것이다.[53] 자치론자들은, 민족을 말하며 민족의 개조와 그에 기초한 신문화건설과 범인간적 민족주의를 주장했지만 그것은 동시대의 '문화적 공동체'로서의 민족 곧 일본제국의 문화적 공동체로서의 일본제국의 민족주의로 나아가는 것이었다. 제국주의 지배체제의 직접 통치 아래 있는 식민지에서 '문화적 공동체'는 과연 어떤 것일지. 식민지배 하의 식민지 민족이, 조선인의 조선인에 의한 조선인을 위한 문화적 공동체를 구성할 수 있는가. 식민 모국인 일본 제국주의와 대항적 입장에서 조선민족의 독립과 조선민족의 독립 국가를 상정하는 민족의 문화적 공동체가 가능한가. 물론 자치론자들은 범인간적 민족주의와 문화적 공동체를 논했을 뿐 천황제 일본제국의 국가를 받아들이고 그 국민이 될 것을 논하지 않았다.

그러나, 독립에 대한 전망을 유보한 채 식민지배체제를 인정하면서 그

---

53) 백남운, "조선자치운동에 대한 사회학적 고찰", 『현대평론』, 1927. 1. p.50.

안에서 가능한 정치적 결사를 통한 당면 이익의 획득을 주장하는 것은, 일관되게 주장된 문화적 공동체로서의 민족 인식 및 문화운동의 범인간적인 민족주의론과 결합되지 않을 수 없다. 그러면 현실의 문화적·역사적 공동체로서의 천황제 일본제국 국가와 제국신민으로서의 국민을 전제로 하는 것이 된다. 근대화에 최우선의 순위를 둔 자치론자들의 실력양성론에서는 근대화를 이룰 문화 다시 말해서 혁신해야 할 '민족문화'와 혁신하여 거듭 날 '신문화'로서의 조선인 문화에 대한 일본 제국주의에 대한 상대적이고 대자적인 인식이 논리적으로도 사상적으로도 사상되고 마는 것이다.

자치론자들에게 어떤 경우에도 분명한 것은 민족의 경제적 실력을 양성하여 근대화해야 한다는 것이었다. 따라서, 현실적으로, 합법적으로 실력을 양성하기 위해서 제시된 것이 "政治的 狹路를 버리고 經濟의 廣路를 取"하는 것이었다.[54] 실질적으로 가능성이 없는 소모적인 정치적 대결 곧 민족적 독립을 요구하는 투쟁은 결국 '협로'일 뿐이니 연연하지 말고, 실질적으로 '경제적 실리'를 취하는 것이 '광로'라는 것이었다. 그러니 굳이 민족 감정을 앞세워 정치적으로 대립해 핍박만 받고 결국 뜻한 바도 이루지 못하게 될 것이 아니라, 실리를 취하여 장기적으로 민족적 실력을 양성할 수 있는 경제적인 실리를 취하는 실력 양성을 도모하자는 것이었다. 실생활의 향상을 통해서 민족적 실력의 양성으로 나아가기 위해서 필요한 것이 곧 그들이 말하는 정치운동이었고 정치적 결사를 필요로 하는 이유였다. 다시 말해서 장기적으로 민족 독립에 이익이 될 경제적 실익의 추구라는 넓은 길을 택해 전진하기 위해서 정치적 결사가 필요하다고 한 것이었다.

그러한 정치적 결사의 필요는 곧 경제적 실력으로 표현된 현실의 경제적 이익을 취하기 위한 정치운동 곧 항일 민족 독립운동이 아닌 실질적인 이익을 획득하기 위한 정치운동을 주장한 것이었다. 앞에서도 식민지 민족의

---

54) 鮮于全, "우리의 사회에 새로이 비치려 하는 經濟思想과 經濟運動의 發現如何", 『개벽』, 1922.12. p.15.

정치운동에 대하여 언급한 것과 같이 그러한 자치론자들의 정치운동이 독립을 포기하는 것과 과연 실질적으로 다른 것인지. 그러면서 자치론자들은 정치도 경제력이 있어야 발휘할 수 있으니 노예와 같은 경제적 처지에서 벗어나기 위해서는 거족적인 경제적인 노력이 우선되어야 하고,[55] 그것이 바로 민족해방을 위한 급선무라고 역설하였다. 그러므로 그들이 말하는 민족해방을 위한 급선무인 "거족적인 경제력 노력"이 과연 모든 조선 민족 일반을 위한 것인지, 전민족의 식민지배 하의 노예와 같은 처지를 벗어나게 하기 위한 민족 독립을 목적으로 한 것인지. 자치론자들은 그들의 경제적 실력과 부를 확보하기 위한 정치적 권리를 범인간적 민족주의라는 미명아래 지향한 것은 아닌지 스스로 분명하게 하지 않았다. 때문에 그들이 유보한 궁극적인 정치적 결사의 목적과 더불어 의문해 보게 된다.

자치론자들은 실령양성이 곧 "冷痲하게 堅忍"해서 후일의 모든 기회를 기다리고 또 기회를 만들어 해방되는 현실적인 방법이라고[56] 하였다. 그러나 그들의 신문화운동, 곧 조선인 개개인의 개조를 통한 민족 인식의 혁신론 속에서 식민 모국인 일본제국에 대한 상대적인 인식이나 그에 대한 대자적인 조선인과 병합된 한국 국가에 대한 의식은 찾아보기 어렵다. 때문에 그들이 민족해방의 급선무라고 한 "거족적인 경제력 노력" 곧 실력양성이 조선 민족 일반을 위한 것인지 의문하게 되는 것이다. 또한 조선 민족의 독립과 독립된 민족 국가 건설을 이루기 위한 과정의 일환인지도 의문 하게 된다.

이러한 의문은 결과적으로, 자치론자들이 일제가 추진하는 근대적 개량 정책사업과 함께 하며 식민지 민족으로서 시혜를 받았기 때문에 더욱 강해진다. 때문에 근대화지상주의적인 자치론자들의 언설 속에 내재된 국가와 민족이, 현실의 지배체제인 천황제 일본제국의 국가와 민족이었는지 아니

---

55) "조선의 특이한 처지와 이에 대한 특이한 救濟策", 『개벽』, 1923.1.
56) "문제의 해결은 自決이냐 他決이냐", 『개벽』, 1923.3. p.13.

면 비록 유보되었지만 조선민족이 거족적으로 지향하던 독립된 민족국가
와 그 국민이었는지는, 시대와 상황에 따라, 말하는 이와 듣는 이에 따라,
다르게 받아들여지는 것이 사실이다. 안재홍이 "무릇 경제적으로 사명을
제하고 정치적으로 자유를 허여한다는 것은 허울좋은 체면정치라 할 수 있
다"고 말했던 것을[57] 음미할 이유가 여기에 있는 것이다.

그렇지만 이러한 점에서 자치론이 참정권청원운동보다 정치적이라고는
할 수 있다. 참정권청원론자들에게 국가와 국민은 분명했다. 그것은, 병합
에 의해서 "조선민족은 실로 日本帝國의 臣民"이 되었다고 한 것으로 분명
해진다. 참정권청원론자들에게 조선인의 국가는 천황제 일본제국이고 조선
인은 일본제국의 신민이고 국민이었다. 참정권청원을 전개한 국민협회의
전신 협성구락부는 3·1운동 이후 1919년 8월 8일 일본 추밀원에서 '조선총
독부관제개정안'이 통과된 직후에 창립되어 같은 해 10월에 "조선민족과 일
본민족이 하나의 국민으로 결합된 신일본"을 제창하는 "신일본주의"를 주장
하였다.[58]

> "병합에 의해서 大日本帝國은 日鮮民族 共同의 國家가 되었으니 … 양
> 民族의 合體와 동시에 양자에 대한 國家制度의 差等을 두었으나 이는 합
> 체의 근본조건이 아니요 政治的 假說的 障碍에 대한 暫定的 제도이다.
> … 朝鮮民族은 大日本帝國國民이다. 따라서 합리적이고 합법적인 노력
> 으로 民權의 신장을 기하나 反國家的 思想을 품거나 朝鮮의 獨立을 계획
> 하는 것 등은 대의를 거스르고 명분에 반할 뿐 아니라 1천 7백만 國民의
> 복지를 저해하는 暴擧에 불과하다."

일본 정당내각의 조선총독부관제개정안이 통과되자 하라수상의 내지연
장주의에 의거하여 조선총독부의 무단통치가 변화될 것을 예상하고 내지

---

57) "애란문제와 조선문제", 『조선일보』, 1926.11.4.
58) "신일본주의", 『매일신보』, 1919.10.19.

일본과 동일한 국가제도가 외지 조선에서도 시행되어야 한다고 요구한 것
이었다. 그것이 곧 '신일본주의'라고 주창된 것이었다. 신일본주의의 요구
는 병합으로 일본제국이 조선인과 일본인 모두의 국가가 되었으니 "조선민
족은 실로 日本帝國의 臣民"으로서 일본제국의 국민이라고 역설한 것이었
다. 따라서, 무단통치 아래서 '시세'와 '민도'라고 했던 "잠정적"인 "정치적 가
설적 장애"는 이제 내지연장주의에 의거하여 거두고, 조선인도 일본제국의
국민으로서 합법적인 권리를 부여받아야 한다는 것이었다. 이러한 입장에
서 일본제국의 국가가 된 조선의 독립을 꾀하는 것은 '반국가적'이라고 단
언했던 것이다.

　협성구락부의 신일본주의는, 조선인들이 거족적으로 봉기한 3·1독립운
동에도 불구하고 일제의 식민지배체제가 여전히 변함없이 건재하며 지속
되는 현실을 직시한 것이었다. 동시에 조선인들의 거족적인 항일 항거로
일제의 조선지배정책이 무단통치에서 내지연장주의 문화정치로 변환된 정
치적 상황 곧 내지의 연장선상에서 이루어지고 있던 정치변동을 직시한 것
이기도 하였다. 다이쇼데모크라시 정치변동의 파장에 편승하여 조선도 일
본제국의 일부임을 강조하고 그 지역의 신민으로서의 목소리를 높인 것이
었다. 그리하여, 일본 제국주의의 한국 병합에 찬성하고 받아들여 협조했음
에도 불구하고 무단통치 아래서 숨죽여야 했던 정치적인 욕구를 '대일본제
국'의 헌법에 의거한 참정권 요구로 표출한 것이었다. 3·1운동은 일제하
조선인들의 항일 민족의식과 항일 독립운동이 조직화되는 전환점이었지만
동시에 친일세력들이 친일에 상응하는 정치적인 요구와 댓가를 표출해 획
득하고자 조직화되는 전환점이기도 했던 것이다.

　그리하여 신일본주의는, 조선인들이 3·1운동을 전환점으로 하여 변화된
식민지배체제의 정치적 조건을 배경으로 식민지배체제의 수용을 공식적으
로 제창한 것이었다. 그것은, 식민지배체제인 천황제 일본제국을 조선인의
국가로 받아들였음을 강조하며 그에 따른 정치적 권리를 요구한 것이었다.

조선인이 대한제국으로 이어진 조선인의 국가가 일본의 병합으로 소멸되었다고 선언한 것이었다. 그리고 조선인의 국가는 천황제 일본제국이고 조선인은 그 제국신민이며 일본제국의 국민이라는 것을 공공연히 외친 것이었다. 식민지 민족의 일원으로서 민족 독립의 포기를 선언한 것이었다.

1920년 1월 8일 협성구락부를 개명한 국민협회의 국가와 국민에 대한 인식은 그 연장선상에 있는 것이었다. 때문에 "內鮮을 區別하는 現在의 制度"를 가장 먼저 "合一"시켜야 한다고 주장하였던 것이다. 그 연장선상에서 실천 강령 첫 번째로 "國民一致의 精神을 發揚해서 國家의 기초를 더욱 견고하게 할 것"이 강조된 것이다. 이러한 조항은 물론 일본제국의회에 참여할 수 있도록 해달라는 요구를 반영하는 것이었다. 8개로 이루어진 강령의 나머지 내용들은 이 첫 번째 조건을 충실히 하는 데 필요한 것들로 이루어졌다.59) 이러한 맥락에서 일본제국의회에 '중의원선거를 조선에 시행할 건'을60) 제출하며 조선인에게 일본인과 같은 참정권을 허용해 줄 것을 청원하는 정치운동이 전개되었던 것이다.

조선인참정권청원운동의 핵심은 일시동인의 동화주의정책을 시행한다고 하면서 시세와 민도를 이유로 조선을 일본제국헌법이 적용되지 않는 외지로 규정하고 그에 따라서 일본제국헌법이 적용되는 내지 일본과 차별적인 제도와 정책을 시행한 것을 실질적으로 수정하라는 것이었다. 일제가 병합으로 일본제국의 신민이 되었다고 선언한 조선인들의 일본제국 신민으로서의 권리, 정치적 권리를 요구한 것이었다. 이러한 참정권 요구는 3·1운동을 통해서 확인된 조선인의 거족적인 항거로 인하여 변화된 문화정치와 문화정치를 실시한 천황의 일시동인의 방침에 의거한 정당내각의 내지연장주의를 곧이곧대로 받아들여 실제화하고자 한 것이었다고 할 수 있다.

---

59) 『매일신보』, 1920.1.21.
60) 민원식 외, "衆議院選擧ヲ朝鮮ニ施行ノ件", 『帝國議會衆議院請願文書表報告』 902, 1920.

참정권청원운동은 무단통치 아래서 유보되었던 일시동인의 동화주의 시책이 내지연장주의에 입각한 문화정치 아래서 실질적으로 시행될 것으로 기대한 것이었다. 문화정치와 함께 엄금되었던 조선인들의 출판과 결사의 자유가 부분적으로나마 허용되자 그밖에 일시동인의 동화주의 시책이 제도적으로 추진되어 내지연장주의로 실현되리라고 본 것이다. 그리하여 무단통치 하에서 인정받지 못했던 병합 전후의 친일 행위에 대한 보상을 '대일본제국헌법'에 의거하여 전 조선의 차원에서 참정권이라는 정치적 논리적으로 정합한 방식으로 제창한 것이었다고 할 수 있다.

그 논거는, 병합으로 조선인이 일본제국의 국민이 되었고 조선총독부는 일시동인의 동화주의 시정을 편다는 것이었다. 그렇지만 실제로 일시동인의 동화주의는 '대일본제국헌법'이 조선에 적용되지 않은 것으로 알 수 있는 바와 같이 민족적, 제도적으로 차별하는 시책으로 나타나고 있어서 조선인들이 일본제국를 조선인의 국가라고 생각할 수 없다는 것이었다. 조선인들에게 일본제국의 신민이고 국민이라고도 아무리 강조해도 언설만으로는 그것을 받아들일 수 없으니 3·1운동과 같은 민족적 저항운동이 일어났다는 것이다.

그러므로 앞에서 보았듯이 참정권청원은 일본제국헌법이 허용하는 국민으로서의 권리를 조선인들에게도 적용해야 한다는 것이었다. 조선인들도 일본인과 같은 권리를 갖고 일본제국의 정치에 국민의 일원으로 참여할 수 있도록 하여야 "일본국민이라는 자각을 환기"하고 국민으로서의 의무에 순응하게 될 것이라는 것이었다. "조선통치의 大本은 조선인의 同化에 있"고, "총독부도 일시동인의 聖旨를 받들어 차별 철폐를 실현하려"하니 그 실질을 증명하라는 것이었다. "參政權의 賦與로 조선인 同化의 根本義로 삼고 동시에 현재의 민심을 수습할 매우 긴요한 대책으로 조선에 중의원선거법을 시행하기를 절실히 바란다"고 한 것은 그러한 의미였다.

이러한 입장에서 참정권론자들은 조선인들에게 조선민족의 행복은 "日

本帝國이라는 國家의 힘에 의거할 一道가 있을 뿐임을 自覺"해야 한다고
역설하였다.[61] 이제 정치가 변하였으니 "一視同仁 差別撤廢 共存共榮 相互
扶助의 原則에 基하여 業已 其根本精神이 確立"되었다고 보았다. 따라서
점차 차별제도가 개선되어 일본국민으로서 "행복과 영광"을 맞게 될 것이라
고 하였다.[62] 약육강식의 국제정치에서 한일병합으로 강한 국가 일본제국
의 "臣民"이 되어 이제 그 실질을 획득하게 되었으니 일본국가의 국민으로
서 의무를 다하며 국가에 의지해야 한다고 역설하였다.[63] 이와 같이 조선
인들의 참정권청원은 병합 이래 일본 제국주의가 일관되게 표방한 일시동
인의 동화주의, 일시동인의 내지연장주의 문화정치라고 하는 식민지배정책
의 근본 방침에 입각하여 전개된 것이었다.

한편, 병합이래 단행된 10여 년 간의 무단통치에도 불구하고 발발한 3·1
운동은 조선인들의 민족적 저항의식이 무단적 억압에도 꺾이지 않았음을
드러냈고 3·1운동을 계기로 조선인들의 민족적 저항 의식이 단체적 형태
로 강해져서 정치적 집단 행동이 증가하였다. 이에 대항하여 조선총독부는
신일본주의를 제창한 국민협회를 지원하여 친일 조선인층을 확대함으로써
조선지배체제의 안정을 기하고자 하였다.[64] 그러나 앞에서 언급했듯이 기
본적으로 조선인들에 대한 경계를 멈추지 않고 신뢰하지 않았던 조선총독
부는 국민협회에 대해서도 경계를 낮추지 않았다. 국민협회의 간부 161명
중 조선총독부 관리가 65명이나 되었다는 사실은[65] 조선총독부가 조선인
단체를 활용해서 조선인의 민심을 회유하고자 얼마나 고심했는지 역설하
는 것이기도 하다. 조선총독부가 일체의 조선인들의 단체 활동에 대하여

---

61) 金鶴陰, "時事小言", 『시사평론』 2-2, 1923, p.97.
62) 高義駿, "余의 新國家觀", 『시사평론』 5, 1922, pp.53~54.
63) 金丸, "국민협회의 본령", 『시사평론』 341, 1927, p.10.
64) 松田利彦, "朝鮮總督府秘書課長と'文化政治', 『日本の朝鮮, 臺灣支配と植民地官僚』,
    國際日本文化硏究センタ, 2007, pp.230~31.
65) 마츠다 도시히코(2005), pp.139~140.

얼마나 경계했는지 알 수 있는 좋은 예라고 할 수 있다.

조선총독부의 입장에서는 특히 조선인의 집단적인 조직화와 그 단체적인 정치적 활동은 그것이 표방하는 바를 불문하고 언제 어떻게 항일 정치운동으로 전개될 지 예측할 수 없는 것이었으므로 총독정치의 안정화를 위하여 더욱 경계하였다. 국민협회의 참정권청원조차도 조선총독부가 국민협회라는 단체의 이름을 사용하는 것을 허락하지 않을 정도였다.[66] 병합시부터 동화주의를 표방하면서도 조선인의 동화에 사실상 부정적이었던 일제는 조선인의 참정권청원이 동화의 성과에 비하여 시기상조라는 것을 명분으로 삼았다. 그러한 조선총독부의 입장은 중일전쟁 이래 지속된 전쟁의 장기화에 따른 전선(戰線)의 확대로 1940년대 초 조선인 총동원의 필요가 최고조에 달할 때까지 변하지 않았다.[67]

1920년 전후 국제정치의 변화는 일본의 정당정치와 같이 유화국면에 접어들고 있었다. 조선인 참정권론자들이 그 여지를 활용하여 일제의 식민지 배방침에 준한 참정권을 제창할 정도였다. 그렇지만 3·1운동을 통해서 확인된 민족적인 저항 의지는 강력한 것이어서 그들에 대한 조선인들의 반응은 차가웠다. 따라서 3·1운동 이후 다양한 정치적 논의가 분분했던 조선사회에서 일본국가의 국민으로서의 참정권을 요구한 친일정치세력은 조선사회를 주도해갈 만한 힘을 구비할 수 없었다.[68] 게다가 1920년대 후반에는 이념적으로 좌·우로 분열되었던 항일 민족운동 세력들이 합작하여 전민족적 단일당을 결성하기에 이르렀다. 그러므로 조선인들의 정치운동에 경계를 늦추지 않았던 조선총독부도 참정권론자들을 활용할만한 가치가 저하되었다. 그리하여 우가키총독은 조선인들의 일체의 정치적 논의를 금지하기에 이르렀다. 이후 일제의 파시즘화가 본격화되면서 참정권을 요구하는

---

66) 김환(1927), p.9.
67) 마츠다 도시히코(2005), p.152.
68) 金尙會, "如似히 하야 我社會를 復活하라", 『시사평론』 6, 1922, p.5.

체제내적인 정치운동은 설 자리를 잃었다. 한일병합의 현실을 인정하고 식민지배체제가 허용하는 범위에서 정치운동을 할 필요가 있다고 강조했던 자치론자들 역시 마찬가지였다.

일제의 병합을 현실적으로 인정하고 받아들이며 '민족'의 이름으로 행한 합법적 정치운동의 한계는 분명한 것이었다. 자치나 참정권은, 경제적 실력을 양성한다고 해서 얻어지거나 식민모국의 통치방침에 의거해서 청원한다고 해서 베풀어지는 것이 아니기 때문이다. 백남운이 적시한 바와 같이 민족적 역량을 결집하여 끊임없이 독립운동을 전개함으로써 식민 통치 당국이 통치하기 어려운 상황이 되어야, 최후의 조치로 자치나 정치적 참여를 허용하지 않을 수 없는 지경이 되어야, 그나마 쟁취될 수도 있는 것이었다. 민족적 독립을 위한 민족운동의 분명한 목적을 가지고 불굴의 저항의지를 부단한 투쟁으로 전개해야 비로소 기대할 수 있는 것이었다.

어떤 이유에서건 국권을 빼앗은 제국주의 국가의 현실을 받아들이고 그 국민으로 인정해달라고 '청원'한다고 해서 그 청원이 이루어질 것이 아니었다. 또한 민족적 실력 양성의 궁극적인 목적이라고 하는 민족의 독립을 유보한 채 현실의 식민지배체제를 인정하면서 자치를 요구한다고 해서 원하는 바와 같은 자치가 이루어질 것도 아니었다. 더욱이 현실의 식민지배체제 아래서 민족적 실력을 양성하고 식민제국 일제와 같은 근대국가가 되기 위하여 필요하다고 했던 정치적 훈련이 과연 민족 독립과 독립 민족국가로 나아갈 것인지 또한 독립을 불변의 궁극적인 목적으로 지향한 것인지 분명히 하지 않은 것이었다. 때문에 자치론자들이 참정권청원론자들과 달리 일본을 국가로 받아들이지 않았다고 항변해도, 그들의 국가와 국민에 대한 논의 또한 시기와 논자에 따라 또 그 언설을 접하는 독자에 따라 서로 다른 의미로 때로는 상충되는 이중의 의미로 받아들여지지 않을 수 없는 것이었다.

2. '민주공화국' 건설 지향의 분화 · 갈등에 내재한 식민지 국가와 민족문제

1) 일본'제국'에 대한 '제국주의' 인식과 '민주공화국' 건설 지향의 분화

거족적인 3 · 1운동을 통해서, 항일 민족독립의 의지가 천명되고 일제의 지배정책이 전환된 사실은, 한국 근현대사에서 매우 중요한 의미를 갖는다. 무엇보다도 지배층도 지식인도 아닌 일반 민중이 사회적으로 목소리를 내기 시작했다는 점이 가장 큰 의미를 갖는다. 또한 3 · 1운동을 통해서 '민주공화정'을 정체로 표방한 '대한민국임시정부'가 수립된 사실은, 계몽의 대상으로만 여겨지던 일반 민중의 민권이 공화정의 국민주권론으로 정립되는 토대가 되었다는 점에서 매우 중요한 의미를 갖는다. 그것은 개국 이후 전개된 전 사회적인 근대적 변화 속에서 다양하게 전개된 근대 정치와 국가에 대한 지향이 '민주공화국'으로 정립되었음을 의미하는 것이었다.

3 · 1운동은, 병합 이후 일본 제국주의 지배 아래서 민족해방운동의 발현점이 되어, 민족이 독립운동의 주체라는 인식이 확고하게 자리를 잡고, 그것이 지식인뿐만 아니라 대중 차원으로까지 확산되고 정착되는 전환점이 되었다.[69] 또한 각성된 민족적 독립운동의 주체의식과 독립의지는, 민족의 독립을 정치적으로 실현할 정부기구의 수립으로 이어져서, 전 민족적인 항일 민족 독립 국가 건설의 열망을 담은 '대한민국임시정부'가 수립되어 민족을 대표할 수 있게 하였다.[70] 대한민국임시정부는 한국 민족의 자주적인 근대 국민국가에 대한 지향과 한국인의 평등한 자유와 주권 실현의 소망이 투영되어 근대적인 한국 국민국가를 전망하며 수립된 것이었다. 병합 전후

---

69) 박찬승, 『민족 · 민족주의』, 소화, 2010, pp.91~93.
70) 전상숙, "세계대전기 대한민국임시정부 외교활동의 현재적 고찰", 고정휴 외, 『대한민국임시정부의 현대사적 성찰』, 나남, 2010, p.437.

자각되기 시작한 민족의식과 민족주의에 기초한 근대 국민국가에 대한 지향이, 대한민국임시정부를 통해서 주권재민, 인민주권의 공화주의로 천명된 것이었다.[71] 그리하여 민주공화국이 대한민국임시정부의 수립을 통해서 한국인의 근대 국가관으로 정립된 것이었다.

세계사적으로 전제군주제가 청산되는 중요한 계기가 된 제1차 세계대전 이후 일본 제국주의의 지배 아래 있던 조선에서도 전제군주제를 청산하고 인민주권의 근대 국가를 수립하기 위한 기본 토대가 상해에서 대한민국임시정부를 통해서 구축되는 동시에 민족해방운동이 본격적으로 발흥하기 시작하였다. 결과적으로 3·1운동은 실패했지만, 식민 지배 아래서 억압되었던 조선인의 저항적 민족의식을 결집하여 민족 독립을 위한 민족주의운동이 전개되며 주권재민하고 인민평등한 민주공화정을 독립 이후 건설할 국민국가 형태로 귀일하게 하는 결실을 맺었던 것이다.

그런데, 1919년 민족적 항거로 변화된 문화정치로 제한적이나마 허용된 언론·출판·결사의 자유 공간에서 1920년을 전후하여 분분했던 '개조(改造)'의 물결에는 공화정의 독립된 근대적 국민국가 건설의 지향 속에 내포되어 있던 이념적 균열이 발아될 단초가 내재되어 있었다. 3·1운동 이후 봇물 터진듯이 유입된 이른바 '개조'의 다양한 흐름은 제1차 세계대전 이후 발흥한 자본주의 물질문명에 대한 비판적 사조들과 그 맥을 같이 하는 것이었다.

제1차 세계대전은 전세계적으로 자본주의 물질문명에 대한 개조, '개조론'의 붐을 야기하였다. 그 기본 인식은 첨단 근대 문물의 충돌로 전개된 '세계대전'을 문제시하여 자본주의 문명을 비판적으로 인식하고 그 대안을 강구하는 것이었다. 여기에는 제국주의 국가들 간의 전쟁이었던 제1차 세계대전에 동원된 식민지국가와 약소민족들에서 고양되기 시작한 반제국주

---

71) 강만길, "독립운동과정의 민족국가건설론", 강만길·송건호 편, 『한국민족주의론』 I, 창작과비평사, 1982, pp.102~107.

의 민족독립운동과 민족자결의식을 한편으로 하고 다른 한편으로 제국주
의국가 내에서 확산된 반전운동의 고양이라는 세계적인 반제국주의 정서
가 그 배경이 되었다. 세계적으로 확산된 자본주의 문명에 대한 비판과 반
제국주의 정서는 베르사이유조약이 체결되고 패전국 협상이 종료된 1921년
을 전후로 하여 총칭 '개조론'으로 뚜렷한 경향성을 띠며 확산되었다.

식민지 조선 사회에서 '개조론'은, 자본주의의 물질문명에 대한 비판을
전제로 하면서 개인적·정신적인 개조를 바탕으로 한 '문화주의'와 물질적
인 불평등의 문제 해결을 위한 노동문제의 해결을 요구하는 '사회개조론'으
로 대별되어갔다. 그러한 개조론의 사조는, 일제의 변화된 문화정치로 활성
화 된 사회적 공간에서 적극적으로 수용되어 논의되며 사회운동과 연계되
었다. 그리하여 전자는 자치론으로 후자는 공산주의나 무정부주의와 결합
되며 전개되었다.

특히, 후자는 앞에서 본 바와 같은 '자치'론의 허상 곧 이중성을 식민지
민족의 입장에서 지적하고 비판하였다. 대표적으로, '자치'를 "虛名"이라고
비난했던 조선혁명선언의 신채호와 같이, 자치론에 부정적이었던 세력은
이른바 '제국'의 이름으로 행해지는 자본주의의 제국주의적 속성을 비판하
였다.

> "일본이 그 强盜的 侵略主義의 招牌인 帝國이라는 명칭이 존재하는 이상
> 그 부속하에서 조선인민이 어찌 구구한 自治의 虛名으로 民族的 生存을
> 유지할 수 있겠느냐"[72]

는 것이었다. 일본이 '제국'이라 하여 스스로 황제를 칭하지만, 그 궁극적인
목적과 본질이 경제적 지배를 위한 영토의 팽창을 치열하게 추구하는 제국
주의 식민제국이라는 점을 정확하게 지적한 것이었다. 따라서 일본이 '제국'

---

72) 신채호, "조선혁명선언", 1923.

이라는 이름을 포기하지 않는 한 '자치'라는 말은 허울만 있을 뿐 내실 있는
정치적 권리와는 무관하다는 것이었다. '자치'를 통한 '민족적 생존'이란 당
초에 불가능하다는 것이었다.

식민 '제국'의 제국주의 치하에서 자치를 요구하는 것은,

> "반드시 통치군들과 연락되고 호응함이 아니고서는 용이하게 출동하지 못
> 할 것이오. 그들 통치군의 양해 혹은 종용 아래 비로소 있을 수 있는 것"

이라는 것이었다. 그와 같은 '자치'는 곧 "관제적 타협운동"이고 "출발점부터
그릇된 짓"이라고[73] 비난하였다.

이와 같은 맥락에서, 당대에 이미 사회주의 이론가로서 이름을 널리 알
리고 있던 백남운도

> "원래 정치적 자치는 정복군이 피정복군에게 대한 통치책의 일범주에 불
> 과한 것"

이라고 '자치'론을 비난하였다. 식민지 민족에게 '정치적 자치'란, 결국 식민
모국이 허용하는 것이므로 식민 모국의 식민지배정책의 하나일 뿐이라는
것이었다. 따라서 그러한 자치론을 논하는 것은 곧 "제도화된 노예"가 되는
것에 불과하다고 비난하였다. 식민지 피치자가 정치적 독립이 아닌 '자치'
를 주장하는 것은

> "정복군의 통치상 번뇌를 반증할 수 있을뿐 아니라 그 회유적 태도를 계
> 시한 증거"

일뿐[74] 결코 민족 독립을 염두에 두고 독립 국가 건설로 나아갈 것을 지향

---

73) "조선 금후의 정치적 추세 (2)", 『조선일보』, 1926.12.17.

하는 것은 아니라는 의미였다.

이와 같이, 광범위한 반자본주의적 무정부주의나 사회주의적 입장에서 자치론을 비판한 것은, 식민치하의 민족적 실력 양성을 표방한 자치론이 사실은 식민지배체제 곧 천황제 일본제국의 국가와 그 통치를 인정하는 것이라는 사실을 간파하고 그 문제를 지적한 것이었다. 정치적 권리를 박탈당한 식민지 민족에게 정치적인 자치란 현실적으로 어떠한 형태로든지 간에 제국주의 식민지배체제의 정치, 지배를 인정하는 것이므로 그와 연계되어 개량적인 성격을 갖지 않을 수 없다는 점을 적시한 것이었다.

다시 말해서 자치론자들이 말하는 민족적 실력 양성을 위한 '합법적 정치 운동'이라는 것이 식민치하에서 갖는 의미를 비판한 것이었다. 곧 제국주의 지배 아래 있는 식민지의 '합법'과 '정치'가 갖는 의미를 정확히 지적하며 과연 그 '정치적 자치'가 민족의 독립과 독립 국가 건설로 연계되는 것인지 반박한 것이었다. 누구의, 무엇을 위한, 실력의 양성인지 문제시한 것이었다. 식민 지배아래서 시달리고 있는 전 민족의 실력 양성을 위한다는 이름으로 주창된 개개인의 실력 양성이, 민족의 단결 이전에, 개개인의 일제지배체제로의 예속으로 나가는 것이 아닌지 문제시한 것이었다고 하겠다. 동시에 같은 의미에서 민족 개개인의 실력 양성이 실력 양성을 주창하는 상층 민족 부르주아를 위한 것임을 비난하며 그에 따른 상층 민족 부르주아의 타협적 속성을 비난한 것이었다.

자치론에 대한 비판은, 민족적 '실력양성'을 제창하는 자치론자들이 자신들의 실질적인 당면한 경제적 이익이나 경제적 이익을 위한 정치적 실력(기반)을 모색하는 것은 아닌지 그들의 분명한 입장과 태도를 요구한 것이었다. 실력양성을 위하여 필요하다고 한 정치적 단체를 결성하는 궁극적인 목적이 무엇인지, 그리하여, 궁극적인 최종 목적을 유보한 자치론이 조선인

---

74) 백남운, "조선자치운동에 대한 사회학적 고찰", 『현대평론』, 1927.1, p.47.

의 항일 민족의식을 정치적으로 결집하여 조선인의 민권과 국권을 회복하는 것인지 분명히 할 것을 요구한 것이었다고 하겠다. 한마디로 식민 지배체제를 인정하면서 요구되는 정치적 자치가 과연 누구를 위한 것이고 무엇을 위한 것인지 반문하며 자치론이 갖는 모호함을 비판하고 그 모호성이 갖는 이중성을 비판한 것이었다.

자치론의 모호성과 이중성은 곧 일본'제국'에 대한 인식과 그 인식과 결부된 민족의 독립 문제에 대한 입장과 직결된 것이었다. '제국' 일본은 식민지 민족에게 국제정치적으로는 '국가'로 불리는 것이었다. 따라서 그 '제국' 일본에 대한 인식과 입장은 곧 통칭 '국가'라는 이름으로 속에 내재된 식민 모국 일본과 '민족의 독립'을 통해서 건설해야 할 식민지 민족의 독립 국가인 대한민국 수립에 대한 입장과 직결된 것이었다. 동시에 민족운동의 방향과 직결된 민족문제에 대한 인식과도 직결된 것이었다. 식민지시기 민족운동이 민족적 독립을 통한 근대 국가 건설을 지향하는 항일 민족 독립 운동으로 전개될 것인지 아니면 제국일본을 현실로서 인정하고 민족적 실력을 길러 그 체제 내에서의 정치적 자치를 지향할 것인지.

사실, 자치론과 같이, 식민지민인 조선인이 식민지배체제 곧 천황제 일본제국의 국가와 그 통치를 현실적으로 인정하면서 민족독립을 위한 정치운동을 전개한다는 기본 발상 자체가 3·1운동으로 응집되었던 조선인의 항일 민족의지가 균열되었다는 것을 나타내는 것이었다. 식민지배체제의 기본 틀을 전제로 하는 자치운동의 전개는, 그 자체로 조선인 민족 사회가 분열되는 계기가 되고 마는 것이었다. 동아일보의 '민족적경륜'으로부터 본격화된 자치론에 대한 비판과 반대는 모두 '제국'을 칭하며 제국주의적 팽창을 계속하고 있는 식민제국 천황제 일본제국의 본질과 그로 인하여 국권을 박탈당하고 식민 지배를 받고 있는 조선인의 국가에 대한 문제를 제기한 것이었다.

그와 같은 민족운동 내부의 균열은 이광수가 "민족적 경륜"을 발표함으로써 '자치론(自治論)'이 제기되자 민족문제에 대한 인식의 편차가 드러나게 된 것으로부터 비롯된 것이었다. 그리고 자치론에 대한 입장의 차이는, 러시아혁명의 영향 속에서 급속히 전파되어 민족운동 선상에서 내재되고 있던 공산주의와 민족주의 세력 간의 균열이 일본 제국주의에 대한 민족적 입장의 차이 곧 민족 문제를 놓고 재균열되는 결과를 낳았다. 그러나 무엇보다도, 자치론은 공산주의에 대해서 자유주의에 기초한 자본주의적 민족국가를 지향하며 그 선상에서 민족의 독립을 모색하던 통칭 민족주의 세력 내부에 존재하던 민족문제에 대한 인식의 차이를 분명하게 드러냈다.

현상적으로, 항일 민족독립운동 선상에서 내포되어 있던 민족과 민족운동의 방법에 대한 인식의 차이는, 1923년에 전개된 물산장려운동 찬반 논쟁을 통해서 분명하게 드러났다. 물산장려운동은 식민지 조선 민족의 현실적인 경제적 곤란을 타개하기 위한 '생산력 증대'를 목표로 전개된 것이었다. 그에 대한 찬반 논쟁은, 식민지 조선 민족을 제국주의 일본 민족에 대하여 총체적인 무산자로 보고 제국주의 국가에 필적할 수 있는 경제적인 실력을 양성해야 한다는 것이 하나의 입장이었다. 또 다른 입장은, 그와 같은 물산장려운동을 식민지 민족 내부의 계급적인 문제를 묵과한 탈계급적 엘리트주의 또는 '사이비 데모크라시'라고 비판하며 물산장려운동에 반대하는 것이었다.

물산장려운동을 둘러싼 두 입장의 차이는, 당시 세간에서 회자되던 것처럼, 선우전(鮮友塡)의 말을 빌리면 물산장려운동을 통해서 "신주의와 신사상의 선전에 맹진하는 전위의 좌(左)와 정치적 협로를 버리고 경제의 광로를 취한 전위의 우(右)"가 대립한 것이었다.[75] 민족해방운동 선상에서 신주의, 신사상이란 곧 러시아혁명의 영향 속에서 전파된 공산주의를 말하는

---

75) 鮮于全, "우리의 사회에 새로이 비치려 하는 經濟思想과 經濟運動의 發現如何", 『개벽』, 1922.12. p.15.

것이었다. 공산주의를 수용한 이른바 좌파와, 일제에 비해서 경쟁력도 없으면서 감정적으로 민족의 독립을 앞세워 탄압당하기보다는 먼저 경쟁력을 기르기 위하여 경제적 실력을 키워야 한다는 이른바 우파가 대립했다고 한 것이었다.[76]

그 과정에서 통칭 '우파' 민족주의계열 내에서도 좌파의 생산력 증대 방법에 대해서 서로 다른 이견이 표출되고 균열이 생겼다.[77] 식민지시기 민족주의 세력의 기본적인 입장은 약육강식의 국제관계에서는 오직 민족의 실력을 길러서 독립을 준비하는 방법밖에 없다는 것이었다. 그런데 민족의 실력을 양성하기 위한 방법과 방향에는 내부적으로 차이가 있었다. 모두 산업에 기초한 문화운동의 일환으로 물산장려운동에 참여하였다.[78]

그렇지만 거기에는 민족의 실력을 기르기 위해서라고 하더라도 일본 제국주의가 허용하는 범위의 정치적 권리를 주창하는 것은 결국 일본 제국주의와 타협하는 것이므로 허용될 수 없다는[79] 비타협적 민족주의자들이 한 축을 이루고 있었다. 그들은 어떠한 형태로든지 일본 제국주의와 타협할 것이 아니라, 민족 구성원들이 실질적으로 상부상조하는 경제적 실천 활동을 통해서 스스로 민족의 실력을 양성해야 한다고 역설하였다. 비록 식민 치하에 있지만, 조선인이 조선에서 조선 물자로 만들어낸 조선 물산을, 그것이 일제(日製)에 비해서 열악하더라도 조선인끼리 서로 구매하고 소비하는 운동을 전개함으로써 조선의 "민족적 경제의 회복"을 이루어야 한다는 것이었다.[80]

---

76) 식민지시기 민족운동 선상에서 사용되기 시작한 한국사회의 '우파'와 '좌파', '민족주의'세력에 대한 용례와 의미에 대해서는 전상숙, 『변혁이념과 한국 민족주의』 제3장 참조, 신서원, 2017 근간.

77) 방기중, "1930년대 물산장려운동과 민족·자본주의 경제사상", 『동방학지』 115, 2002 ; 박종린, "1920년대 전반기 사회주의사상의 수용과 물산장려논쟁", 『역사와 현실』 47, 2003 ; 전상숙(2003) 참조.

78) 梧村, "물산장려에 관하야 (1)", 『동아일보』, 1923.3.4.

79) 梧村, "물산장려에 관하야 (6)", 『동아일보』, 1923.3.9.

정치적으로는 식민지배를 받고 있지만, 실생활과 직결된 경제 부문에서 부터 민족 구성원들이 각자 스스로 자주적으로 자립적일 수 있는 터전을 만들어 가자는 것이었다. 이러한 입장에서 비타협적 민족주의자들은, 타협적 민족주의자들이 주장하는 생산증식론에 대하여, 기본적으로 생산력을 증진하자는 데는 동의하지만 그것이 일본 제국주의 치하의 총체적인 생산력 증식이 아니라, 조선 땅에서 조선 물산으로 조선인이 만든 조선 물품의 생산력 증식으로 전개되어야 한다고 강조하였다.

비타협적 민족주의자들이 생산력증식의 방법으로 역설한 토산장려(土産 獎勵)는 그러한 의미였다. 그것은 조선 민중이 실질적으로 자립적인 생활을 할 수 있는 생산력의 증식을 주창한 것이었다. 스스로 힘을 길러 "自給自作의 道를 取"해야 한다는 것이었다.[81] 일본 제국주의가 선전하는 조선 사회의 근대화와 생산력 향상에도 불구하고 실질 생활이 더욱 피폐해진 조선인의 생활을 개선하면서 동시에 민족적 항일 대항력을 기를 수 있는 자급자족적 총력을 개선해야 한다고 역설한 것이었다. 비타협적 민족주의자들의 기본 입장은 조선인이 "一體로 被搾取階級이 되어있는 관계상 … 자민족 간에 착취여하를 較計할 여가가 없"다는 것이었다.[82]

물론, 비타협적 민족주의자들도 타협적 민족주의자들과 마찬가지로 아직 발달하지 못한 조선인의 '전민족적 의식'을 발달시켜야 한다는 점을 강조하였다. 근대적인 민족주의에 대한 인식의 각성을 촉구하며 근대적인 민족의식, 민족주의에 기초한 근대 국민국가를 건설해야 할 것을 역설한 것이다. 민족주의란, 역사적 생활공동체로서의 민족의식이 최대한 발휘된 것이고, 그 민족주의가 순화되고 정화되어 심화되거나 단일화된 것이 곧 '국가'라고

---

80) 梧村, "물산장려에 관하야 (5)", 『동아일보』, 1923.3.8.
81) 설태희, "自給自作의 人이 되어라", 『동명』, 1922.12.3.
82) 反求室主人, "물산장려를 비난한 'L君'에게 寄함", 『개벽』, 1923.11. p.35 ; 전상숙 (2003), pp.37~63.

보았다. 그리고 "민족을 단위로 널리 세계의 진운에 참여하려 함"이 곧 '국민주의'라고 하였다. 그러한 민족주의를 통해서 국가를 이루고 국민주의를 발현한 것이 '선진국가'라고 보았다. 그러한 선진국과 같이 민족주의에 기초한 국민국가를 이루지 못했기 때문에 식민지의 처지가 되었다는 것이었다. 따라서, '후진사회'는 선진국과 같은 국민국가를 이루기 위하여 민족주의를 발현해야 한다는 것이다. "표현되는 동기와 형태는 매우 서로 다른 것"이지만 그 근본은 같기 때문이다. 민족주의 세력은 모두 서양의 근대 국민국가와 같이 자본주의적 근대화에 기초한 민족 → 민족주의 → 국가 → 국민주의 국가로 연계되는 인식을 갖고 있었다.[83]

또한 민족주의 세력은 모두 서양 열강과 같은 근대적인 국민국가를 만들기 위해서는 아직 민족주의를 발현할만한 근대적인 의식 수준이 낮은 조선 민중을 계몽하여 이끌어가야 한다고 하는 우민관(愚民觀)을 갖고 있었다.[84] 그러나 타협적 민족주의자들이 조선 민중을 단지 계몽의 대상으로만 본 것과는 대조적으로, 비타협적 민족주의자들은 조선 민중을 계몽하고 이끌어 '함께 가야 한다는 의식'을 갖고 있었다고 할 수 있다.[85] "有識者와 有産者"는 "우리 민족의 전체의 생존을 위하는 殉敎者의 情熱이 필요하다"는 인식을 갖고 있었다.[86] 그것은 민중을 계몽하는데 그치지 않고 지식인과 자산가가 민중과 함께 민중을 '훈련'하고 민족의식을 각성한 민중과 함께 민족의식을 공유하며 국민감정을 갖는 국민의 일원이 되어야 한다는 것이었다. 그럼으로써 조선 민중과 함께 다 같이 민족의식이 심화된 민족주의를 발현시켜서 하나의 국민이 되어야 한다는 것이었다. 하나의 근대적인

---

83) 전상숙, "일제하 항일 변혁이념의 분화와 민족주의", 한국외대 발표 수정 미발표 원고, 2015, p.21.

84) "민중이여 자성하라", 『개벽』, 1922. 5.

85) 魯啞, "中樞階級과 사회", 『개벽』, 1921.7 ; 金起瀍, "우리의 출발점과 도착점", 『개벽』, 1921.12 ; 이광수, "민족개조론", 『개벽』 1922.5.

86) 起瀍, "먼저 有識 有産者側으로부터 반성하라", 『개벽』, 1922.6.

국민이 된 조선인, 그 총체적인 조선민족이 견인해 내는 근대 국민국가를 상정했던 것이다. 여기서 조선민족을 일체로 한 제국주의 일본민족에 대한 전 피지배 민족적 계급의식과 그 저항력의 토대로써의 토산장려를 주창했던 것이다.

이러한 비타협적 민족주의 세력은, 대동단결선언과 대한민국임시정부 수립을 통해서 정립된 공화주의적 근대 국민국가 건설의 지향 속에서 조선민족을 상정하고 훈련시키고자 했다고 할 수 있다. 조선민족을 민주공화국 건설의 주체로 보고, 실제로 그렇게 되도록 훈련시키고자 한 것이었다. 물산장려운동을 통해서 알 수 있듯이 비타협적 민족주의 세력도 자본주의적 근대화를 지향하였다. 이 점에서 이들도 한말 문명개화론과 애국계몽운동의 연장선상에 있었다.

그러나 비타협적 민족주의세력은 거기서 더 나아가 1910년대 항일 민족해방운동의 흐름 속에서 정립된 공화주의적 근대 국민국가 건설의 의지를 민족독립운동선상에서 실천하고 실현하고자 하였다. 때문에 자치와 같은 일본 제국주의와의 타협, 민족독립운동의 개량화를 비판하고 동조하지 않았다. 그들이 가장 중시했던 것은 한국인의 민족정신을 지켜냄으로써 전 민족적인 결사를 이루어 민족독립을 이루어내는 것이었다. 일본 제국주의 지배 아래서 그러한 민족독립운동은 곧 항일, 반체제, 혁명적 독립운동을 추진하는 것이었다. 항일민족독립이라는 목적을 명분으로 일제와 타협하는 개량적 독립운동과는 차별되는 것이었다.[87]

기본적으로 자치론을 둘러싼 찬반 논쟁은, 대한민국임시정부의 수립으로 정립된 한민족의 근대 국가관인 민주공화국 건설 지향에 균열이 내재하게 되었음을 의미하는 것이었다. 그 균열은, 우선적으로, 식민 지배 아래 있는 민족이 식민 모국인 '제국'일본과 그에 대항한 식민지 민족의 민족문제에

---

87) 전상숙(2015), pp.24~26.

대한 인식과 직결되어 표출되었다. 식민지 민족으로서의 민족문제 곧 민족의 독립에 최우선 순위를 두고 일제 지배체제와의 일체의 타협을 거부하는 사람들은, 자치론이 식민지 민족문제를 유보하며 경제적 실력의 양성을 강조하는 것은 민족의 독립 문제를 유보하고 일본 제국주의의 회유에 응한 타협이라고 비난하였다. 반자치론자들은, 참정권론자들은 물론이고 자치론자들도 일본 제국주의에 타협적이라는 점에서 일본 제국주의와 대결적인 비타협적인 입장에서 지향하는 이념을 불문하고 민족해방운동에 함께 하였다. 이 점은 해방 이후 '친일' 청산과 연계되어 한국현대사에서 '역사문제'와 '과거사문제'를 둘러싼 갈등으로 재현되는 근거가 되었다.

반자치론자들의 기본적인 인식은 '제국'의 이름으로 행해지는 '제국주의'의 무한한 침략주의적인 경제적 약탈성을 문제시하고 그에 대한 '개조'의 필요를 제기하는 것이었다. 다시 말해서, 반자치론자들은, 통제되지 않는 자본주의적 물질문명의 발전으로 인해서 야기된 제국주의에 대한 문제의식을 공통분모로 하여 개개인의 실력을 먼저 양성해서 단체(민족)적인 실력 또한 육성하여 자본주의적 물질문명을 발전시켜야 한다고 한 자치론자들에 반대하였다고 할 수 있다. 그런데, 그러한 반자치론자들이 대한민국임시정부를 통해서 정립된 민주공화국이라는 독립 민족 국가로 나아는 방식에 대해서 단일한 생각을 갖고 있었던 것은 아니었다.

2) 식민지 민족과 국가에 대한 인식과 '민주공화국' 건설 지향의 분화

3·1운동을 직접적인 동인으로 한 대한민국임시정부의 수립을 통해서 전민족적 합일체로서 제시된 근대적인 독립 민족 국가의 상은 한반도 전체를 대상으로 한 '민주공화국'이었다. 전통적인 왕도, 지배세력도 아닌 일반 민중인 '민(民)'이 정치에 참여하는 주체가 되는 주권(主權)'을 갖는 공화(共和) 정치를 시행하는 국가가, 개국 이래 점진적으로 진행된 조선 사회의 근대

적 변화와 급진적으로 진행된 일본 제국주의의 식민지화를 경험하면서, 3·1운동으로 전 민족적 대표성을 갖는 대한민국임시정부의 수립을 통해서 분명한 근대 국가관으로 정립된 것이었다. 그것은, 일본 제국주의가 일으킨 강화도사건을 통해서 근대 국제법체제로 편입되었던 전근대적인 조선왕조로부터, '근대적 개혁'이라는 이름으로, 개국 이래 발아하여 성장하고 있던 일반 대중의 시민적 의식과 권리 의식을 인정하고 받아들이며 명실공히 근대적인 개혁을 추진하려 하기보다는 전근대적인 왕권의 강화를 통해서 전통적인 지배세력이 통치의 차원에서 근대적 개혁을 이끌어가고자 했던 그러나 결국 병합되고 만 '대한제국'의 경험을 거쳐서 정립된 것이었다. 또한 병합으로부터 제1차 세계대전을 통해서 전세계적으로 전개된 다양한 '개조'의 흐름에 이르기까지 다양한 근대 사조와 정치체제를 체험적으로 인식하며 이루어진 현실적인 귀결이었다.

'민주공화국'이라는 한국 근대 국가관은, 3·1운동을 통해서 분출된 민족 독립과 근대적 독립 민족 국가 건설의 지향이 응집된 한반도 민중의 이상향이었다. 또한 그것이 대한민국임시정부의 국가관으로 정립된 것은, 국내외의 정치지도자들이 개국 이래 성장해온 한반도 민중의 근대적인 개혁과 주권에 대한 의식과 지향을 잘 알고 받아들여서 그것이 실현될 수 있는 독립 민족 국가를 건설해야 한다는 것을 익히 알고 있었다는 의미이기도 하다. 그렇지만 식민지의 현실은, 거기서 한 발 더 나아가 어떠한 민주공화국을 만들 것인가 하는 것을 논하고 구체화하기에 앞서서, 민주공화국을 만들기 위한 토대로써 민족의 독립을 이루는 것이 선행되어야 할 관건이었다.

민주공화국의 이상을 실현하기 위한 방법은, 민족 독립 운동에 내포되어 있던 현실의 일본 제국주의 국가에 대한 인식의 차이가 러시아혁명의 영향과 개조 논쟁을 거치며 문화적 방법과 사회혁명적 방법으로 뚜렷하게 분화되면서, 또한 분화되었다. 그와 함께 이상적인 민주공화국의 국가관 또한 그 건설 방법을 놓고 분열되는 결과를 낳았다. 주지하듯이, 현실의 일본 제국주의 국가에 대한 인식의 차이는 식민지 민족 문제에 대한 인식과 그에 따른 민족운동의 방법에 대한 인식의 차이로 귀결되는 것이었다. 사실 일본 제국주의 국가에 대한 인식과 식민지 민족 문제에 대한 인식은 현실적으로 닭과 계란과의 관계처럼 어느 것이 먼저라고 하기 어려운 문제이기도 하다.

윌슨의 민족자결원칙에 고무되었던 3·1운동과 파리강화회의에 대한 독립청원이 실패하고 베르사이유조약에 이어서 체결된 워싱턴회의의 결과는, 민족자결원칙에 고무되었던 자유주의 열강에 대한 기대가 결국 현실 제국주의의 힘을 재확인하고 좌절되게 하였다. 이러한 상황에서 세계적으로 전파되고 있던 성공한 러시아혁명 소식은 제국주의적 자유주의 열강에 대한 기대를 대체할 수 있는 현실적이고 새로운 민족 독립의 가능성이 있는 이념으로 공산주의를 받아들이는 계기가 되었다. 많은 식민지 약소민족, 국가들과 마찬가지로 식민지 조선에서도 지식인들을 중심으로 성공한 러시아혁명의 공산주의를 통해서 새로운 민족 독립의 방안을 모색하는 움직임이 촉진되었다. 공산주의는 3·1운동 이후 전사회적으로 급속히 유입되고 확산되었다. 자유주의 열강의 전후 처리 결과를 보며 자유주의 시민 민주주의 체제에 회의하게 되었을 뿐만 아니라 자유주의 열강과 같은 독립 국가를 지향했던 자유주의 민족운동이 식민지 수탈체제의 강화로 인한 계급적 모순의 심화를 이념적으로나 실천적으로 모두 해결의 전망을 제시하지 못하였기 때문이다.[88] 자유주의 열강의 제국주의적 현실을 재확인했기 때문이었다.

사실 이미 공산주의는 그 내용을 알기도 전에 러시아혁명의 성공 소식과 더불어 한국사회에도 전파되어 동경유학생들의 2·8독립선언서에도 긍정

---

88) 방기중(1992), p.70

적으로 반영될 정도였다.[89] 3·1운동 당시에도 적기(赤旗)가 등장할 정도로 이미 영향을 미치고 있었다.[90] 그것은 "대통령이 선출되면 국민전체에 걸쳐 재산을 균분하게 될 것이라 하여 사회주의적 언사를 농하는 자"가 있는가 하면 "조선 독립 시에는 재산을 평등하게 나눠줄 것이므로 빈곤자로서는 무상의 행복이 될 것이라 칭하며 독립의 실현을 기대는 정황"이[91] 있었다.

민족의 자결을 선언했음에도 불구하고 제국주의 열강의 이익에 우선하여 식민지 약소민족 국가의 기대를 저버린 자유주의 열강에 비해서, 볼셰비키정부는 공산주의혁명 직후 제정러시아 치하에서 억압받던 피압박 민족들의 독립을 선언하고 해방시켰다. 그러므로 공산주의는, 좌절된 자유주의 열강에 대한 독립 지원의 희망을 대체하며 호의적으로 받아들여지지 않을 수 없었다. 성공한 러시아혁명은 볼셰비키정부의 민족자결선언을 매개로 하여 항일민족독립운동 선상에서 제국주의적 자유주의와 반비례하며 공산주의가 항일독립운동의 이념으로써 민족독립운동의 방법과 독립 민족 국가 건설을 위한 높은 관심과 호감 속에 확산되는 직접적인 계기가 되었다.

게다가 볼셰비키혁명 직후 소비에트공화국은, 전략적인 차원에서, 국제 공산당 코민테른을 결성하여 공산주의가 약소민족의 해방을 위한 현실적인 대안이 될 수 있다는 것을 선전하기 위하여 약소민족의 민족해방운동에 대한 지원을 적극화하였다. 이는 3·1운동을 계기로 하여 초보적인 형태로나마 각성되기 시작한 조선 민중의 민권의식과 그에 기초하여 민족문제와 계급 문제를 인식하는 데 큰 영향을 미쳤다. 그리하여 3·1운동 이후 변화

---

89) 東亞日報社 編,『三一運動 50周年 記念論集』, 1969.3, pp.160~62
90) 김승화,「三・一運動 前夜의 國際政勢」,『偉大한 러씨야 社會主義 十月革命 三十二週年 紀念 朝鮮民族解放 鬪爭史』, 김일성 종합대학, 1949, p.242.
91) 姜德相・梶村樹水 編,『現代史資料』25, みすず書房, 1982, p.388, pp.418~19.

된 문화정치로 조선인들이 사회단체를 결성하여 각성되기 시작한 민권과 민족 및 계급 문제를 논하며 항일민족독립운동을 전개하는데 영향을 주었다. 러시아혁명의 성공과 자유주의 열강에 대한 실망은 코민테른을 통해서 제시된 민족문제의 해결책에서 민족독립의 희망을 발견하고 경도하게 하였다.

그리하여 제1차 세계대전을 경유하며 전개된 다양한 계몽적 문화운동과 '개조론'의 조류와 3·1운동 이후 전개된 문화정치의 합법적인 사회적 공간에서 다양한 사회단체가 결성되고 이들 합법단체와의 긴밀한 유대 속에서 일본 제국주의의 경계를 피하여 비밀결사 형태의 지하단체들이 조직되었다. 이들 사회단체들 속에는 자치를 주장하는 자유주의적 실력양성론자들로부터 자치론을 비판하는 비타협적 민족주의자들은 물론이고 반제국주의·반자본주의적 무정부주의와 사회주의, 공산주의에 이르기까지 넓은 의미의 개조론자들이 혼재하며 민족 독립의 방법을 모색하였다.

그러나 1921년 가을부터 유입된 코민테른의 자금이, 공산주의자를 가장한 조선청년회연합회의 장덕수 등 동아일보 계열의 민족주의 세력의 수중에 들어가 일부만 범 청년회운동에 사용되고 대부분을 그들이 사용(私用)했다는 이른바 '사기공산당사건'이 발생하며 이를 계기로 개조의 분위기 속에서 함께했던 지식인·항일운동세력은 공산주의 세력과 자유주의적 민족주의 세력으로 대별되어 조직적으로 결별하였다.[92] 같은 1921년, 한편으로 파리강화조약에 이어 "조선사람의 사활문제"가 달려있다고[93] 생각할 정도로 조선민족독립을 지원해줄 것으로 큰 기대를 걸었던 11월의 워싱톤회의마저 제국주의 강대국 간의 전후 세력균형을 조정하는 데 그치고 말자 항일민족독립운동가들 가운데 공산주의에 대한 기대가 고조되었다. 워싱턴회의는 무력적 수단이나 시위운동과 같은 방식이나 제국주의적 자유주의 열

---

92) 裵成龍, "朝鮮社會運動의 史的考察", 『開闢』, 통권 제67호, p.29.
93) 金丹冶, "레닌회견인상기", 『朝鮮日報』, 1925.1.23.

강에 의지해서는 빠른 시일 내에 독립을 달성하는 것이 불가능하다는 것을
자각하는 촉매제가 되었다.

그리하여 독립운동에 희망을 품은 지식인들 사이에서 사상적으로 새로
운 두 경향이 생성되었다. 문화적 방법과 사회혁명적 방법에 의한 독립운
동이었다.[94] 그것은 1921년을 전후로 세계적으로 뚜렷하게 반자본주의적
경향성을 띠고 전파되던 '개조론'이 조선에도 유입되며 모호한 형태로 문화
주의와 사회개조론으로 전개되다가, 워싱턴회의 이후 본격적으로 시작된
새로운 민족 독립 운동의 방안 모색과 연계되어 그 지향성을 분명히 한 것
이었다. 그리고 이것이 곧 우리가 식민지시기 민족독립운동선상에서 통칭
민족주의운동이라고 부르는 자유주의 민족독립운동과 공산주의 독립운동
이라고 일컫는 것이 되었다.

사회개조론의 흐름 속에서 노동문제의 해결을 통하여 자본주의의 제국
주의적 민족문제와 계급 문제를 해결하고자 했던 사회혁명적 독립운동 방
법은, 일본 제국주의가 공산주의가 "1922년 말 이래 점차 실행의 제1기"에
들어가[95] 1923년에 들어서면서 "實際化"되고 있다고 파악할[96] 정도로 급속
히 활성화되었다. 그리하여 일본 제국주의는, "청년당대회가 열리고 의열단
사건이 폭로되며, 일본에서 공산당 조직 음모가 폭로된 이후"인 1923년 하
반기이래 공산주의자들에 대한 취체를 본격적으로 엄격히 하기 시작하였
다.[97] 일본 제국주의는 1924년 조선청년총동맹과 조선노농총동맹 두 총동
맹이 결성되자 공산주의운동이 '최고조'에 달했다고[98] 판단하였다. 그에 따

---

94) 朝鮮總督府警務局, 『朝鮮治安狀況(鮮內)』, 1922, p.459.

95) 朝鮮總督府警務局, 『治安狀況』, 1923, 姜德相·梶村樹水 編(1982), 第29卷, p.9.

96) 朝鮮總督府警務局, 『勞農運動槪況』, 1924.6, 이재화·한홍구 편(1988), p.7.

97) "思想取締로부터 主義者取締에", 『開闢』 第45號, 1924.3, p.137.

98) 京畿道警察部, 『治安槪況』, 1925.5, 이재화·한홍구 편(1988), 제2권, p.260. 또한
     당시 일제는 "좌경파가 대두 활약함에 따라 민족운동은 세력을 잃고 청장년을 중
     심으로 한 단체는 모두 좌경단체에 가맹하였다"고 여겼다(『治安槪況』, 1925.5,
     p.240).

라서 더 이상 3·1운동과 같은 '망동(妄動)'이 재발할[99] 것을 우려하며 본격적으로 처벌하기 위한 법제를 제정하였다. 1925년부터 항일 공산주의 민족운동을 처벌하기 위하여 시행된 치안유지법이 그것이었다.

식민지시기 공산주의운동은 제국주의 식민 지배 아래 있는 조선인의 민족적 독립에 최우선의 가치를 두고 일본 제국주의 지배체제의 전복을 꾀하는 민족해방운동의 일환으로 시작되었다. 식민지 민족의 독립 문제에 대하여 반제국주의 입장에서 자치론자들을 비판한 통칭 공산주의세력의 입장은 비타협적 민족주의자들과 기본적으로 같은 것이었다. 따라서 항일민족독립운동에서 민족의 독립에 최우선의 가치를 두었던 비타협적 민족주의자들과 공산주의 세력은 함께할 수 있었다. 그리하여 반제국주의·반자치론의 입장에 섰던 식민지시기 비타협적 민족주의자들을 당시 언론에서는 "사회주의를 이해하는 민족주의자"라고[100] 칭하였다.

'제국'을 표방하는 일본 제국주의 식민지배와 그 체제 및 그 치하의 식민지 민족 독립의 문제에 대해서 같은 입장이었던 비타협적 민족주의 세력과 공산주의 세력 양 측은 공히 민족 독립 이후 민주공화국 건설의 건설을 지향하였다. 그러나 그들이 지향하는 근대 국가관은 자본주의적 자유주의와 공산주의라고 하는 상반된 이념적 토대 위에서 수립된 것이었다. 따라서 양 측은 그 지향 이념에 따라서 사회경제적 조건에 대한 이해가 달랐으므로 독립 이후 수립할 민주공화국을 건설하는 방법에 대해서도 큰 차이가 있었다.

그 차이는 '김윤식사회장문제'를 통해서 분명하게 드러났다. 공산주의 세력은 '김윤식사회장문제'를 통해서 모든 봉건제적 요소를 극복해야 한다는 입장을 분명히 하고, 물산장려운동을 중산계급의 계급적 이익을 위한 것이

---

99) "檢事局監督官ニ對スル中村高等法院檢査長訓示", 1922.5.2, 齊藤榮治 編, 『高等法院檢事長訓示通牒類纂』, 1942, pp.18~19.
100) "癸亥와 甲子", 『개벽』, 1924.1.

라고 비판함으로써 민족주의자들의 실력양성론과 정면으로 대립하였다.[101] 이후 공산주의 세력은 3·1운동 이래 민족해방운동 선상에서 함께 하던 민족주의자들과 조직적·이념적으로 독자적인 조직화를 단행하며 공산주의 '민족해방'의 지향을 분명히 하였다.

일반적으로 식민지사회는, 자본주의의 지속적인 경제성장을 추구하는 제국주의 국가의 팽창에 맞서 저항적·대결적 민족 자결 의식을 각성해가며 민족주의를 정립해간다. 또한 다른 한편으로는 식민제국과 필적할만한 근대적 발전을 통해서 경제력에 기초한 국가적 자결권을 획득하고 근대 국가를 구축하고자 한다. 그런데 식민지사회의 근대적인 발전의 문제는, 아직 근대화되지 않은 전근대적 또는 반봉건적인 사회 성격과 결부된 식민지사회 내부의 민족모순과 계급모순에 봉착하게 된다. 식민지사회의 민족모순과 계급모순은 근대적이지 않은 식민지화 이전 전통사회가 자본주의적 제국주의 지배 아래 들어가면서 '근대화'라는 이름으로 식민 모국의 자본주의적 성장을 추진하며 전개되는 경제적·사회적 변화를 감당해내야 하는 데서 비롯된다.

자본주의적 성장에 중점을 둔 부르주아 민족주의세력은 제국주의 세력과의 제휴를 통한 경제성장을 추구하며 제국주의 세력과 긴밀한 관계를 맺는다. 이는 식민지사회 내부의 계층적·신분적 분화와 근대적·계급적 분화가 결부되는 형태로 나타난다. 그리하여 일반 대중의 보편적인 반제국주의 민족 독립의 요구가 민족부르주아 세력에 대한 반봉건 인식과 직결되어 적대적·대항적으로 접합되는 현상이 나타난다.

그 결과 근대적인 독립 국민국가에 대한 식민지사회의 지향은, 서구사회에서는 공존했던 '근대'와 '국민국가' 건설의 지향이, 식민지 민족 내부의 반봉건적·전근대적 성격과 결부된 갈등 형태로 전개되며 '민족모순'으로 표

101) 배성룡, 「朝鮮社會運動小史」, 『朝鮮日報』, 1929.1.6.

출된다. 이와 같이 서로 상충적인 형태로 나타나는 식민지사회의 근대화에 대한 지향과 민족모순의 틈새를 파고들어 그 모순을 일거에 해소할 수 있는 새로운 전략과 방법을 제시한 것이 러시아혁명을 성공시킨 공산주의였다.[102]

사실 마르크스가 공산당선언에서 프롤레타리아트혁명 이후 민족적 구별이 소멸될 것이라고 한 것은 절대 다수 프롤레타리아의 사회적 조건이 산업생산으로 인해서 피폐화된 것을 개선하고 모두 '문명된 국가'의 사회생활을 이룩하자는 것이었다. 그것은 봉건제적 성격과 자본주의적 모순에 직면한 근대사회에서 봉건제적 요소가 완전히 소멸되고 극복되어야 가능한 일이었다. 따라서 마르크스의 민족국가나 민족에 대한 인식은 역사적인 개별성이나 독자적인 실체에 대한 것이라기보다 국제사회를 구성하는 계급갈등의 부수적인 요소들이었다.[103]

아일랜드의 민족문제에 대한 관심을 통해서 알 수 있는 것처럼 가장 발달한 산업사회인 영국의 자본주의체제를 공산주의로 전환하는 문제에서 비롯된 것이었다. 그리고 1896년 인터내셔널 런던회의에서 모든 민족국가의 자결권이 선언된 것은 영국의 공산주의혁명에 대한 기대가 변화된 것을 배경으로 하여 엥겔스가 국제노동자회의에서 프롤레타리아 국제주의를 선언한 것에 따른 것이었다. 그러므로 구체적인 민족과 민족문제에 대해서 마르크스는 물론이고 공산주의자들 사이에서도 일정하게 정립된 노선이 있었던 것이 아니었다.

오히려 각기 처한 성치사회적 조건에 따라 상당한 의견의 차이가 있었다. 특히 피억압 소수민족의 민족문제에 대해서 공산주의자들은 상반된 인

---

102) 전상숙, "일제하 한국 민족주의와 사회주의의 접합 : 한국 민족주의의 한 특성", 금인숙·문상석·전상숙, 『한국민족주의의 이념체계』, 이화학술원, 2010, p.114.

103) Horace B.Davis, *Nationalism and Socialism: Marxist and Labor Theories of Nationalism to 1917*, New York: Monthly Review Press, 1967, p. 13.

식을 보였다. 하나는 국제주의와 관련해서 역사적 실체로서 인정해야 한다
는 것이었다. 다른 하나는 국제주의와 민족문제 양자는 하나를 선택하는
문제로 보는 것이었다. 그 요체는 민족자결을 인정하는 것이 국제 프롤레
타리아혁명을 수행하는데 긍정적으로 작용할 것인지 여부였다. 이 문제는
러시아혁명 이후 레닌이 현실적이고 전략적인 입장에서 민족자결권을 제
창함으로써 정리되었다. 자본주의적 산업화가 미발달한 식민지 · 피압박 사
회의 절대 다수인 농민과 노동자를 부르조아 지배체제로부터 벗어나야 한
다고 하여 혁명의 동력으로 만드는 것이 급선무라는 전략적 사고의 귀결이
었다. 제1차 세계대전을 통해서 발달한 식민지 · 피압박 민족의 민족의식을
자극해 민족운동이 국제 공산주의혁명으로 연계되도록 함으로써 공산주의
혁명의 연대를 강화하고자 한 것이었다.[104]

그러므로 식민지시기 공산주의자들이 민족개량주의를 비판하며 민족주
의세력과 조직적으로 결별하고 주창한 '민족해방'의 지향은, 계급적 지배의
기본 구조 위에서 운영되는 자본주의로부터 벗어나 모든 민중이 자유롭고
평등한 신사회를 만들어야 한다는 것이었다. 그러기 위해서는 계급혁명을
통해서 공산주의 사회를 이루어야 하고, 또한, 그러기 위해서는 먼저 식민
지 상황으로부터 벗어나야 한다는 것을 전제로 민족독립운동을 전개한 것
이었다. 현실적인 식민지사회에서의 공산주의운동 방식이었다고 할 수 있
다. 동시에 식민지 민족독립운동을 위한 이념으로 공산주의를 채용한 민족
독립운동이었다고 할 수 있다.

식민지시기 공산주의 '민족해방'운동은, 민족의 독립과 동시에 독립 이후
에 건설해야 할 새로운 국가 · 새로운 사회에 대한 지향을 내포한 것이었다.
'근대화', '문명화'를 주창하며 식민지화한 자본주의적 제국주의 지배 아래
서 반제국주의 민족독립운동을 전개하여 독립 후 근대 국가를 건설하려는

---

104) 전상숙(2010), pp.103~106.

식민지 민족독립운동과 독립이후의 신국가, 신사회의 지향을 공산주의를 통해서 이루고자 한 것이었다. 공산주의 계급혁명은, 식민지화 전후의 연속선상에서 이루어지고 있는 기득권층의 자유주의적 민족운동과 자본주의적 독립국가에 대한 한계를 체감하며 그에 대한 반작용으로 수용된 경향이 컸다고 할 수 있다. 다시 말해서 전통적인 신분제 사회의 성격이 잔존하는 가운데 전개되고 있는 자본주의적 계층적 갈등이 계급관계의 모순으로써 '민족해방'으로 연계되어 민족의 독립과 개인의 근대적인 평등한 주권을 한번에 이루고자 한 것이었다.

'계급해방'이라는 구호로 나타난 식민지 공산주의 민족해방운동의 지향은, 식민지사회의 전근대적인 성격과 식민지배 하의 자본주의적 근대화로 인한 민족 내부의 갈등을 근본적으로 문제제기하고, 이를 공산주의 방식으로 민족이 처한 문제를 총체적으로 해결하려는 것이었다. 그것은, 민족독립운동선상에서, 노·자 간의 계급갈등이 미약한 전통적인 식민지사회의 한·일 간 민족 갈등과, 산업화로 야기되는 민족 내부의 계급 갈등을, 반제국주의·반봉건의 문제로 결합시켜서 총체적으로 해결하기 위한 '민족해방' 운동으로 전개시킴으로써 민중의 계급의식을 각성시키고 강화하고자 한 것이었다.

일제하 공산주의운동에서 '민족해방'과 '계급해방'이라는 두 구호와 개념에는 일본 제국주의 식민지배에 대한 민족적 저항과 실질적인 공산주의운동의 전략적인 측면이 코민테른의 세계혁명전략 방침과 맞닿으며 코민테른과의 길항관계 속에서 때로는 일체화되어 때로는 분리되어 표출되었다. 이렇게 두 개념이 항일 민족운동 선상에서 교착되어 표현되는 상관관계 속에서 식민지시기 한국 민족주의가 공산주의와 접합되는 특성이 내재하게 되었다.[105]

---

105) 전상숙·문상석·금인숙, (2010), p.115.

그러므로 '민족해방'의 지향은, 식민지의 현실과 민족모순이라는 대·내외적인 문제를 동시에 해결하고 새로운 사회 곧 근대적인 국민국가 건설을 지향한 것이었다. 저항적 항일 민족의식 속에서 새로운 민족독립의 이념으로 받아들여진 공산주의가 민족독립의 의지와 결부되어 계급적인 저항의지로 결집되어 표출된 것이었다. 일본 제국주의 치하의 갖은 억압과 구속으로 인하여 무자유·무권리한 존재로 살아온 현실의 암담함이, 식민지 민족의 현실에 대한 인식과 일본과 식민지 조선 간의 민족모순, 조선인 간의 전근대적인 신분제적 계급 모순과 결합되어 이 모든 모순을 한 번에 해소하고 새롭게 구축될 신사회, 신국가를 지향한 것이었다. 새로운 사회에 대한 지향은 많은 고투를 치루고 찾아낸 새로운 '무엇'이었다. 그 새로운 '무엇'은 일반 민중이 생활의 주체로 살 수 있는 '신사회의 건설을 목표'로 하는 것이었다.[106] 식민지시기 민족해방운동은, 주권을 박탈당한 민족적 모순을 해소하고 동시에 인간으로서의 자유로운 인권, 권리를 추구한 것이었다.

일본 제국주의 지배 아래서 민족 내부의 계급 모순을 포함하여 제국주의와 식민지 간의 총체적인 계급 모순의 해소를 목표로 찾아낸 그 '무엇'이었던 공산주의 민족해방운동은 식민지 상황에 처한 전근대사회의 문제를 해소하고 자유로운 인권해방을 지향하며 새로운 근대사회를 구축하기 위한 것이었다. 러시아혁명 이후 세계사조의 하나로 반제국주의·민족해방의 이념으로 수용된 공산주의와 항일 민족운동이 결합되어 전근대적인 신분 계층 관계의 문제를 해소하고 일반 대중을 본위로 한 근대적인 독립 국가를 지향한 것이었다.

그러므로, 공산주의 지도자들은 3·1운동을 기본 동력으로 하여 수립된 대한민국임시정부에 자유주의 민족지도자들과 함께 하여 새로 건설할 독

---

106) "사설", 『동아일보』, 1924.4.21.

립 민족국가의 형태를 민주공화국으로 정립할 수 있었던 것이다. 또한 그와 같은 의미에서 공산주의자들은 일본 제국주의에 타협적인 민족운동은 배척하지만 일본 제국주의 지배체제에는 혁명적인 반제제 항일 민족운동에는 함께했던 것이다.107) 계급관계를 고려하지 않고 무시하는 타협적인 민족운동 세력은 민족이 처한 식민지라는 조건은 물론이고 재래의 전근대적인 신분적 예속관계에 대해서도 문제의식이 없기 때문에 일반 민중의 인간으로서의 해방보다는 자신들의 기득권을 존속하고 확장하는데 주력한다고 보았다.

따라서 타협적 민족운동세력과 타협한다는 것은, 공산주의 민족해방운동을 통해서 이루어야 할 민족 국가의 주권은 물론이고 그 기본이 되어야 할 민중의 인간적 해방 곧 인민주권도 실현할 수 없다고 본 것이다. 그러므로 공산주의 민족해방운동의 '민족해방'과 '계급해방'이라는 구호는, 일제하에서 신음하는 민중 개개인, 전근대적·봉건적 사회체제 하에서 피지배의 대상으로써 존중받지 못했던 민중 개개인의 인민주권을 보장받기를 기대하는 민중의 소망을 결집해 상징한 것이었다고 할 수 있다.

다른 한편으로, 앞에서 본 바와 같이, 조선인이 "一體로 被搾取階級이 되어있는 관계상 … 자민족 간에 착취여하를 較計할 여가가 없"다는108) 비타협적 민족주의자들의 인식 속에는 '민족'이라는 이름으로 '공산(共産)'하는 공동체의 상(象)과 근대적 자본주의 경제체제가 혼합되어 있었다.109) 그러므로 비타협적 민족주의자들은 항일민족독립/해방운동 선상에서 일본 제국주의와 정치적으로 타협하는 방안을 제시한 민족주의자들을 비판하고, 민족독립에 대한 인식을 같이하는 공산주의자들과 함께할 수 있었다.

---

107) 『동아일보』, 1924.11.29.
108) 反求室主人, "물산장려를 비난한 'L君'에게 喬함", 『개벽』, 1923.11. p.35 ; 전상숙(2003), pp.37~63.
109) 전상숙(2003), p.51.

공산주의 세력과 비타협적 민족주의 세력은 공히 일본 제국주의의 식민
치하에 있는 민족의 독립이 최우선의 목표가 되어야 한다는 점에서 공감대
를 형성하고 있었다. 따라서, 그럼에도 불구하고, 항일민족독립/해방운동
선상에서 전개된 이념적 분화가 식민지 민족의 독립에 가장 큰 걸림돌이
된다는 사실에도 공감하여 전 민족적인 정치적 단일체를 결성하기 위한 노
력을 멈추지 않았다. 3·1운동을 통해서 분출된 민족의 독립과 독립 민족
국가 건설을 향한 거족적인 열망을 반영한 대한민국임시정부가 수립되기
는 했어도, 상해의 임시정부는 현실적으로 국권이 상실된 이후에 소수의
민족운동 지도자들이 중심이 되어 국외에서 설치된 것이었으므로 국제적
으로 실제적인 합법적 정통성을 인정받지도 못하고 국내외 민족독립운동
을 총괄할 수 있는 상황도 아니었기110) 때문이다.

그러한 상황에서, 민족문제에 대한 인식을 같이 하던 비타협적 민족주의
세력과 공산주의세력이 중심이 되어 1920년대 중반부터 민족적 단일당 결
성을 목표로 추진된 신간회운동은, 병합 이래 한반도에서 전개된 민족적
항일 독립 운동을 토대로 민족독립운동의 구심점이 되어 민족적 결속력과
합법적인 대표성을 가질 수 있는 실질적인 정치적 결사체의 결성을 목적으
로 한 것이었다. 그 결과 결성된 신간회는, 단순한 제국주의적 침략이나 점
령이 아닌, '병합'을 통해서 한국을 일본국가화하고자 했던 일본 제국주의
지배 아래서, 병합 이전의 국가는 물론이고 상실한 국가의 상징이 되어 구
심점이 될 수 있었던 구한국 황실마저 일본 제국주의에 의해서 사실상 해
체되어 민족적 구심점이 사상된 상태에서, 항일 민족 독립 운동의 구심점
을 구축한 것이었다. 그 명분은 조선인이라면 누구도 부정할 수 없는 것이
었다. 따라서 타협적 민족주의자들도 동참하여 전 민족적인 정치적 결사체
로서 신간회가 결성될 수 있었다.

---

110) 대한민국임시정부의 국제법적 정통성에 대해서는 전상숙(2010) 참조.

　그렇지만 결국 이념의 차이는, '민주공화국'으로 정립된 독립 민족 국가 구상을 실현하기 위한 항일민족독립운동의 방법을 놓고 전개된 균열을 해소하지 못하고 신간회의 해체로 연결되고 말았다. 그리하여, 이후 일본 제국주의의 민족분열정책 또한 강화되면서, 식민지시기 내내 국내에서 항일 민족운동을 결속시켜서 이끌어갈 수 있는 실질적 또는 상징적인 조직체를 더 이상 도모하기 어려운 상황이 되고 말았다.

　박탈된 국권을 회복하기 위한 민족 독립의 방안을 모색하며 경험한 국제 정세의 현실은, 국권 회복의 방법과 독립 이후 새롭게 건설해야 할 근대적인 민족 국가의 상을 각기 처한 상황에 따라서 각기 다른 이념을 지향하게 하였다. 20세기 전반 제국주의시대의 식민지기는 민족의 독립과 함께 근대적인 독립 민족 국가를 건설하기 위한 방법을 모색하는 과도기였다. 그러나 식민지배에 민족적으로 단결하여 저항할 수 있는 실질적인 구심력을 가질 수 있는 단일 결사체의 부재는, 결국 근대적인 독립 민족 국가를 건설하기 위한 모색 또한 각기 처한 상황에 따라서 이념적으로나 정치적으로 통합되지 못하고 균열되는 결과를 낳았다.

　그러므로 식민지시기 조선사회에서는, 서양과 같이 근대적인 민족 독립 국가를 건설해야 한다는 지향이 대한민국임시정부를 통해서 민주공화국으로 정립되기는 했지만, 그것을 이루기 위한 방법과 그 토대가 되는 이념에 대해서는 다각적으로 공론하여 통합하는 과정을 거치지 못한 채 분화되고 말았다. 식민지시기 항일독립운동과 해방 이후 민주공화국 건설을 위한 이념적 분화와 그로 인한 국가관의 차이는, 일본 제국주의의 치안유지법을 활용한 철저한 단속과 군국주의화 속에서 결국 항일민족독립/해방운동 전선의 분화로 연계되었다. 그리하여 분화된 항일민족독립운동의 구심점을 정립하고 그에 기초하여 수립되었어야 할 근대적인 민족 독립 국가의 구체적인 내용은 해방 이후로 미뤄지게 되었다.

3. 식민지시기 '국가'의 이중성과 민족문제의 상관관계

1) 일본'제국'의 국가와 제국 '신민'의 이중성

일본은 미일화친조약 이래 표상하기 시작한 '제국'이라는 근대 국가의 상을, 앞에서 보았듯이, 제국대학령을 필두로 하여 '대일본제국헌법'을 통해서 확정하였다. 제국은 황제가 원수인 국가 '대일본제국'을 의미하는 것이었다.[111] 동시에 천황이 다스리는 '황국(皇國)'을 의미하는 것이었다.[112] 그러므로 제국 일본의 국민은 황국의 '신민(臣民)'이었다. 대일본제국헌법은 천황이 제국 일본의 주권자임을 천명하였다.[113] 그리고 천황은 그 헌법에 의거하여 교육칙어를 통해서 천황제 일본 국가의 지도 원리를 확정하여 교육의 근본으로 삼게 하였다. 천황을 정점으로 한 일본 국체의 개념을 칙어로 공식화함으로써 천황이라는 정신적 권위와 일체화된 정치권력이 사실상 이른바 일본의 국체가 되어 일본제국의 국민 교육의 정신적 기준이 된 것이었다.

이른바 '대일본제국'의 '신민'은 천황에 충성을 맹세하고 신민 상호간에 단결함으로써 황운(皇運)을 북돋을 것이 기대되는 존재였다. 그러한 신민은 국회는 개설했지만 참정권자는 극히 소수였기 때문에 예상할 수 있는 '국민(참정권자)'과 '비국민(비참정권자)' 간의 대립이나 갈등을 초월하는 관념이었다. 다시 말해서, 신민은 참정권과 관계없이 천황 앞에서 모두 평등한 존재이라는 것이었다. 그리하여 천황과 신민이 관념적으로 일체화되는 것이었다. 이렇게 볼 때 대만인과 조선인을 병합 이후 신민이라고 한 것도

---

111) 西尾實·岩淵悅太郎·水谷靜夫 編,『岩波國語辭典』, 岩波書店, 1993, p.756.
112) 西尾實·岩淵悅太郎·水谷靜夫 編(1993), p.361.
113) 방광석,『근대일본의 국가체제 확립과정 : 이토 히로부미와 '제국헌법체제'』, 2009, pp.216~217.

식민지민의 의지와 관계없이 '신민'화되었으므로 민족을 초월하여 제국 일본의 신민으로써 대등한 관계 구축을 도모한 것으로 파악될 수 있는 것이었다.[114]

그런데, 그러한 일본제국의 신민은, 메이지유신을 통해서 근대 국민국가로 구축된 제국일본 곧 황국 일본이라는 통일 국가 일본의 국민으로서 육성되는 존재였다. 앞서 언급한 천황과 신민 간의 관계 다시 말해서 천황제를 활용하여 제국의 신민은 철저하게 하향식으로 사회화된 존재였다. 대일본제국헌법 발포 이후 '천황폐하 만세'가 정착되었다. '천황폐하 만세'는 가장 짧은 '제창'이자 '체조'로써 신민이 된 민중과 천황과의 일체감을 조성하는 것이었다. 궁내성은 천황의 사진을 각 학교에 대여하여 교육칙어와 함께 정중하게 모셔지도록 함으로써 천황과 신민의 일체감을 독려하였다. 교육칙어의 유교적 도덕관을 가르치는 소학교의 '수신'과목과 국어와 국사 과목은 신화나 충신설화를 실어 천황제의 신민을 육성하는[115] 핵심 도구였다.

그러한 일본 사회에서도 다이쇼데모크라시를 거치면서 국가에 대항한 '사회'라는 개념이 대두하여 그것을 거점으로 종래 지배적이었던 국가의 역할과 그러한 국가의 정치에 대항하여 '개인'의 권리와 그에 따르는 정치적 요구가 표출되기 시작하였다.[116] 그와 같은 정치사회적인 변화는 대중에 대한 인식과 개념의 변화를 수반하였다. 그리하여 기존에 천황에 대한 신민이라는 개념으로부터 근대적인 의미의 국가와 국민과의 관계를 상정하는 근대적인 사회와 시민이라는 개념으로 변화되어 갔다. 보통선거법이 제정되고 보통선거가 실시되었다. 이에 대응하여 일본은 러일전쟁기 '총후(銃

---

114) 하라다 도모히토(原田智仁), "일본 시민성교육의 계보와 사회과의 과제", 『사회과교육연구』19-4, 2012, pp.162~163 ; 牧原憲夫, 『民權と憲法』, 岩波書店, 2006.
115) 하라다 도모히토(2012), p.163 ; 牧原憲夫(2006).
116) 전상숙, 『식민지시기 정치와 정치학 : '조선인' 정치 참여 부재의 정치학』, 『사회와역사』 110, 2016, p.15.

後)' 활동에 활용했던 청년들의 정치세력화에 대한 경계와 제1차 세계대전기 유럽의 청년활용 등으로부터 영향을 받아 내무성에서 국가적 차원에서 '시민(公民)교육'을 준비해 시행하였다.[117]

그 결과 문부성을 통해서 일본식 시민교육이라고 할 수 있는 '공민(公民)교육'이 실시되었다. 공민교육을 담당했던 기무라 마사요시(木村正義)에 의하면, 공민교육의 목적은 "국민에게 사회의 완성을 위하여 사회와 정치, 경제에 관한 지식을 가르치고 德操(도덕심)을 함양하여 이를 실제 생활에서 실현"하게 하는 데 있었다. 메이지유신으로부터 시작된 국가주의적인 위로부터의 근대화가 다이쇼데모크라시를 경유하면서도 그 근간은 변하지 않은 채 국가로부터 아래로의 사회화교육으로 변형되어 시행된 것이 곧 공민교육 일본식 시민교육이었다고 할 수 있다.

1924년 10월에 훈령 제15호 '실업보습학교 공민과 교수요항 및 교수요지'가 공포되어 공민교육의 내용이 확정되고 독립된 교과목으로 '공민과'가 시행되었다. 공민과는 선량한 입헌 자치의 민(民)이 될 만한 바탕을 육성한다는 것을 명분으로 하여, 1924년부터 실업보습학교에서 시행되었다. 공민과는 1931년부터는 중학교에서, 1932년부터는 고등여학교에서 필수 교과가 되었다. 공민과 교육은 네 가지로 구성되었다. 시정촌(市町村)의 민중에 대한 자치에 관한 교육과 국가 참정권과 관련된 정치교육, 국가가 사회 중 가장 크고 모범적인 것이라고 가르치는 국가교육, 그리고 사실상 편의상으로 두었던 것으로 알려진 사회교육이었다.[118] 자치교육과 정치교육은 다이쇼기 고조된 일본 사회의 데모크라시 풍조를 반영하면서도 지방의 실정에 기초하여 청년의 정치화를 제도권 내에서 포용해 활용하기 위한정책의 일환

---

117) 渡辺治, "日本帝國主義の支配構造 : 1920年代における天皇制國家秩序再成の意義と限界"『民衆の生活・文化と變革主體』(『歷史學硏究』別冊特輯), 1982. 11.

118) 木村正義, "公民敎育總論", 文部省實業學務局 編, 『公民敎育講義集 第1輯』, 實業補習敎育研究會, 1924, pp.20~28.

으로 시행되었다.

이와 같이 제국일본은, 다이쇼데모크라시기 대중(신민)의 정치적 민주화에 대한 요구를 반영하여 보통선거를 실시하면서도, 그것을 앞두고 신민에게 입헌정치의 기본을 가르쳐 준비시켜야 한다는 것을 명분으로 하여, 국가를 중핵으로 하는 공민교육을 민주적 시민교육인 듯이 제도화하여 교육시켰다. 원래 일본에서 '공민'은 시정촌제의 자치단체 주민을 가리키는 말이었다. 따라서 '공민교육'은 곧 지방자치단체의 주민을 '공민'으로서 교육시키는 것을 의미하는 것이었다. 그것이, 러일전쟁기에 중앙정부차원에서 활용했던 청년들의 정치세력화와 제1차 세계대전시 활성화되었던 유럽 청년의 정치활동으로부터 영향을 받아서, 1910년대 독일의 국민교육과 미국의 시민교육의 내용을 절충적으로 포함하여 국가적 차원에서 제도화된 공민교육으로 변화된 것이었다. 그리하여 공민교육은, 지역사회의 주민 자치교육으로부터 중앙정부의 국민교육 또는 국가적 차원에서 생각하는 사회생활에 필요한 '시민교육'을 의미하는 것으로 확장되어 갔다.[119]

그와 같은 일본 정부의 공민교육은, 보통선거의 실시를 앞두고, 제국으로 표상된 일본의 국민을 국가주의 교육을 통해서 신민화했던 것처럼, 신민화된 국민을 국가적 차원에서 다시 변화된 사회경제적 조건에 조응하여 교육을 통해서 일본형 시민으로 만들기 위한 것이었다. 총력전으로 전개된 제1차 세계대전에 대한 비판으로부터 전개된 개조의 흐름 속에서 싹트기 시작한 일본의 데모크라시풍조의 확산에 국가적인 차원에서 대응하여 개인의 사회화와 정치화를 정치적으로 지도하며 통제하기 위한 것이었다고 할 수 있다. 국가에 대항하여 국가의 통제에 견제와 균형의 역할을 하는 근대적인 사회와 시민의 개념이 확산되고 성장하고는 있었지만 이미 국가주의적 교

---

119) 堀尾輝久, 『天皇制國家と敎育 : 近代日本敎育思想史硏究』, 靑木書店, 1987 ; 김
    종식, "공민교육을 통한 근대 일본 국민상의 모색 : 1924년 실업보습학교의 '공
    민과' 설립을 중심으로", 『동양사학연구』114, 2011, p.226.

육을 통해서 신민화된 국민이 국가적 통제로부터 벗어나 자주적인 시민이 되고자 하는 노력은 관습적으로 이어져온 국가주의적 사고보다 상대적으로 역부족이었다. 제국일본의 다이쇼기 공민교육에 대한 관심은 정세변화로 인하여 발생하는 현실적인 문제를 해결하는 과정에서 나타난 것으로써 공민교육은 근대적인 일본제국의 국민상을 만드는 것이었다.[120]

그러므로 1931년 만주사변의 발발과 국제연맹의 탈퇴, 1935년 천황기관설사건과 국체명징운동의 발생 등 1930년대로 들어서며 국가주의, 군국주의가 강해지면서 동반된 국가의 국민통제 강화를 배경으로 1937년에 개정된 공민과는 이른바 국체를 의미하는 상징적인 천황제를 활용한 '황민과적 교과로 변질'되지[121] 않을 수 없었다. 황민과적 교과로 변질된 공민과는, 지역사회와 향토교육을 핵심으로 하여 위로는 천황으로부터 아래로는 가족까지 연결시켜서 국가에 대한 일체성을 강조함으로써 국가가 전쟁을 수행하기 위한 총동원체제를 정신적으로 구축하는 것이었다. 그와 같은 공민과는 일본 제국주의의 전쟁 수행이 더욱 독려되던 1943년에 폐지되어 '국민수신과'로 흡수 통합되어 국가에 대한 국민으로서의 의무의 수행을 강제하였다.

이러한 의미에서 메이지유신 이후 1945년까지 천황제 일본 국민의 성격이 신민→공민→황민으로 전개되었다고 한 호리오 테루히사(堀尾輝久)의 지적은[122] 메이지유신 이래 '제국'으로 설정한 일본 근대 국가의 근대적 시민 의식을 허용하지 않는 국민 만들기를 집약적으로 보여준다고 할 수 있다. 또한 제국일본의 국민 만들기는 국가에 의해서 제도화된 교육과정 속에서 수신과로부터 공민과, 그리고 국민수신과라고 하는 교과목을 통해서

120) 김종식(2011), p.227.
121) 하라다 도모히토(2012), p.163 ; 片上宗二, "公民科", 『新敎育大辭典』第3卷, 1990, pp.179~180.
122) 堀尾輝久(1987), pp.185~220.

이루어졌음을 알 수 있다. 그러므로 메이지유신 이래 천황제 제국일본의 국민으로서 신민화되었던 일본 국민은 데모크라시로의 변화과정 속에서도 천황제 국가의 신민의 규범과 역할로부터 벗어날 수 없었다고 하겠다.

그와 같은 제국일본의 국민으로서의 신민 만들기는, 1910년 8월 22일 병합으로 천황이 통치하는 제국(帝國) 영토의 일부로 편입된 반도의 민중이 제국 신민(臣民)의 일부로 추가되었다고 선언한 조선인에게도 그대로 적용되었다. 한반도의 병합을 통해서 대륙국가 대륙의 제국이 되고자 했던 섬나라 일본은 이른바 "同化方針의 一視同仁의 大義에 準則하여"[123] 조선총독부를 통해서 조선인의 제국신민화, 제국국민화에 박차를 가하였다.

조선인에 대한 제국일본의 신민화는, 일본에서와 같이, 천황의 교육칙어(敎育勅語)에 입각하여 이루어졌다. 조선에서 교육칙어의 정신은 1911년 8월 23일 칙령(勅令) 제229호로 선포된 제1차 조선교육령으로 구현되었다. 조선총독부는 조선교육령을 통해서 천황의 교육칙어 정신에 입각하여 조선인을 일본제국의 신민으로서 "동일한 국민성"을 함양하기 위하여 조선인 교육을 실시한다고 선언하고, 그 기본 방침을 규정하였다.

조선교육령은, "忠良한 國民을 養成함을 本義"로 하여, 보통교육에 중점을 두고 보통교육을 "國民된 성격을 함양하고 國語를 보급함을 목적으로" 한 것이었다. 이러한 방침은 사이토총독이 조선의 교육은 오직 "제국신민 다운 자질과 품성을 갖추도록 하는 것"[124]이라고 한 바와 같이 본격적으로 조선인에게 일본제국 국민으로서의 '국민성'을 강제하는 것이었다.

조선인에 대한 일본제국 신민화 교육은 무엇보다도, 일본에서와 같이, 황실과 국가에 대한 관념 등을 비롯해서 교육칙어의 정신 곧 일본식 사고와 태도를 배양하기 위한 것이었다. 따라서 조선인의 항일민족의식의 구심력으로 활용될 수 있는 대한제국 황실을 형해화시키는 작업과 함께 일본에서

---

123) 『朝鮮總督府官報』, 1917.7.10.
124) 寺內正毅, "第二會各道長官に對する訓示", 1911.7.

와 같이 수신과목을 중심으로 이루어졌다.

조선인의 수신과목에서 '대일본제국'은 '우리나라'로, 조선인은 '일본국민'으로 표현되었다. 또한 새롭게 제국일본의 영토로 편입된 조선인의 신민화에는 무엇보다도 국어(일본어) 교육이 가장 중시되었다. 국어(일본어)는 조선교육령 제5조에 명시된 바와 같이 국민된 성격을 함양하기 위한 것으로써 "국민정신이 깃드는 곳"이라는 입장에서 조선인을 동화시키는데 가장 중요한 도구 과목이었다. 일본어(국어) 교재는 1910년대 말 수신교과서가 편찬될 때까지 수신서 대용으로 활용될 수 있도록 편집되었다.[125]

이러한 신민화 교육은 당연히 천황을 국체로써 받아들이도록 하는 다양한 방법과 함께 이루어졌다. 대표적으로 일본국기를 '국기'라는 이름으로하여 명시하고 천황의 생일은 '천장절(天長節)'이라 하여 보통학교 교과서에 별도의 단원으로 게재되었으며, 역사와 지리 과목은 일본사와 일본지리를 가르치며 "우리나라의 國體民情"이라고 설명되었다.[126] 당연히 조선의역사와 지리 관련 교과는 각급 학교에서 배제되었다.

신민화교육은, 일본에서는 검인정교과서제도를 택하고 있었던 반면에, 조선에서는 조선총독부가 수신, 국어(일본어), 조선어 및 한문, 지리, 역사등 소위 "국민성 양성에 관계가 있는" 과목을 분류하고 그 교과서를 직접편찬하여 공급하는[127] 방식으로 이루어졌다. 조선총독부의 교과서 편찬은, 조선민족을 말살하여 제국일본의 신민, 일본제국의 국민으로 만들기 위한교육이 조선총독부의 중앙집권적인 교육행정체계 속에서 조직적, 직접적으로 이루어졌음을 상징한다.

그러므로 조선인의 정신을 일본국민화 하는데 가장 중요한 도구로 여겨진 국어(일본어) 교육은 수업 시간 가운데 가장 많은 비중을 차지하였다.

---

125) 朝鮮總督府, 『朝鮮總督府編纂敎科書槪要』, 朝鮮總督府, 1917, p.22.
126) 정재철(1985), pp.305~319.
127) 朝鮮總督府, 『朝鮮總督府編纂敎科書槪要』, 朝鮮總督府, 1917, pp.20~22.

일본의 국문학사가, 일본 이외의 외지에서는 처음으로 경성제국대학에 설치되었다. 그리하여 일본어와 일문학이 '국문학'이라는 이름으로 성립되었다. 이는 식민지시기 조선인에게 '국가'가 국제정치상 공식적으로는 일본제국이었던 것과 그 맥을 같이 하며 실생활면에서 국사와 국문학이 일본사와 일본어교육으로 된 것이었다.

이와 같이, 보통교육에서부터 고등교육에 이르기까지 국어(일본어)와 국사(일본사)가 '국민의식과 국민확장'을 목적으로 조선총독부의 각급 관립학교에 설치되어 체계적으로 확장되는 동시에 조선인들의 민족의식이나 항일 의식을 자극할만한 고등교육은 억제되었다.[128] 조선인을 제국일본의 신민으로서 '충량한 국민'으로 만들기 위한 교육은 일시동인의 동화주의 시정방침을 전제로 하여, 일본어중심주의를 기초로 하면서 현실적으로 실용적인 실과(實科)주의로 이루어졌다.[129] 실과주의는 조선지배에 필요한 조선인 노동력의 활용을 위한 것이었다. 실과교육을 통한 실용적인 기능을 갖춘 조선인의 동원은 국민정신이 깃든 것이라 하여 가장 중시했던 일본어교육을 통해서 조선인의 사상을 일본인과 같이 변용시키기 위한 일본어 중심주의와 불가분의 관계였다.

다른 한편으로, 일본어 중심주의는, 일시동인의 동화주의라고 하는 대 원칙 하에 시행되어 조선인 노동력의 동원을 극대화하기 위한 것이었지만, 그 실질은 외국어인 일본어를 모국어와 같이 사용할 수 있도록 배워야 하는 조선인을 차별하는 도구로도 활용되는 것이었다. 이른바 내지준거주의에 의거하여 개정된 제2차 조선교육령(1922.2.4)은 일본어중심주의를 통한 외지 조선인에 대한 민족차별을 정책적으로 구현한 것이었다. 일시동인 방침에 의거하여 조선인에게 일본인과 동일한 교육제도를 실시한다는 명분

---

128) 전상숙, "'한국인' 정치참여 부재와 조선총독부의 관학을 통한 사회과학의 전개", 『한국정치외교사논총』 37-1, 2015, pp.19~24.
129) 정재철(1985), p.144.

으로 개정되어 시행된 조선교육령이 일본어(국어)를 상용하는 자와 상용하지 않는 자를 구별하여 민족차별을 제도화했기 때문이다. 결국 일본 제국주의는 조선인을 차별하는 민족차별적 학교제도를 구축하고 조선민족에 대한 차별을 공공연히 시행하면서 역으로 조선인학교에서는 조선인에 대하여 일본어 사용을 통한 '일본인화'에 더욱 박차를 가했던 것이었다.[130]

그와 같은 제2차 조선교육령 이후 일본어중심주의에 의거한 민족차별교육의 제도화는, 일본에서 신민교육이 공민교육으로 나가고 있던 시기에 이루어졌다. 일본에서 다이쇼데모크라시 풍조와 제1차 세계대전을 통해서 촉진된 통칭 '개조'의 사조가 확산되며 '사회'라는 개념을 거점으로 종래 지배적이었던 국가주의적 통제에 대한 비판이 다이쇼말기부터 사회적으로 본격적으로 제기되었다. 그것은 정치현상을 역사적인 현실의 작용으로 보고 그 인과법칙을 설명함으로써 국가의 절대화를 해체하여 유동적인 사회과정으로 해소시키는 것이었다. 오노즈카키헤이지(小野塚喜平次), 요시노사쿠조(吉野作造)와 같이 관료의 국가주의로부터 벗어나 민주적인 논의를 전개하거나 하세가와(長谷川), 오오야마이쿠오(大山郁夫)와 같이 정치의 실생활면과 사회적인 측면을 강조하며 현실 정치현상으로부터 국가와 정치의 관계를 새로운 실증주의적 관점에서 비판하는 연구가 도출되었다.[131]

이러한 사회적 환경의 변화가 전개되자 일본은 제1차 세계대전 이후 유럽의 경험을 교훈 삼아서 생겨날 수도 있는 청년들의 정치화로 인한 혼란을 미연에 방지하기 위하여 1918년에 내무성과 문부성이 공동으로 이른바 '대정7년 훈령'을 발포하고[132] 청년을 중심으로 한 공민교육을 강화해 갔다. 그 연장선상에서 1924년 10월에 훈령 제15호 '실업보습학교 공민과 교수요항 및 교수요지'가 공포되고 '공민과'가 시행되어 일본식 시민교육이라고 할

---

130) 정재철(1985), p.149.
131) 전상숙(2016), p.15.
132) 1918.5.3. 内務省文部省訓令, 「靑年團體の健全發達に資すへき要項」.

수 있는 공민교육이 실시되었던 것이다.

일본에서는 비록 관제적 성격이 강한 것이기는 했지만, 다이쇼데모크라시풍조 속에서 정당정치가 활성화되고 보통선거가 실시되는 등 정치사회적인 변화에 조응하여, 신민으로부터 공민으로 사회화하는 교육을 시행하는 변화가 일어났다고 할 수 있다. 공민교육은 서양과 같은 근대국민국가 체제의 시민과 같이 보통선거를 통해서 참정권을 갖게 된 일본 국민에게 국가적인 차원에서 일본제국 국민으로서의 이른바 '국민성'을 고양하며 보습교육과 함께 참정권을 행사할만한 자질을 육성한다는 것이었다. 국가적 차원에서 전개된 것이기는 했지만 일본의 공민교육은 결국 시민교육으로서의 성격을 갖는 것이었다.

그런데, 같은 시기에, 일본제국의 지역 조선에서는 제국일본의 신민인 조선인에 대한 교육령이 개정되어 일본어중심주의에 의거한 민족차별이 제도화되며 조선인에 대한 신민화, 예속화가 더욱 강화되었다. 사실 제국일본 본토의 신민과 제국일본의 외지 조선의 신민 사이의 차별은, 일본에서 공민교육을 사실상 확정했다고 할 수 있는 1918년에, 이른바 '공통법'이라는 것을 공포함으로써(1918.4.17) 확정된 것이었다고 할 수 있다.

법률 제39호로 공포된 공통법은 대일본제국헌법의 적용 여부에 따라 구별된 각 법역(法域) 간의 민사와 형사 적용법규에 관한 법률이었다. 그 제1조에서 지역이라 칭해진 내지, 조선, 만주, 대만(관동주) 중 세 지역은 다른 한 지역인 내지에 대하여 특수법역이라고 규정되었다.[133] 때문에 헌법이 규정하지 않은 민사와 형사 관련 법에 대하여는 공통의 법을 시행할 것을 법률로 규정하였던 것이다. 여기서 특수법역이란, 민사와 형사 등 법규는 공통법에 의하여 네 지역 모두 공통된 법률을 적용하지만, 대일본제국헌법이 규정하는 일본제국 국민으로서의 권리는 내지 제국일본 본토의 신민에

---

133) 矢内原忠雄, 『植民及植民政策』, 有斐閣, 1926, p.25.

게만 적용된다는 의미를 갖는 것이었다. 천황제 일본제국 신민을 일본제국 헌법의 적용 여부로 국민적으로 차별하는 것으로 사실상 외지인에 대한 민족적 차별을 재확인한 것이었다.

그러므로 1918년 공통법의 시행은, 병합 이래 '대일본제국헌법'이 적용되지 않는 제국일본의 '외지'로 규정된 조선인의 무권리한 신민의 법률적 지위를 또 다시 재확인한 것이었다고 하겠다. 이러한 의미에서 1922년에 개정된 조선교육령은 무권리한 제국일본의 신민인 조선인에 대한 제국일본 속의 이민족에 대한 차별을 일본어중심주의를 명분으로 하여 정책화한 것이었다고 할 수 있다. 이는 일본제국의 입장에서 보면 외지 조선인에 대한 제국일본 신민으로서의 국민화를 독려하고자 한 것이었다고 할 것이다. 그렇지만 그 실상은 내·외지 신민의 차이 곧 '신민'이라는 한 용어가 갖는 이중적 의미를 증명하는 것이었다.

이와 같이, 일본은 일시동인의 동화주의를 주창하며 제국일본의 일부인 조선과 제국일본의 신민인 조선인을 역설하여 일본제국의 국민이 되어야 한다고 강조하였지만, 그 실상은 조선을 법역의 차이를 통해서 제국일본 내부의 식민지역으로써 제도화함으로써 조선인에게 식민지민으로써의 민족적 차별을 감내하도록 강제하는 것이었다. 내지 일본과 외지 조선에서 표방된 국가와 국민은 동일한 제국일본이었고 동일한 천황의 신민이었지만 그 실상은 천지차이로 규정되고 제도화되어 시행되었던 것이다.

대일본제국헌법의 적용 여부를 기준으로 하여 규정된 내지와 외지라고 하는 법역의 차이는, 제국일본 국가의 보호 다시 말해서 대일본제국헌법이 규정하는바 국민으로서의 권리가 내지에만 적용되고 외지에는 적용되지 않는다는 것을 합법화한 것이었다. 그러므로 같은 천황의 신민이라고 하더라도 외지의 신민은 내지의 신민이 갖고 있는 제국일본국가의 헌법이 보장하는 권리가 없는 존재였다. 아니, 그 권리는 제국일본 국가가 원천적으로 부여하지 않았기 때문에 가질 수 없는 존재였다. 이른바 시세와 민도라는 허울 좋은 명분으로 정당화된 것이었다. 제국일본의 외지 신민에게는 헌법이 보장하는 주권이 원천적으로 부재하였다. 무권리한 존재인 천황의 외지 신민은 제국일본의 신민으로서 의무를 다해야 하는 존재일 뿐이었다. 참정권을 갖지 못한 외지의 신민은 제국일본 국가의 피지배의 대상일 뿐 보호의 대상도 아니었던 것이다.

그러므로 제국일본의 신민이라고 하는 말은, 내지와 외지의 신민 모두 천황의 신민으로서 같다는 것을 상징적으로 나타내지만, 헌법으로부터 실행 법률에 이르기까지 각종 법제에 의해서 실질적으로는 내·외지 신민 간의 차이를 권리와 의무의 차별로 제도화하여 정당화하는 모순되는 상반된 이중성을 은폐하는 것이었다.

따라서, 식민지시기 일본제국의 외지 조선인들에게 표방된 국가는 제국일본이었지만 조선인들이 과연 그러한 일본제국의 외지 신민으로서 일본제국을 국가로 받아들였을지, 받아들일 수 있었는가 하는 문제는 자명한 것이었다.

그렇지만, 그럼에도 불구하고 개국 이래 강화되어간 일본의 영향력과 메이지유신 이후 일본의 근대적 성장에 고무되어 1910년 일본 제국주의의 한국병합에 협조적이었던 조선인 일부는 다이쇼데모크라시풍조와 제1차 세계대전 이후 개조사조의 확산을 배경으로 집권한 정당내각에 의해서 변화된 내지연장주의 식민지배정책을 근거로 조선인의 정치적 권리를 참정권 또는 자치의 형태로 요구하였다. 일본에서 다이쇼기 민주화가 전개되고 3·1운동 이후 내지연장주의라 하여 마치 일본 내지의 연장선상에서 식민지배가 이루어질 듯이 선전하며 일본 제국주의가 유화정책을 편 것이 동인이었다.

그러나 조선총독부는, 내지에서 러일전쟁에 동원되었던 청년들이 전후에 정치화되는 것을 경계하여 '공민교육'을 모색하게 되었던 것처럼, 3·1운동 당시 집단적으로 저항했던 조선인 청년·지식인들이 정치화되는 것을 심각하게 지켜보며 경계하였다. 그리하여 내지연장주의 식민지배정책에 의거하여 시행된 문화정치 하에서 조선총독부는 무단통치 시기에 노골적으로 일본제국의 "충량한 국민" 교육을 표방했던 수신교과서의 표현을 일본제국 "국가사회의 중견인"이 되어야 한다고 변경하여 이른바 '중견인물양성'을 표방하였다.[134] 그 이면에서는 경찰력을 증강하여 사회운동의 정치화를 엄밀하게 감시하였다.

조선총독부는 노골적으로 일본 천황과 그에 대한 충성을 강조했던 것을 바꾸어 퇴계나 율곡과 같은 조선인 위인을 활용하여 '국가'로 상징되는 '일본제국'의 국가과 조선인의 전통적인 국가가 마치 동일 선상에 있는 것처럼 하여, 조선의 청년과 지식인이 이른바 '중견인물'로서 중요한 일익을 담당해야 한다고 역설하였다. 식민지의 현실에서 실재적으로 청년들이 중견인물이 되어 소임을 다하여 봉사해야 할 '국가'는 '제국일본'이라는 국제정치의 현실을, 병합으로 이미 당연하게 받아들여진 것으로 전제한 것이었다. 그와 같이 기성세대보다는 앞으로 사회로 진출할 청년층에 대한 수신교육을 '국가'라는 이름 아래 조선인 위인을 통해서 마치 조선인 청년도 열심히 하면 제국일본의 '중견인물'로 성장할 수 있다는 사회적 성취(출세) 욕구를 자극하였다. 이를 통해서 제국신민으로서의 충성과 의무의 수행 효과를 제고하고자 한 것이 이른바 수신교육을 통한 '중견인물양성'론이었다.

앞에서 보았듯이, 조선총독부는 총독정치가 허용하는 범위에서 지방자치를 시행했음에도 불구하고, 지방자치의 상황까지 포함하여 참정권운동과 조선평의회설치운동에 이르기까지 일체의 조선인의 정치적 요구와 관련된 것은 모두 조선인의 "정치운동"이라고 규정하고 엄중히 경계하였다.[135] 문화정치를 시행하면서 표출한 변화는, 일본에서 제1차 세계대전 이후 청년

---

134) 朝鮮總督府, "我等學校", 『高等普通學校修身書』 第1 第1課, 1923.
135) 朝鮮總督府警務局 編, 『最近における朝鮮治安狀況』, 朝鮮總督府 警務局, 1938, pp.34~51.

층의 정치화를 경계했던 것처럼 조선에서도 조선인 특히 청년층의 정치화
를 특별히 경계하여 그들의 세력화를 최대한 방지하기 위한 것이었다. 조
선인을 말 그대로 내지연장주의에 입각하여 내지와 같이 하려는 것은 아니
었다.

 문화정치가 외지의 제국 신민에 대한 시세와 민도를 이유로 한 차이의
차별화를 제도적으로 수정하는 것으로 전개된 것은 아니었다. 그 실질은
오히려 그 반대였다. 그러므로 외지의 제국 신민은 여전히 내지의 제국 신
민에 대하여 민족적으로 차별받는 존재였고, 제국의 신민은 여전히 내·외
지의 민족 차별을 은폐하는 이중성을 갖는 것이었다. 따라서 제국일본으로
상징되는 식민지시기의 '국가'라는 용어 또한 제국 신민으로서의 민족적 차
별에도 불구하고 현실적으로 일본 제국주의를 현실로서 인정하는지 여부
에 따라서 '조선인이 말하는 국가'가 제국일본을 의미하는 것이기도 하고
독립 이후 건설해야 할 민족 국가를 의미하기도 하는 이중성을 갖는 것이
었다고 하겠다.

2) '황국신민(皇國臣民)화'와 실용적인 제국국민의 일원화 시도

 1930년대에 만주사변 이후 일본은 제국국가의 국민을 전쟁을 위한 동원
이라는 측면에서 국가와 국민을 직접 연결하기 시작하였다. 일본형 시민을
양성하는 공민이라는 측면은 일본형 제국 황국(皇國)의 국민, 황민(黃民)
의 양성이라는 측면으로 변화되어 강조되었다. 특히 청년에 대해서는 황국
국민으로서 군인을 양성하는 데 초점이 맞추어졌다.[136] 제국일본이 시행
한 공민교육의 이념은, 독일의 학교개혁 교육학자 게르젠슈타이나(Georg
Kerschensteiner)가 규정한 "국민에게 국가의식을 불러일으키는 교육"이라는

---

136) 김종식, "미래의 '국민'과 '공민' 사이", 『일본사연구』 20, 2004, pp.124~147.

것이었다. 이 공민교육의 이념은 1930년대 일본에서 국가의식이 충만한 인간이 진정한 인간이라는 측면에서 재해석되어 황국의 황민을 육성하는 데 활용되었다.[137] 그리하여 만주사변 이후 국가주의가 강화되면서 1937년 중일전쟁이 발발한 해에 개정된 공민과는 황민과적 교과로 변질되었다. 공민에 대신하여 황국의 국민, 황민이 강조되고 황민으로서 국가총동원체제에 적극 협조할 것이 더욱 강제되었다.

그와 같은 제국일본의 공민교육은 1930년대에 들어서 1930년대에 들어서 우가키(宇垣一成)총독이 이른바 '교육실제화' 정책을 펴면서 조선에서도 본격적으로 추진되었다. 만주사변 발발 직전 조선총독으로 부임하여 일본 정계에 복귀할 기회를 꾀하던 우가키는 동해를 중심으로 동심원을 그릴 수 있는 일본제국의 경제권 구상을 가지고 있었다. 그의 동해 중심의 경제권 구상은 세계공황으로 위기에 직면한 일본의 현상을 타개하기 위한 조선지배구상으로 연계되어 시행되었다. 우가키총독이 조선총독으로 부임하여 제창한 농공병진과 '내선융화(內鮮融和)' 정책은 그 일환이었다. 앞에서 보았듯이, 우가키가 주창한 내선융화는 "내지인과 조선인의 융합일치"를 증진시켜야 한다는 것으로써 조선인이 일본인과 같아지도록 "사상의 융합"을 해야 한다는 것이었다. 종래 일시동인이 조선인을 일본인과 같은 수준이 될 수 있도록 지도 계몽하여 제도적으로도 같은 처우를 받을 수 있도록 하겠다고 했던 것에서 더 나아가 사상의 융합을 제창한 것이었다. 이민족이더라도 이제 내재적인 동질성을 가질 수 있도록 되어야 한다는 것이었다. 그와 같은 우가키의 내선융화는, 이른바 조선인의 실생활 개선을 목적으로 한 농공병진정책과 함께 추진되었다. 조선을 원활히 지배하여 일본제국에 기여할 수 있게 하기 위해서는 조선인의 "물질생활"과 "정신생활" 두 방면에서 모두 안정화시켜야 한다는[138] 우가키의 조선지배구상 속에서 이루어진 것

---

137) 木村正義(1924), pp.26~27 ; 竹內泰宗, 「國家主義立脚公民敎育」, 朝鮮初等敎育研究會, 『朝鮮敎育研究』, 1933, pp.86~91.

이었다. 농공병진정책은 교육면에서 보통학교와 고등학교의 교육과정에 직업 과목과 실업 과목을 설치하여 시행된 '교육실제화' 정책으로 구현되었다.

내선융화는, 메이지유신 이후 고양된 황도(皇道)정신을 신봉하는 전형적인 일본주의자이자 반공주의자였던 우가키총독이 황도정신으로의 정신교화와 사상통제의 강화, 공산주의운동에 대한 탄압을 강화하는 시책으로써 강제한 것이었다. 내선융화의 슬로건은 조선총독부의 시책이 조선인의 희생이나 자원 수탈을 위한 것이 아니라 조선인과 일본인이 하나로 '융화'되어 하나의 '국가'인 일본제국 황국을 위한 것이라는 것을 강조하는 또 하나의 조작적 지배이데올로기였다. 조선총독부가, 일본에서 만주사변 이래 구축되어간 총동원체제구축에 조응하여 조선에서도 총동원체제를 구축하기 위하여 제창한 정신적 지배이데올로기이자 조작적 국민 정신동원 지배이데올로기의 효시였다.[139]

그러한 내선융화는 조선총독부가 만주사변이 발발한 1931년부터 실업학교에 공민과를 도입하고 1932년부터 고등보통학교에도 공민과를 설치하여 '공민교육(公民敎育)'을 시대적 요구로써 새롭게 신설하는 근간이 되었다. 이 때 공민교육이란, 기존의 "현철예화주의(賢哲例話主義)" 방식의 수신교육은 한계가 있기 때문에 "건전한 국민다운 소지를 육성"해야 할 필요가 있다는 이유로 시행되었다.[140] 보다 실질적으로 즉각적 실용가능한 교육을 실시한다는 것이었다.

내선융화와 함께 1931년부터 시행된 조선의 공민교육은, 일본의 공민교육이 다이쇼데모크라시기 지방자치제도와 보통선거실시와 관련하여 일본형 시민교육의 형태로 이루어진 것과는 정 반대였다. 조선총독부의 조선인

---

138) 宇垣一成, 『宇垣一成日記』 2, 1931.7.2, p.801.
139) 전상숙(2012), pp.178~181.
140) 鎌塚扶, "朝鮮に於ける公民科要目に就て", 『文敎の朝鮮』, 1933.2, p.15.

에 대한 공민교육은, 만주사변을 "제국흥쇠의 중대문제"라고 보고 제국의 전쟁에 조선을 물질적 정신적으로 갱생케 하여 일본의 위난을 구제하는 데 공헌할 수 있도록 하기 위한 것이었다.[141] 다시 말해서, 제국일본의 제국주의적 북진 팽창에 동원하기 위하여 조선인에 대한 일본사상 교육을 주입시키는 것이었다. 그러므로 조선에서 공민교육의 요지는, "국민의 공민적 생활"을 완전히 하기 위하여 "특히 준법정신과 공존공영의 본의를 획득하게 하여, 공공을 위해 봉사하고 협동하여 일에 당면하는 기풍을 길러, 건전한 국민다운 소지를 육성하는 것"이었다. 그것을 조선총독부는 "국민생활의 본의"를 밝히는 것이라고[142] 하였다. 조선인데 대한 공민교육은 조선인에게 일본제국의 '국민'으로서 '국민생활'의 본위 곧 제국의 준법정신에 기초하여 제국과 공존공영하기 위한 책무를 다해야 한다고 가르치는 것이었다.

식민지시기 민족독립/해방운동 선상에서 항일 민족독립과 독립 민족 국가 건설을 위하여 결합했던 신간의 해소가 이 시기에 이루어진 것은 그와 같은 일본 제국주의의 정책과 관련된 것이었다. 조선의 공민과는 국민으로서의 도덕의식을 강화하기 위한 교육으로써 가족→마을→국가로 확장되는 일본제국의 가족주의적이고 가부장적인 국가관의 주입과 의무를 강조하는 내용이 주를 이뤘다.[143] 게르젠슈타이나의 국가의식에 충만한 진정한 인간상은, 조선 공민과에서는 "'內鮮合一'의 이상"을 실현하는 것으로 변질되었다. 그것은 개인의 인격을 도야하여 "천황을 중심으로 한 구심원적 통합"을 이루어 국가와 사회에 공헌해야 한다는 것이었다.[144] 조선인에 대한 공민교육은 종래의 제국신민화교육을 더욱 심화시키는 것이었다. 조선인에

---

141) 宇垣一成, 『宇垣一成日記』 2, 1936.6.23, p.1070.
142) "中學校令施行規則" 改正, 1931 ; "高等普通學校規程"改正, 1932 ; 안홍선, "식민지 시기 중등학교의 '국민성' 양성 교육 연구 : 일본어, 수신과, 공민과 교과서 분석을 중심으로", 『한국교육사학』 37-3, 2015, pp.40~41.
143) 안홍선(2015), p.42.
144) 竹內泰宗(1933), pp.86~91.

게 일본사상을 받아들이게 하여 일본제국을 국가로 받아들이게 하여 사역
을 강제하는 것이었다.

그와 같은 조선인에 대한 공민교육은, 황도(皇道)정신의 신봉자인 우가
키총독이 1935년 1월 11일 도지사회의에서 황실과 황국(皇國)의 전도를 찬
양하며 농촌의 진흥을 역설한 훈시[145] 이래 비상시국을 맞이한 황국의 앞
날과 관련하여 천황에 대한 무한 충성을 강요하는 '황민교육(皇民教育)'으
로 전개되어갔다. 천황기관설사건과 국체명징운동을 통해서도 알 수 있는
바와 같이, 황국이라는 말은 천황이라는 존재에 대한 충성을 전제로 한 일
본제국의 국가 개념이자 국체를 의미하는 것이었다. 따라서 천황은 곧 국
체이고 국가라는 등식이 성립한다. 여기서 개인은 황국의 목적을 위하여
봉사하는 수단이자 동원의 대상으로써 황민(皇民)이 된다.

이러한 황민화교육이 조선에서 본격적으로 시행된 것은 미나미총독에
의해서였다. 조선지배정책에 관하여 우가키총독과 기본적인 인식을 같이
하던 후임 미나미총독이 중일전쟁 발발 직후인 1937년 7월 22일, 임시도지
사회의에서 '국민정신'을 드높일 필요를 역설하며 '내선일체(內鮮一體)'를
표방하고 "일본정신을 앙양"하기 위한 관제 국민총동원기구를 준비하면서
본격화되었다.[146] 조선지배의 근본방침인 일시동인에 준하여 선언된 내선
일체는 조선인에게 황국의 국체(國體) 관념을 확립하고 황국신민(皇國臣民)
으로서의 신념을 공고히 해야 한다는 것이었다.[147] 이와 함께 일본의 중국
침략전쟁으로 인한 전시체제와 관련하여 조선은 대륙경영을 위한 병참기
지로 선언되었다. 동시에 조선교육령이 개정되어 조선인 교육의 목표가
"황국신민화"에 있다고 선언되었다.[148] 조선인 교육은, 조선인 아동을 "황국

145) 朝鮮總督府, 『朝鮮總督府官報』, 1935.1.12.
146) 朝鮮總督府, "朝鮮における國民精神總動員", 『國民精神總動員』, 1940, p.338.
147) 朝鮮總督府, "朝鮮における國民精神總動員", 『國民精神總動員』, 1940, 민족문제
    연구소 편(2000), 第50卷, p.336.
148) 정재철(1985), p.150, 각주 70.

신민다운 자각을 갖도록 촉구하여 皇道扶翼의 길에 투철하게" 해야 한다는 것이었다.[149]

조선총독부는 1937년 10월에는 '황국신민의 서사'를 제정하여 각급 학교와 각종 집회에서 제창하도록 하였다. "황국신민으로서의 자각을 촉구하여 국민정신의 앙양을 도모"해야 한다는 것이었다.[150] 중일전쟁이 발발하자, 본국에 일익을 담당하여 제국일본에서 차지하는 조선과 조선총독의 입지를 제고하고자 했던 조선총독은, 본국 정부보다 먼저 솔선하여 조선인에게 일본인과 같은 천황제 국체관을 중심으로 일본과 조선이 하나의 국가라는 의식을 본격적으로 주입하기 시작하였다. 그리하여 황국신민의 서사에 담겨있는 국체명징(國體明徵)·내선일체 및 인고단련(忍苦鍛鍊)이라는 3대 강령은 교학쇄신(敎學刷新)의 3대 강령이 되었다.[151] 그리고 1938년 3월에 개정, 공포된 제3차 조선교육령의 핵심이 되었다.

그러므로 신간회 해소 이후 더 이상 민족독립/해방운동을 위한 단일 결사체를 결성하기 어려웠던 조선인들의 항일운동은 각기 분산되어 지하에서 비밀리에 움직이거나 민족 독립의 희망을 잃고 제국일본을 현실로 인정하며 일본 제국주의의 식민지배정책에 대한 적극적인 저항력을 상실해 갔다.

황국신민의 서사와 함께 한 제3차 조선교육령 개정의 목적은, 조선의 학제와 교과과정을 일본인 학교와 같도록 개정하여 한·일 간의 민족적 구별을 철폐한다는 것이었다. 제2차 조선교육령에서 한·일 간의 차이를 일본

---

149) 정재철(1985), p.150, 각주 71.
150) 황국신민의 서사는 중일전쟁 개시 직후 1937년 7월 22일, 일제가 국민정신을 앙양하여 시국에 대한 인식을 강화함으로써 국민을 총 결속하기 위하여 설치한 조선중앙정보위원회의 사업으로 제정되었다. 이 서사는 소년용과 성인용, 두 종류로 제정되었다. 일제는 소년용 100만부, 성인용 20만부를 인쇄하여 배포하였으며, 신문과 잡지 등에 게재하고, 영화로 제작·상영하며, 라디오에서 방송하는 등 각종 수단을 동원하여 선전·강요하였다.
151) 綠旗日本文化研究所(1939), 제4권, pp.34~35

어(국어)를 기준으로 차별화였던 것을 개정해서 '내선일체'의 취지를 조선 사회에 전면적으로 구현함으로써 조선인이 황국신민으로서 굳게 단련하여 '대국민'으로서의 자질을 훈련한다는 것이었다. 그러면서 조선인에게 실기와 실제 능력을 습득하도록 하여 국가에 필요한 재목으로 양성한다고 하였다.152) 한 마디로 제3차 조선교육령 개정의 목적은 대륙전진 병참기지로 설정한 조선의 외지인을 제국의 국민으로써 황국신민화하여 병참기지에 활용할 수 있는 실기를 가르쳐 활용하기 위한 것이었다.

이를 일본 제국주의는 민족적 차별 철폐라는 미명 아래 학제와 교과과정을 일본과 같게 제도화한다는 의미에서 '개혁'이라고 하였다. 그와 같은 개혁의 결과는 조선인에 대한 국체의 본의 곧 황민화를 더욱 강제하는 것이었다. 천황을 받드는 제국 곧 천황제를 의미하는 국체(國體)의 강조는 천황을 중심으로 한 천황의 제국 황국 일본에 대한 충성을 강제하는 것이었다. 그것은 이념이나 실행 면에서 조선인이 황국신민으로서 의무와 본분에 투철히 하는 것이었다.153) 그러한 제3차 조선교육령 개정을 일제는 학교를 '쇄신'·'확충'함으로써 "반도를 일본화 하여 내선일체를 구현하는" 통치 목표를 하루라도 빨리 달성해야 한다고 하였다.154)

조선인의 황국신민화를 선언한 3차 조선교육령은 미나미총독이 유고를 통해서 밝힌 바와 같이 "國勢와 世運에 부응"하기 위하여 "大國民다운 지조 신념의 연성"하기 위한 것이라고 선전되었다. 그리하여 제2차 조선교육령에서 일본어 상용 여부를 기준으로 제도화되었던 민족별 학교의 차별이 철폐되었다. 국어(일본어)를 상용하는 자와 상용하지 않는자의 구별을 철폐하여 내선인(內鮮人)이 균등하게 동일한 법규아래 교육을 받을 수 있는 길을 열고, 일본인 학교와 한국인 학교를 구별하던 호칭도 통일하고, 교과서

152) 朝鮮總督府,『施政30年史』, p.782
153) 전게서, pp.784~85
154) 전상숙,『일제시기 한국 사회주의 지식인 연구』, 지식산업사, 2004, pp.251~252.

도 동일한 것을 사용하도록 하였다.[155]

그와 같은 제3차 조선교육령의 시행은, 일본의 공민교육이 다이쇼데모크라시의 발흥과 함께 대두한 사회의 개념을 국가가 '공민'이라는 개념을 통해서 제도적으로 통제하고자 한 것에 반해서 조선의 공민교육이 제국일본의 신민화를 더욱 촉구하는 국가주의적 성격을 강화했던 것에서 나아가, 조선인에 대한 황국일본 제국의 '황국신민'이라는 새로운 국면으로 전개된 것이었다. 조선인에 대한 '황국신민화'는, 중일전쟁이 발발한 해에 일본에서 공민과가 개정되어 '황민과적 교과로 변질'된 것과 거의 동시에 이루어졌다. 이전까지, 조선인에 대한 일본제국의 신민화가 내지 일본에서의 변화와는 무관하게 강제되며 일관되게 조선 민족에 대한 차별을 제도적으로 심화했던 것과는 달랐다고 할 수 있다. 중일전쟁 도발 이후 전개된 일본제국의 조선인에 대한 황국신민화는 내지의 제국신민에 대한 황민화와 그 맥락을 같이 하며 거의 동시에 그것도 제도적인 민족차별의 변화를 시도하며 이루어졌다. 그만큼 일본의 전시 상황이 악화되고 있었다.

사실 내지와 거의 동시에 같은 의미로 진행된 조선인에 대한 황국신민화는, 중일전쟁을 도발했지만 일본에게도 위험부담이 있던 중일전쟁이 예상치 못한 중국인들의 강한 저항에 부딪혀 장기화되자 장기전을 치를 만한 경제적·물질적인 자원이 부족했던 일본 제국주의가 반도 조선을 총체적으로 동원하여 장기화된 대륙에서의 전쟁을 수행하는 데 부족한 부문을 보완하기 위한 것이었다. 조선총독부가 주창한 조선 대륙전진병참기지화를 이루기 위한 정책이자 그 정치적 이데올로기이기도 하였다.

메이지유신 이후 국가주의체제를 정립하며 소위 제국일본의 성장을 지속해왔던 일본은, 제국일본의 위기에 직면해서, 병합 이래 제국신민이라고 강조하며 시세와 민도를 이유로 민족적으로 차별했던 조선인을, 소위 내선

---

155) 정재철, 각주 72 ; 정재철, p.150.

일체를 앞세워 조선인이 내지의 일본인과 같은 황국민, 황국신민임을 강조하며 황국신민으로서의 책무를 이행해야 한다고 촉구하였다. 그리하여 조선인도 황국의 군인이 될 수 있도록 하여 일본군을 확충하였다. 종래 일본 제국주의는, '대일본제국헌법'이 정하는 호적법의 적용을 받지 않는 조선인에게는 일본군에 복무할 자격을 주지 않음으로써 일본 국체에 충실한 내지 일본군의 정체성과 충성심을 유지하며 외지 조선인에 대한 민족적 차별 의식을 조장하였다. 그러나 전쟁이 장기화되고 확전을 더 이상 멈출 수 없게 되자 부족한 군사력을 조선 청년을 통해서 확충하지 않을 수 없게 된 것이었다. 그리하여 조선인에 대한 육군특별지원병제도를 실시하면서 일본 제국주의는, "조선인에게도 일본군으로서 활약할 무대"를 열어 내선일체를 실행한다고[156] 오히려 역으로 선전하였다.

이와 같은 일본 제국주의의 현실적인 필요에서 만들어진 제도가 제3차 조선교육령의 개정과 함께 내선일체를 충실히 하는 것이라고 선전되고 이른바 '중견인물 양성'이라는 명목아래 단행되었던 것이다.[157] 일본 제국주의의 중일전쟁의 장기화에 대비해야만 하는 상황이라는 판단은, 조선총독부가 중일전쟁 발발 1주년을 기하여 1938년 7월에 '국민정신총동원 조선연맹'을 결성하는 것으로 연동되었다. 일본에서 국민정신총동원운동이 시작된 지 9개월 후에 결성된 조선연맹은 "내선일체의 구현화"를 목표로 내지의 중앙연맹으로부터 말단의 애국반에 이르기까지 일본열도와 조선반도를 하나의 조직망으로 완성하는 것이었다. 그것은 일본인과 조선인 간의 평등의식을 일신시킨다는 기만적인 슬로건을 내세우며 전국적인 조직망을 갖춰서 조선인에 대한 '정신적 동원', 조선인에 대한 총동원체제를 강화하는 것이었다. 이 시책은 일본외무성을 통해서 외국에 거주하는 조선인에게도 적용되어 "지금까지의 총독정치에서 볼 수 없었던 명확한 의식 아래 총독부

---

156) 綠旗日本文化研究所(1939), 제4권, p.35.
157) 君島和彦(1977), p.94.

의 시정"이라고 선전되며 강제되었다.[158]

그리고 1941년 3월 1일에는 소학교가 황국 일본제국의 국민으로서 국가로부터 교육의 혜택을 받는다는 의미로 '국민학교(國民學校)'라고 개창되어 황국을 국가로 받들어 "황국신민으로서의 자각"을 더욱 투철히 할 것이 더욱 철저히 강제되었다. 결국 1943년 일본에서 공민과가 폐지되고 '국민수신과'로 흡수 통합된 것과 같이, 조선에서도 제4차 조선교육령을 통해서 태평양전쟁의 패색과 관련하여 조선인의 황민화를 보다 강화하며 학교교육이 전면적으로 군사목적에 맞게 개정되었다.

만주사변 이후 대륙으로의 팽창에 일익을 담당하고자 했던 조선총독정치체제는 우가키총독의 내선융화 주창 이래 시세와 민도를 이유로 같은 제국의 신민이라고는 했지만 민족적으로 차별했던 조선인에게 일본사상의 수용을 촉구하기 시작하였다. 그리고 이는 중일전쟁 발발 이후 미나미총독의 내선일체와 내선일체를 전 국민적으로 강제하기 위한 조선교육령개정을 통해서 황국신민화교육으로 전개되었다. 일본 천황의 국가, 황국의 국체 곧 천황을 국가적 정신적 지주로 받아들여 황국신민이 될 것을 강제한 것이었다. 이는 일본에서의 황민화교육과 함께 진행된 것으로, 조선인도 내지의 황국 신민과 같은 황국 신민으로서 황국 일본제국을 받드는 황국 일본제국의 국민이라는 것을 강조하는 것이었다.

여기서 일본제국의 신민화를 통해서 제도화되었던 민족차별을 위한 제도의 변화가 시도되었다. 가장 먼저 단행된 것이 조선인에 대한 지원병제도였다. 이후 패전으로 시행되지는 않았지만 조선인에 대한 참정권도 논의되었다는 것은 주지의 사실이다. 그러나 일본 천황의 나라 황국과 황국 신민을 강조하며 일본인과 조선인이 하나의 국가 황국의 국민이라는 것은 조선을 '외지'로 설정한 대일본제국헌법 법역 설정의 변화와 함께 역설된 것

---

158) 綠旗日本文化研究所(1939), 제4권, p.36 ; 전상숙(2014), pp.252~255.

은 아니었다. 병합 이래 지속된 '대일본제국헌법' 법역 밖의 외지라고 하는 법역의 차이를 통해서 조선인이 일본제국 국민의 일원으로서 일본인과 동등한 권리를 갖는 존재가 되는 것을 원천 차단했던 것에는 변화가 없었다. 그와 같은 의미의 이른바 황국의 신민 조선인, 황국의 국민 조선인이 의미하는 바는 자명한 것이었다.

결국 식민지시기 동안 일본 제국주의가 일본제국을 표방하며 조선인에게 강제했던 천황의 나라 황국의 국민은 오직 내지의 일본인뿐이었다. 외지 조선인에 대한 하나의 국가, 하나의 국가를 강조하기 위한 다양한 수사와 지배정책의 변화는, 제국일본의 조선인에 대한 민족적 차별의식을 전제로 한 것이었다고 할 수 있다. 따라서 민족차별의 실상과는 무관한 것이었다. 오히려 하나의 국가가 강조될수록 그 국가인 '일본제국'의 '국민'으로서의 조선인에 대한 민족적 차별과 수탈은 더욱 강화되어갔다고 하는 것이 바른 표현일 것이다. 황국 일본의 국민을 의미하는 황국신민화에서 내지와 외지의 신민 모두 천황 아래 같다는 신민의 상징성이 갖는 이중성 다시 말해서 제국헌법의 시행 여부를 관건으로 한 내·외지 신민 간의 권리의 차이에 따른 민족적 차별과 모순의 이중성은 여전히 은폐된 채 변함없이 존속되고 있었기 때문이다.

그럼에도 불구하고 일본 제국주의의 그와 같은 실상을 문제시하지 않고, 일본의 확전을 일본제국의 확대 강화라고 선전하는 일본 제국주의의 정치적 선전을 그대로 받아들였거나 또는 더 이상 민족의 독립이 불가능하다고 생각하여 조선 민족의 독립에 대한 희망을 유보하고 참정과 자치를 논하거나 친일적인 언사와 행동을 불가피한 현실로 받아들였던 조선인들에게 과연 국가란 무엇이었는지 되돌아보게 된다.

V. 결론

개국 이후 입헌군주제로부터 식민지시기 민주공화국 건설 지향의 균열과 갈등

한국 사회는, 서양에서 산업혁명 이후 자본주의적 산업화가 제국주의로 전개되어 '서세동점'으로 인한 국가적 위기의식이 심화되어 가는 가운데 동양의 일본에 의하여 문호를 개방하게 되었다. 문호를 개방할 준비도 서세동점에 대응할 준비나 대응책도 마련되어 있지 못한 상태였다. 중화질서 속에서 쇄국정책을 고수하다 문호를 개방하게 된 조선 정부와 사회는 불가피해진 자본주의적 세계화에 조응하고자 각기 노력하였다. 그렇지만 개국의 상황에 직면하여 개국과 국제관계를 놓고 표출된 정세인식과 현실인식을 포함한 세계관의 차이는, 결국 개국이 현재화된 상황에서도 봉합되지 못하고 개국을 현재화시킨 일본과 일본에 의한 개국에 대응하는 방식을 놓고 또 다시 분열되어 일본 제국주의에 의해서 병합될 때까지 지속되었다.

전근대적인 중화체제 아래서 서양의 근대 국제법에 의거하여 맞이하게 된 개국 이후의 근대적인 국제체제는, 사실, 신분제의 한계가 분명했던 전근대적인 지배체제에 불만을 갖고 있던 지배세력 내부의 주변부 지식인들과 지배계층에게 새로운 변화와 중심부로 진입을 꾀할 수 있는 기회이기도 하였다. 이러한 의미에서 강화도사건을 일으킨 일본이 국제법에 의거하여 강화도조약을 체결하며 대내외적으로 '조선(조선왕조)'이 중국의 속국이 아니라 주권을 가진 독립국가라고 천명한 것은 상징적인 의미를 갖는다.

무엇보다도 그것은 조선이 이제 근대적인 국제법체제, 다시 말해서 서양 근대 국제관계에 편입되었다는 것을 의미한다. 더 나아가서 기존에 조선사회를 규정하던 중화체제, 중화질서가 더 이상 절대적인 의미를 갖는 것이 아니라는 것을 의미하는 것이었다. 따라서, 이제 새로운 국제질서의 규범이 된 서양의 근대 질서와 체계를 습득하여 서양 근대의 세계화에 조응하면서 국가 주권을 지키기 위한 국가체제를 정비해야 한다는 것이었다.

이 모든 것에 대한 인식도 실질적인 준비도 부족했던 조선사회에서, 비록 강압적인 것이기는 했지만 최초의 근대적인 조약인 강화도조약을 통해서 조선이 새로운 국제체제에서 독립국가라는 것을 선언해 준 일본은, 조선반도를 호시탐탐 노리던 염려의 대상으로부터 우호적인 근린 국가로 새롭게 다가왔다. 게다가 당시 일본은 메이지유신을 통해서 서양과 같은 근대화에 성공함으로써 전근대적인 동양의 국가도 서양과 같은 근대 문명국이 될 수 있다는 것을 실증하는 존재이기도 하였다. 따라서 일본처럼 근대화하면 서세동점으로 인해서 야기된 국권상실의 국가적인 위기를 극복하고 서양의 국가들처럼 잘 사는 일본처럼 우리도 잘 살게 되리라는 기대감을 가질 수 있었다.

그러한 기대감은 새로운 국내외정세변화를 기회로 전근대적인 기성 정치체제를 개혁하여 근대적인 새로운 국가체제로 정비하고자 했던 지배세력과 지식인들에게 더욱 실질적으로 다가왔다. 약육강식의 서양 국제법체제에 대한 인식과 훈련이 부족했던 조선인들, 특히 그들에게 개국 이후 조선의 근대화를 독려하며 지도 편달하는 일본은 역사적으로 조선을 침범해오던 '왜적(倭賊)'으로써 그 진의를 의심해 보아야 할 적대적인 대상이기 보다는 우호적인 인접 국가로 다가왔다. 조미수호통상조약을 체결하면서 국제법체제에 대한 이해도 높아지고 국제법을 자주적으로 적용하기 시작하였다. 그렇지만, 약육강식의 제국주의 국제관계를 현실적으로 인식하고 국제법을 국제정치적으로 활용하는 데까지는 나가지 못하였다. 그리하여 조선의 개국을 이끈 일본의 국가적인 의도를 냉철하게 객관적으로 인식하지 못하고 우호적으로 인식하였다.

쇄국정책을 고수했던 조선은 개국하면서 대외적인 독립성과 대내적인 최고성을 양면의 날로 하는 근대 국제법체제의 주체인 국민국가의 주권을 확립하고자 하였다. 그런데 그 노력은 대외적인 독립성을 공고히 하기 위한 방안을 모색하는 것보다 정치체제를 근대적으로 개혁하여 대내적인 최고성을 확보하는 데 집중되었다. 다시 말해서 중화질서로부터 변화된 국제질서와 국가 관념을 접하며 정치체제를 근대적으로 개혁하여 국가적인 근대화를 추진함으로써 국가의 주권을 공고히 할 수 있을 것이라고 여겼다.

그와 같은 현실인식은 국가적 근대화가 곧 국가 주권을 확립하는 것이라고 본 것이었다. 국가적으로 근대화하면 일본처럼 나아가 서양의 근대 국가들처럼 근대 주권국가가 될 것이고 국가적으로 근대화되지 못하면 전근대적인 상태에서 근대적인 국가 주권을 확보하지 못하고 근대 국가들에 의해서 국권이 상실될 것이라고 본 것이었다고 할 수 있다. 이러한 현실인식은 전근대적인 정치체제를 근대적인 정치체제로 변혁하는 근대화 지향으로 현재화되었다.

현실적으로 그것은 국제정치 변화를 배경으로 한 국내 정치체제 개혁 다시 말해서 근대화를 지향하는 정치변동으로 나타났다. 근대화는 전근대적인 것으로부터 탈피하는 의미를 갖는 것이었다. 따라서 근대화를 지향한 정치변동에는 전근대적인 지배세력 내부의 통치엘리트들 뿐만 아니라 근대적 개혁을 추구하는 전통적인 지배세력 내부의 주변인이나 지식인들도 통치엘리트가 될 수 있는 기회를 찾아 적극 가담할 수 있는 것이었다. 근대적인 정치체제 개혁에 집중된 국가 주권 확립의 모색은 결국 정치체제를 근대적으로 변혁하기 위한 정치적 주도권을 장악하는 경쟁, 정권다툼으로 표출되었다.

그와 같은 사실은, 국가의 주권을 지키기 위한 대외적인 독립성을, 아편전쟁으로부터 청일전쟁에 이르기까지, 나아가 러일전쟁으로부터 보호국화에 이르기까지 일본의 행동을 국제관계 속에서 대자적으로 인식하지 못하고 일본에 의지하거나, 일본의 진의를 의심하더라도 종래 조공책봉관계에 있던 중국이나 새로이 접근해 오는 서양 강국인 미국이나 러시아와 같이 일본과 긴장 관계가 있으면서 한반도에 관심을 갖고 접근하는 또 다른 강대국의 힘을 빌어서 견제하는 방식으로 유지될 수 있을 것으로 생각했던 것으로 알 수 있다.

국가적인 위기를, 전 국가적 전 국민적인 통합을 통해서 대내적인 최고성을 공고히 함으로써 대외적인 대응력을 강화시켜 극복하려는 모습은 찾아보기 어려웠다. 지배층과 국민이 일체가 되어, 대외적인 위기에 대응할 방식을 모색하고 구축함으로써 대외적인 독립성을 유지하려는 문제의식은 상대적으로 취약했다고 하겠다. 당시 세계적으로 전개되고 있던 근대화의 실상을 제대로 파악하지 못한 채 개국하게 됨으로써 긴요해진 서양적 근대, 근대화해야 한다는 필요와 그 긴박감이 중요한 원인이었다고 할 수 있다.

전통적인 사농공상의 신분질서의식과 중화질서로부터 벗어나지 못한 상태에서 지배층의 위기의식은 개국의 국가적 위기를 야기한 서양적 근대화에 집중되어 근대화를 통해서 국가적 위기를 극복하고자 했다고 할 수 있다. 국가적 위기관리를 주도해야 할 정부와 정치체제가 잘 못하여 국가적 위기를 야기하게 되었으니 그 정치체제를 근대적으로 개혁하고 개혁된 근대적인 정치체제를 통해서 국가적인 근대화를 추진하고자 한 것이었다고 할 수 있다. 따라서 무지한 민중을 전국민적으로 일체화하여 대내외적으로 국권을 공고히 한다는 생각은 하기 어려웠다고 할 수 있다.

또한, 서양 근대 국가의 동진으로 인하여 야기된 국가적 위기의식은 강화도조약 이후 개국의 현실을 직시하며 근대화를 추진함으로써 극복해갈 수 있을 것으로 여겨졌다고 할 수 있다. 그런데 문제는, 국권 확립을 위한 근대적인 개혁 노력의 우선순위가 정치체제의 근대적 개혁에 두어졌다는 점이다. 다시 말해서, 정부의 개혁에 근대화의 우선순위가 두어짐으로써 지배세력 내의 기득권측과 정치체제 개혁을 통해서 집권하려는 지배세력 내의 비기득권측 내부적 주변인 간의 정권다툼 양상으로 전개되었다는 점이다. 전근대적인 정치체제를 서양과 같이 근대화하여 근대적인 사회적 개혁을 추진해야 한다는데 초점이 두어졌기 때문이었다. 이는 틀린 것은 아니었다고 하겠지만, 이러한 사고 자체가 넓은 의미의 지배세력과 지식인 중심의 전근대적인 정치적 사고방식이었다고 할 수 있다.

어떻게 국가와 사회를, 다시 말해서 전근대적인 우리 국가를 서양과 같은 근대 국가처럼 변화시키려면 양 자 간의 근본적인 차이는 무엇이며 그 차이를 어떻게 변화시켜야 하는지 숙고하기 보다는, 직면한 국가적 위기의식이 앞서서 눈에 보이는 표면적인 차이를 빠르게 변화시키려는 근대화에 집중했다고 할 수 있다.

여기서 더 중요한 문제는, 쇄국을 고수하다 열린 준비되지 않은 문호개방의 결과가, 국가를 개방시킨 일본의 근대화를 부러워하기에 앞서서 일본의 메이지유신이 일본의 근대화에서 갖는 의미를 숙고했는지 의문하게 한다는 점이다. 강화도조약 이후라도 일본의 메이지유신을 정치적 사회적으로 고찰했다면 지배세력 내부에서 정치적 개혁을 둘러싼 정치투쟁이 병합에 이르기까지 장기간 이루어질 수 있었을지 또한 외세에 의지한 갑신정변이 일어날 수 있었을지, 황제의 권한을 강화한 대한제국국제와 같은 것이 선포되어 성장하고 있던 자주적인 국민들의 근대적 정치운동을 해산시킬 수 있었을까.

다시 말해서, 서양 근대 국가와 일본의 근대 국가화의 경험을 공부하고 국제법체제를 대자적으로 고찰하였다면, 서양 근대 국민국가체제를 만든 국가적 경쟁력과 그것을 뒷받침하는 국민의 힘과 국민을 하나로 뭉치게 하여 중심을 잡고 이끌어 가야 할 지배세력의 지도력이 얼마나 중요한지, 어느 정도라도 고려했다면 … 대외적인 독립성을 대내적인 통합을 통한 최고성의 확립을 통해서 이루고자 했다면 과연 병합이 아닌 다른 결과가 가능했을까.

결국 준비되지 않은 개국은, 기존의 넓은 의미의 지배세력과 지식인을 포함한 지배층 내부에서 정치체제 개혁을 통해서 국가적 위기를 극복하기 위한 근대화를 추진하게 하였다. 그 결과, 근대화의 방법을 앞세운 정치권력 투쟁에 집중되어 지배세력이 분화되고, 그에 따라서 근대화의 방향은 물론이고 근대화를 통해서 지향하는 근대 국가의 상도 정립되지 못한 채 '제국'을 표방한 일본 제국주의에 의해서 병합되고 말았다. 그러므로 개국 이후 병합 이전 조선에서 정치적으로나 사회적으로 합의된 것은 근대화해야 한다는 것뿐이었다고 하겠다.

개국 이래 전개된 근대적인 정치체제 개혁을 통해서 이루고자 했던 근대 국가에 대한 상은, 새로운 정치변동의 위기 또는 기회를 만난 지배세력 내부의 주변인인 근대적 지식인들이 국권 상실의 위기를 초래한 '군권(君勸)'을 문제시하여 이를 법률로써 규제하고 그 실질적인 통치권은 새로운 근대적인 의회에서 가져야 한다는 입헌군주론으로 전개되었다. 개혁적 지식인들의 입헌군주국론에 대하여 기존의 통치엘리트와 군주는 더 이상 거스를 수 없는 시대적 요구가 된 근대적 변화 요구에 응하면서도 종래의 기득권을 고수할 수 있는 입헌군주국으로서 대한제국을 선포하였다. 그렇지만 '제국'의 내실도 국민적 동의도 이끌어내지 않고 선언되기만 한 제국의 실상은 지극히 불안정한 것이었다. 결국 근대적인 정치체제개혁을 둘러싼 국권 상실의 위기의식은 국권 상실의 위기를 해소하기에 앞서서 이루어져야 할 지배세력 내부의 통합조차 이루지 못하여, 국민통합은 물론이고 국권 상실의 방안도 정립하지 못한 채 국권이 상실되는 결과로 이어졌다.

그럼에도 불구하고 개국 이래 점진적으로 전개된 전 사회적인 근대적 변화는 다양한 근대 국가와 정치체제가 소개되고 근대적인 주권과 민권이 논의되는 가운데 피치자에 머물러 있던 한국인들이 정치적인 의식과 민권과 주권의 주체로서 정치에 참여해야 한다는 인식을 일깨워갔다. 그렇지만 애국계몽운동을 통해서 활성화된 한국인들의 근대적인 정치의식 또한 애국계몽운동을 주도한 지배세력의 근대적인 정치체제론 속에서 구체화되고 현재화되기 어려웠다.

다양한 서양 근대 국가와 정치체제 논의 속에서 근대 국민 국가관으로 집약된 근대적인 입헌군주국에 대한 요구는, 전통적인 통치엘리트에 대하여 지배세력 내부의 주변인이었던 개혁적 지식인들이 서양과 같은 근대적인 국민국가를 확립하고자 한 것이었다. 그들이 전개한 애국계몽운동을 통해서 각성시킨 피지배 민중의 정치의식을 토대로 피지배 민중이 요구가 결집된 애국적인 정치적 지원을 통해서 이루어질 것이었다.

그런데, 당시 한국사회는 서양과 같이 근대적인 사회경제적 변화가 일어나고 있지 않았다. 전통적인 지배세력 내부의 주변인이었던 개혁적 지식인들은 기성 정치체제를 개혁시킬만한 동력을 갖고 있지 못했다. 따라서 그들은 근대적인 정치체제 개혁안으로 입헌군주제를 논하면서 피지배 민중의 근대적인 의식의 각성과 근대적인 입헌군주국으로 국가체제를 변혁하기 위한 국민적 '애국심'을 역설하였다.[1] 국가주권과 인민주권이 강조되면서도 인민 개개인의 주권에 대한 것은 유보되었고 반면에 인민주권이 구현될 근대 입헌군주국 체제 정립을 위한 국민으로서의 역할이 주창되었다. 근대적인 국권을 확립하려면 근대적인 국민으로서의 정치적 관심과 국민적 애국심이 가장 중요하다는 것이었다. 정치적 지지와 지원을 받을 수 있는 사회경제적 배경이 없었던 개혁적 지식인들은 전근대적인 피지배세력을 정치적으로 동원하는 방식으로 자신들의 지지 기반을 확보하고자 하였다고 할 수 있다. 이러한 개혁적 지식인들의 근대 국가 구상에서 민중은 국권을 수호하고 확립하는데 필요한 '애국'을 통해서 근대 국민국가의 국민으로 거듭나야 할 존재였다고 할 수 있다. 자신들은 그와 같이 민중을 계몽하고 지도하는 지도자로서 '정치가'라고 자임하였다. 그들의 입헌군주국론에서 근대 국민국가의 인민주권론은 아직 구체화되어 있지 않았다.

---

1) 전상숙, "한말 신문·잡지의 언설을 통해 본 근대 서양 '사회과학' 수용의 역사정치적 성격", 진덕규 편, 『한국 사회의 근대적 전환과 서구 '사회과학'의 수용』, 선인, 2013 참조.

애국계몽운동기를 통해서 정립된 입헌군주제의 입헌군주국은, 국가적인 위기 극복을 위하여 일치단결하는 것이 우선되어야 한다는 현실적인 필요에 입각하여 국민의 권리를 국권을 공고히 한 이후의 일로 유보한 것이었다. 국권의 공고화를 위하여 국민의 권리를 유보하며 근대적 개혁을 주창한 그들은 지배세력과 지식인들, 특히 신학문인 서양 학문을 공부한 내부적 주변인들이었다. 그들은 개국 이래 국가적인 근대적 개혁을 논하고 주도하며 민중을 이끌고 계몽해가는 존재였다. 그러나 개국 이래 자각되고 있던 민중의 의식과 인식을 눈여겨보며 그들의 눈높이를 자신들이 주창하고 있는 근대적 개혁에 맞추어 계발하는 존재는 아니었다고 할 수 있다.

개국 이후 학습한 신학문 서양 근대학문을 통해서 체제개혁, 체제 근대화를 주창한 내부적 주변인들 역시 전통적인 지배세력의 일부였다. 그들의 전통적인 엘리트의식은, 국권 상실의 위기의식으로부터 병합으로 인한 국권 상실의 현실 앞에서 한계가 분명하였다. 그것은 국권수호를 위하여 피지배층의 국민으로서의 애국심을 고취하여 국민의 충성을 이끌어낼 수 있도록 지도해야 한다는 자기 선민적인 자기 제한성을 갖는 것이었다. 근대적인 주권과 인권 개념에 기초하여 피지배층 개개인의 인권과 권리의식을 고취하면서 그들과 함께 근대적인 정치체제 개혁과 근대적인 국가주권을 확립해갈 것을 상정한 것은 아니었다. 유보된 국민 개개인의 권리는 국권이 확립되고 나면 차후에 논의되고 실현될 것으로 남겨졌다.

그렇지만 일본 제국주의의 병합은, 국권의 공고화는 물론이고 국가나 국민의 권리에 대한 논의조차 불가능하게 하였다. 일제는 병합을 통해서 제국일본의 영토가 된 반도 조선의 조선인에게 '일본제국'의 국가관을 강제하였다. 그것은 병합으로 천황제 일본제국이 조선인의 국가가 되었으니 이를 받아들여서 일본천황의 '신민'으로서 그 본분을 다하라는 것이었다. 병합이전 입헌군주국론으로부터 유보되었던 국민의 권리는 이제 '제국일본'의 '신민'으로서의 임무와 의무로 대체되었다. 그리고 일본제국과는 다른 시세와 민도를 이유로 한 민족차별정책의 뒤로 밀려났다.

그러나 10년여의 무단통치에도 불구하고 폭발한 조선인들의 억눌렸던 민족 독립을 위한 항거는 일제의 병합 이후 국내외에서 모색되던 조선인들의 독립 국가 건설에 대한 의지가 대한민국임시정부의 수립을 통해서 민주공화국 건설로 정립되는 성과를 이루었다. 거족적인 3·1 민족독립운동을 계기로 하여 상해임시정부를 통해서 정립된 근대적인 공화국, 민주적 공화주의 국가 건설 구상은 한말 애국계몽운동 속에서 모색되던 국권과 국민의 주권에 대한 인식이 일본 제국주의 지배 아래서도 면면이 이어져 한층 성숙된 형태로 근대 국민국가체제의 민주공화국으로 확정된 것이었다.

비록 현실적으로는 국권이 박탈되었지만 개국 이래 전개된 근대적 변화를 경험하며 각성되어간 국민들의 정치와 주권에 대한 의식이 식민지배 아래서 각성된 민족의식과 결부되어 민족 독립과 독립 민족 국가에 대한 열망을 담아 국외에서나마 대한민국임시정부를 수립하고 그 국가의 상을 민주공화국으로 정립한 것이었다. 민족적으로 일치단결하여 국권을 회복하게 되면 대한민국에서는 개국 이후 식민지시기를 거치며 유보되었던 대한민국 국민으로서의 권리가 대한민국의 헌법을 통해서 보장될 것으로 기대된 것이었다.

그렇지만 그 목적을 달성하기 위해서는 많은 노력과 인고의 시간을 견디어 내야 했다. 무엇보다도 일본 제국주의의 제국신민화, 황민화에 대한 강제가 가장 큰 장애였다고 할 것이지만, 일본의 병합에 동참했던 조선인 일부의 일본에 대한 참정권 요구는 일본제국을 국가로 받아들이고 일본제국의 신민이 되고자 했던 것으로써 민족 내부의 분열을 확정하는 것이었다. 또한 이와는 결을 달리하지만 민족의 실력 양성이 우선되어야 한다고 하면서 전개되었던 자치운동 또한 민족의 독립과 대한민국임시정부를 통해서 달성될 대한민국이라는 한국 민족의 신국가건설을 명시하지 않음으로 인하여 민족 내부의 균열을 낳았다. 자치론자들은 조선민족의 실력 양성을 통한 독립 국가 건설을 역설하였지만, 그들의 언설은 일본 제국주의의 지배정책과 정치경제적 상황 여하에 따라서 본인들은 물론이고 논자들 사이에서 그들이 품고 있는 국가가 대한민국인지 일본제국인지 불분명한 이중적인 의미를 갖는 것이었다. 여기서 그들의 강조점은 항상 '조선 민족의 생존'에 있었다.

그런데, 식민지시기에 정치적 입장과 이데올로기를 불문하고 항일 독립의식과 독립운동의 핵심이었던 조선 민족의 생존이라고 하는 것도, 일제의 식민지배하에서 러시아혁명 이후 세계사조의 하나로 확산되며 보급된 공산주의가 수용되면서 민족문제를 보는 인식에 차이가 생겼다. 3·1독립운동 이후 민족운동의 방안을 제시하는 이념으로 수용된 공산주의는 식민지시기를 관통하며 청년운동으로부터 농민운동, 노동운동 등으로 끊임없이 전개되었다. 그리하여 한국인들의 주체적인 자아의식과 사회적인 문제의식이 제고되는데 일조하였다. 그러나 식민지라는 구조적인 제약 속에서 자유주의 민족독립운동과 정치적 타협을 통한 민족적 통합을 이루기는 어려웠다. 결과적으로 대한민국임시정부의 수립을 통해서 민족적 통합을 이루고 독립 민족국가의 상으로 정립되었던 민주공화국이라는 근대 국가관을 같이 하면서도 그 지향하는 이념의 차이로 조선 민족 내부에 균열이 초래되었다. 그리고 그것은 독립 민족국가의 상으로 정립된 '민주공화국'을 건설하기 위한 방법의 차이로 전개되어 식민지시기 항일민족운동과 해방 이후 국가건설로 이어졌다.

민족문제를 둘러싼 이념적 균열은 항일 민족 독립과 독립 민족 국가 건설을 위한 방법 곧 총체적인 국가건설관의 차이로 직결되어 대한민국임시정부를 통해서 정립된 민주공화국의 민주공화정의 형태와 내용을 균열시키는 것이었다. 또한 병합이후에도 면면히 이어진 국권회복 방안의 모색과 더불어서 조선 민족 개개인을 민족국가의 국민 주권의 주체로 육성하여 그들과 함께 독립 국가를 건설하고자 했던 노력이 모아져 일정한 성과를 이루지 못하게 되는 중요한 요인이 되었다. 그리하여 결국 해소되고 만 신간회와 같이 정치적으로 민족을 지도할 단일당, 단일조직조차 국내에 부재한 가운데 일제의 패전으로 주어진 해방 상황에서 우선되어야 할 것은 이념적 균열을 해소하고 민족의 통합을 이루는 것이었다. 그러나 주어진 해방과 동시에 맞이하게 된 국제적인 냉전의 구도는 38선을 기준으로 한 미·소 군의 분할 점령으로 이어져 결국 분단체제로 전개되었다. 또한 주어진 해방과 국제적인 냉전은 식민지시기 상해에서 일부 민족지도자들이 중심이 되어 수립한 대한민국임시정부의 정통성이 국제법을 근거로 부정되는 결과를 낳았다.

병합 이래 일본 제국주의는 조선인에 대한 일체의 사회적, 정치적인 활동을 통제하면서 일본제국의 신민화, 황민화를 총체적으로 강제하였다. 특히 일본어를 중심으로 한 교육제도를 통해서 조선인의 사고를 일본국민으로 정신적으로 개조하고자 주력하였다. 조선인 일반의 항일 독립에 대한 의지와 민족적 저항의식은 끊이지 않았지만, 교육을 통해서 이루어진 '제국'을 표방한 일본 제국주의 치하의 계서적이고 권위적인 신민화와 전 사회적인 근대적 변화가 자주적으로 근대적인 의식을 계발할 수 없었던 조선인들이 근대적인 자아를 형성하는데 얼마나 영향을 미쳤을지는 실질적으로 가늠하기 어렵다.

특히 일제의 교육제도와 정책은, 메이지유신 이후 독일형 국가학을 채용하여 국가주의적 국가관과 신민관을 제도화하고 이를 다시 민족적 차별정책을 통해서 식민지 조선에서 조선인들에게 주입시켰다. 그것이, 병합이전부터 전근대적인 계서적인 사회질서 속에서 생활했던 조선인들에게 미친 영향이 얼마나 컸을지 상상도 하기 어렵다. 일제가 강제한 신민화, 황민화 교육이, 한국인들이 대한민국임시정부의 민주공화정을 통해서 구현될 독립 이후의 근대 국가와 국민을 상정하고 기대하는데 어떤 영향을 얼마나 미쳤을지도 알 수 없다.

분명한 것은, 일본 제국주의의 병합 이전, 국가 주권 확립을 위한 근대화의 모색이 균열되고, 그로 인해서 근대적인 국가의 상이 정립되지 못한 채일제에 병합되었다는 것이다. 따라서 식민 지배 아래에서 식민지 민족의 독립과 더불어서 근대 독립 민족국가의 상도 동시에 모색하고 실현해가야만 했다는 것이다. 그나마도 러시아혁명 이후 공산주의가 유입되면서 민족 문제에 대한 인식의 차이가 민족 독립의 방법 및 국가건설론과 결부되어 민족 내부의 균열이 야기되었다. 그 결과 대한민국임시정부를 통해서 정립되었던 독립국가의 상인 민주공화국의 수립 또한 그 구체화를 위한 방법에 영향을 받지 않을 수 없게 되었다.

그러한 상황에서 맞이하게 된 민족의 해방은 민족에게 해방을 부여한 국제세력의 냉전과 맞물려 민족이 이데올로기적으로 분단되는 상황에 처하게 하였다. 그리하여 1945년 8월 15일 민족의 해방은 곧바로 대한민국의 수립으로 직결되지 못하였다. 그리고 3년여의 미군정기를 거친 후 1948년 8월 15일에도 한반도 전체를 포괄하는 대한민국의 수립이 아니라, 한반도 전체를 포괄할 대한민국을 전망하며 38선 이남을 대상으로 한 대한민국 정부의 수립으로 귀결되고 말았다. 1919년 3·1운동을 통해서 거족적으로 분출된 민족 독립과 독립 민족 국가 건설의 열망을 담은 대한민국임시정부의 민주 공화국 건설은, 일본 제국주의의 지배로부터 스스로 독립하지 못하고 일본 제국주의의 패전으로 인하여 맞이하게 된 해방과 함께 국제적인 냉전구조와 맞물린 분단구조 속에서, 독립운동과정에서 분화되었던 이념적 균열을 극복할 여지도 없이 미·소 군의 분할 점령과 직결되어 38선을 중심으로 남한과 북한에서 각기 다른 방식으로 통일 민주공화국을 전망하는 정부의 수립으로 귀결되었다.

분단체제에서 한국인들은 1919년 3·1독립운동과 대한민국임시정부의 수립을 통해서 정립되었던 민주공화국 대한민국의 국가를 발전시켜왔다. 냉전이 와해된 후 남·북한은 모두 국제관계에서 각각 하나의 주권을 갖는 주체로서 유엔에 가입하였다. 이러한 현실은 해방정국에서 주창된 한민족의 '자유'를 위한 '완전한 독립'의 의미를 역사정치적 되돌아보게 한다. 또한 식민지시기를 거쳐 비록 스스로 독립한 것은 아니었지만 3·1운동이라는 거족적인 민족독립의지를 응집하여 대한민국임시정부를 수립하고 민주공화국이라는 근대 국가 건설의 의지를 결집시켰던 역사적인 의미를 지금까지 대한민국헌법을 통해서 지키고자한 1948년 8월 15일 당시의 초심을 재음미해보아야 할 필요를 제기한다. 한반도를 터전으로 역사와 문화를 이루며 살아온 한민족 공동체의 삶과 생활은 식민지배에도 불구하고 계속되어 현재에 이르고 있다. 한반도를 생활권으로 하는 한민족 공동체 구성원의 내용이 변화되고 생활 양상이 바뀌었다고 해서 그 역사가 바뀌는 것은 아니다. 오히려 현재의 문제를 진단하고 보다 낳은 통합과 진보를 향하여 반면교사가 되는 교훈적 의미를 갖는다. 식민지시기 한반도의 한민족의 역사를 부정하지 않는다면, 3·1운동의 역사적 의미와 그 결과 수립된 대한민국임시정부의 민족적 정통성과 역사적 의미를 부정하지 않는다면, 이제 우리가 가꾸어온 대한민국 국가관을 총체적으로 재고하고 정비해야 할 것이다. 민주공화국의 인민주권 문제는 물론이고 국민적 통합의 문제와 더불어 남·북 통일문제를 포함한 남북관계를 정립하고 민족 인식 또한 총체적으로 민주공화국 대한민국의 국가상을 충실하게 현재화하는 방향으로 국가적 국민적 차원에서 논하고 정립해야 할 것이다.

참고문헌

『개벽』, 『교남교육회잡지』, 『공수학보』, 『기호흥학회월보』, 『낙동친목회학보』, 『대동학회월보』, 『대한매일신보』, 『대한자강회월보』, 『대한협회회보』, 『대한흥학보』, 『독립신문』, 『동명』, 『동아일보』, 『법정학계』, 『법학협회회보』, 『서우학회월보』, 『소년한반도』, 『야뢰』, 『조선일보』, 『현대평론』, 『조양보』, 『친목』, 『친목회회보』, 『태극학보』, 『호남학보』, 『한반도』, 『한성순보』, 『한성주보』, 『황성신문』.

강동국, 「근대한국의 국민/인종/민족 개념」, 하영선 외, 『근대 한국의 사회과학 개념 형성사』, 창작과비평사, 2009.
강동진, 『일제의 한국침략정책사』, 한길사, 1980.
강동진, 『일본근대사』, 한길사, 1985.
강동진, 『일본 언론계와 조선 1910~1945』, 지식산업사, 1987.
강만길, 「독립운동과정의 민족국가건설론」, 강만길·송건호 편, 『한국민족주의론』 I, 창작과비평사, 1982.
강상규, 『19세기 동아시아의 패러다임 변환과 제국 일본』, 논형, 2007.
고모리 요이치(小森陽一), 송태욱 역, 『1945년 8월 15일, 천황 히로히토는 이렇게 말하였다』, 뿌리와이파리, 2004.
고의준, 「余의 新國家觀」, 『시사평론』 5, 1922.
권태억, 「동화정책론」, 『역사학보』 172, 2001.
권태억, 「1920, 30년대 일제의 동화정책론」, 『한국사론』 53, 2007.
권태억, 「1910년대 일제의 조선 동화론과 동화정책」, 『한국문화』 44, 2008.
김경태, 「1925년의 소·일 협약과 소련의 조선정책」, 한국정신문화연구원, 『한국사학』 13, 1993.
김근수, 「문화정치 표방시대의 잡지 개관」, 『한국 잡지개관 및 호별 목차집』, 중앙대학교 영신아카데미 한국학연구소, 1973.
김기봉, 「국가란 무엇인가 : 개념사적 고찰」, 『서양사론』 82, 2004.
김도형, 『대한제국기의 정치사상연구』, 지식산업사, 1994.
김동명, 「15년전쟁 하 일본제국주의의 식민지 지배체제의 전개 : 식민지 참정권부여문제를 중심으로」, 『일본학』 20, 2001.

김동명, 「일제하 '동화형협력'운동의 논리와 전개 : 최린의 자치운동의 모색과 좌절」, 『한일관계사연구』 21, 2004.

김동명, 『지배와 저항, 그리고 협력 : 식민지 조선에서의 일본제국주의와 조선인의 정치운동』, 경인문화사, 2006.

김동택, 「근대 국민과 국가개념의 수용에 관한 연구」, 『대동문화연구』 41, 2002.

김동택, 「'독립신문'의 근대국가 건설론」, 『사회과학연구』 12-2, 2004.

김상연 강술, 『헌법』, 1908.

김상회, 「如似히 하야 我社會를 復活하라」, 『시사평론』 6, 1922.

김세민, 『한국근대와 만국공법』, 경인문화사, 2002.

금세정, 「판례를 통해 본 보안법과 제령 제7호」, 『批判』, 1931. 5.

김승화, 「三 · 一運動 前夜의 國際政勢」, 『偉大한 러씨야 社會主義 十月革命 三十二週年 紀念 朝鮮民族解放 鬪爭史』, 김일성 종합대학, 1949.

김용구, 『만국공법』, 소화, 2008.

김영모, 『한국 지배층 연구』, 일조각, 1982.

김종식, 「미래의 '국민'과 '공민' 사이」, 『일본사연구』 20, 2004.

김종식, 「공민교육을 통한 근대 일본 국민상의 모색 : 1924년 실업보습학교의 '공민과' 설립을 중심으로」, 『동양사학연구』 114, 2011.

김준엽 · 김창순, 『한국공산주의운동사』 2, 청계연구소, 1986.

김운태, 『일본제국주의의 한국통치』, 박영사, 1986.

김창록, 「근대 일본헌법사상의 형성」, 『법사학연구』 12, 1991.

김학음, 「時事小言」, 『시사평론』 2-2, 1923.

김 환, 「국민협회의 본령」, 『시사평론』 341, 1927.

김효전, 『근대 한국의 국가사상』, 철학과 현실사, 2000.

김효전, 『헌법』, 소화, 2009.

나진 · 김상연 역술, 『국가학』, 민족문화, 1986 영인.

나카바야시 히로카즈(仲林裕員), 「1910년대 조선총독부의 통치논리와 교육정책 : '동화'의 의미와 '제국신민'화의 전략」, 『한국사연구』 161, 2013.

다치바나 다카시(立花隆), 박충석 역, 『일본공산당사』, 고려원, 1985.

동선희, 「동광회의 조직과 성격에 관한 연구」, 『역사와현실』 50, 2003.

동아일보사 편, 『三一運動 50周年 記念論集』, 1969. 3.

리차드 H. 미첼, 김윤식 역, 『일제의 사상통제 – 사상전향과 그 법체계 – 』, 일지사, 1982.

마쓰다 도시히코(松田利彦), 「일본 육군의 중국대륙침략과 조선(1910~1915)」, 권태억 외, 『한국 근대사회와 문화 Ⅱ: 1910년대 식민통치정책과 한국사회의 변화』, 서울대학교출판부, 2005.

마츠다 도시히코,『일제시기 참정권문제와 조선인』, 김인덕 역, 국학자료원, 2005.

마틴 카노이, 김태일·이재덕·한기범 옮김,『국가와 정치이론 : 현대자본주의국가와 계급』, 한울, 1985.

문승익,「한국정치학의 정립문제 : 정치이론의 경우」,『한국정치학회보』3, 1979.

민족문제연구소 편,『日帝下 戰時體制期 政策史料 叢書』, 한국학술정보, 2000.

바이·비른봄 외, 최장집·정해구 편역,『국가형성론의 역사』, 얼음사, 1987.

박명규,『국민, 인민, 시민』, 소화, 2009.

박상섭,「근대 주권 개념의 발전과정」,『세계정치』25-1, 2004.

박상섭,『국가·주권』, 소화, 2008.

박상섭,「한국 국가 개념의 전통 연구」,『개념과소통』창간호, 2008.

박종린,「1920년대 전반기 사회주의사상의 수용과 물산장려논쟁」,『역사와현실』47, 2003.

박찬승,「일제하의 자치운동과 그 성격」,『역사와현실』2, 1989.

박찬승,『한국근대정치사상사연구』, 역사비평사, 1992.

박찬승,「항일운동기 부르주아민족주의 세력의 신국가 건설구상」,『대동문화연구』27, 1992.

박찬승,「20세기 한국 국가주의의 기원」,『한국사연구』, 2002.

박찬승,『민족·민족주의』, 소화, 2010.

방광석,『근대일본의 국가체제 확립과정 : 이토 히로부미와 '제국헌법체제'』, 2009.

방기중,『한국 근현대사상사 연구』, 역사비평사, 1992.

방기중,「1930년대 물산장려운동과 민족·자본주의 경제사상」,『동방학지』115, 2002.

배성룡,「朝鮮社會運動의 史的 考察」,『開闢』, 통권 제67호, 1926.

백남운,「조선자치운동에 대한 사회학적 고찰」,『현대평론』, 1927. 1.

백동현,「대한협회계열의 보호국체제에 대한 인식과 정당정치론」,『한국사상사학』30, 2008.

백동현,『대한제국기 민족담론과 국가구상』, 고려대 민족문화연구원, 2009.

사공표,「朝鮮의 情勢와 朝鮮공산주의자의 當面任務」,『레닌주의』제1호, 1929. 5. 5.

서중석,「일제시기 민족국가 건설운동」,『한국현대민족운동연구』, 역사비평사, 1991.

서중석,『현대한국민족운동연구』, 역사비평사, 1993, pp.75~83.

스즈키 게이후(鈴木敬夫),『법을 통한 조선식민지 지배에 관한 연구』, 고려대학교 민족문화연구소, 1989.

신귀현,「서양 철학의 전래와 수용」,『한국문화사상대계』제2권, 영남대 민족문화연구소, 2000.

신용하,『독립협회연구』, 일조각, 1976.

신용하,「19세기 한국의 근대국가 형성문제와 입헌공화국 수립운동」,『한국의 근대국가형성과 민족문제』, 문학과지성사, 1986.

신일용,「춘원의 민족개조론을 평함」,『신생활』7, 1922. 7.

왕현종, 「대한제국기 입헌논의와 근대국가론」, 『한국문화』 29, 2002.

왕현종, 『한국 근대국가의 형성과 갑오개혁』, 역사비평사, 2003.

안용준, 「개화기 서구정치학의 도입에 관한 연구」, 경남대학교 대학원 박사학위논문, 1999.

안홍선, 「식민지시기 중등학교의 '국민성' 양성 교육 연구 : 일본어, 수신과, 공민과 교과서
     분석을 중심으로」, 『한국교육사학』 37-3, 2015.

야마무로 신이치(山室信一), 「일본의 아시아주의와 아시아 學知」, 『대동문화연구』 50, 2005.

에릭 홉스봄, 『제국의시대』, 김동택 역, 한길사, 1998.

엘리아스, 『문명화과정』 II, 한길사, 1999.

연세대학교 사회과학대학 국가론연구회, 『한국에 있어서의 국가와 사회』, 한울, 1986.

요시자와 세이이치로, 『애국주의의 형성』, 정지호 옮김, 논형, 2006.

우남숙, 「한국 근대사에서의 사회진화론 수용 양식 : 장지연, 박은식, 신채호를 중심으로」,
     『한국정치외교사논총』 21-1, 1999.

우남숙, 「한국 근대 국가론의 이론적 원형에 관한 연구 : 블룬츨리(J.K. Bluntschli)와 양계
     초의 유기체국가론을 중심으로」, 『한국정치외교사논총』 22-1, 2000.

유길준, 『정치학』.

유길준, 『서유견문』, 1895.

유영렬, 「대한자강회의 애국계몽사상과 운동」, 『대한제국기의 민족운동』, 일조각, 1997.

이광린, 『한국 개화사의 제문제』, 일조각, 1986.

이광린, 「한성순보와 한성주보에 대한 일고찰」, 『역사학보』 38, 1968.

이균영, 『신간회연구』, 역사비평사, 1993.

이기준, 『한말 서구경제학 도입사 연구』, 일조각, 1985.

이수룡, 「한성순보에 나타난 개화·부강론과 그 성격」, 『손보기박사정년기념한국사학논총』,
     지식산업사, 1988.

이리에 아키라(入江昭), 이성환 옮김, 『일본의 외교』, 푸른산, 1993.

이삼성, 「'제국' 개념과 19세기 일본」, 『국제정치논총』 51-1, 2011.

이삼성, 「제국과 식민지에서의 '제국'」, 『국제정치논총』 52-4, 2012.

이성시, 「黑板勝美(구로이타 가쯔미)를 통해 본 식민지와 역사학」, 『한국문화』 23, 1999.

이시다 다케시, 『일본의 사회과학』, 소화, 2003.

이원순, 「明淸來 西學書의 韓國思想史的 意義」, 『한국 천주교회 논문선집』 11, 1979.

이원순, 「조선 후기 실학지성의 서양교회론」, 『교회사연구』 2, 1979.

이원순, 「조선실학지식인의 한역 서학지리서 이해」, 『조선시대사논총』, 느티나무, 1992.

임경석, 「일제하 공산주의자들의 국가건설론」, 『대동문화연구』 27, 1992.

임종국, 『일제하의 사상탄압』, 평화출판사, 1985.

이태진 편, 『일본의 대한제국 강점』까지 ; 이상찬, 「을사조약과 병합조약은 성립하지 않

았다」, 『역사비평』 1, 1995.

이태진, 「규장각 중국본 도서와 集玉齋 도서」, 『민족문화논총』 6, 1996.

이태진, 「서양 근대 정치제도 수용의 역사적 성찰 – 개항에서 광무개혁까지 –」, 『진단학보』 84, 1997.

이한기, 「한국 및 일본의 개국과 국제법」, 『학술원논문법 인문사회과학편』 19, 1980.

이현종, 「대한협회에 관한 연구」, 『아세아연구』 13-3, 1970.

전상숙, 「일제 전향정책의 성격 : 본국과 식민지 한국의 비교」, 『한국정치외교사논총』 24-1, 2002.

전상숙, 「물산장려논쟁을 통해서 본 민족주의 세력의 이념적 편차」, 『역사와현실』 47, 2003.

전상숙, 『일제시기 한국 사회주의 지식인 연구』, 지식산업사, 2004.

전상숙, 「일제 군부파시즘체제와 '식민지 파시즘'」, 『동방학지』 124, 2004.

전상숙, "제1차 세계대전 이후 국제질서의 재편과 민족 지도자들의 대외 인식", 『한국정치외교사논총』 26-1, 2004.

전상숙, 「일제 파시즘기 사상통제정책과 전향」, 『한국정치학회보』 39-3, 2005.

전상숙, 「파리강화회의와 약소민족의 독립문제」, 『한국근현대사연구』 제50집, 2009.

전상숙, 「'조선특수성'론과 조선 식민지배의 실제」, 신용하 외, 『식민지 근대화론에 대한 비판적 성찰』, 나남, 2009 참조.

전상숙, 「세계대전기 대한민국임시정부 외교활동의 현재적 고찰」, 고정휴 외, 『대한민국임시정부의 현대사적 성찰』, 나남, 2010.

전상숙, 「일제하 한국 민족주의와 사회주의의 접합 : 한국 민족주의의 한 특성」, 금인숙·문상석·전상숙, 『한국민족주의의 이념체계』, 이화학술원, 2010.

전상숙, 「친미와 반미의 이념갈등 : '반미'를 통해 본 이념갈등의 역사적 기원과 구조」, 『동양정치사상사』 10-1, 2011.

전상숙, 『조선총독정치연구 : 조선총독의 '상대적 자율성'과 일본의 한국지배정책 특질』, 지식산업사, 2012.

전상숙, 「근대 '사회과학'의 동아시아 수용과 메이지 일본 '사회과학'의 특질 : 블룬칠리 국가학 수용을 중심으로」, 『이화사학연구』 44, 2012.

전상숙, 「유교 지식인의 '근대' 인식과 서구 '사회과학'의 이해」, 『사회이론』 42, 2012.

전상숙, 「한말 '민권' 인식을 통해 본 한국 사회의 '개인'과 '사회' 인식에 대한 원형적 고찰 : 한말 사회과학적 언설에 나타난 '인민'관과 '민권' 인식을 중심으로」, 『한국정치외교사논총』 33-2, 2012.

전상숙, 「한말 신문·잡지 언설을 통해 본 근대 서양 '사회과학' 수용의 역사정치적 성격 : 한국 초기 '사회과학' 형성의 문제의식과 특성」, 『담론201』 15-1, 2012.

전상숙, 「한말 신문·잡지의 언설을 통해 본 근대 서양 '사회과학' 수용의 역사정치적 성격」,

진덕규 편, 『한국 사회의 근대적 전환과 서구 '사회과학'의 수용』, 선인, 2013 참조.

전상숙, 「한국 식민지시기 전후의 연속성 속에서 본 한·일 독도문제의 역사성과 정치적 함의」, 이원덕 외, 『한일공문서를 통해 본 독도』, 동북아역사재단, 2013.

전상숙·노상균, 「병합 이전 한국 정부의 근대적 교육체제 개혁과 관학」, 『동양정치사상사』 12-1, 2013.

전상숙·김영명, 「전통적 공동체 의식의 변화와 근대 '민족' 인식의 형성 : 민족 개념 형성의 계기들」, 진덕규 편, 『한국 사회의 근대적 전환과 서구 '사회과학'의 수용』, 선인, 2013.

전상숙, 「근대적 전환기 일본의 '아시아연대론'에 대한 한국의 인지적 대응 : 국권 인식을 중심으로」, 『동아연구』 33-2, 2014.

전상숙, 「한국인' 정치 참여 부재와 조선총독부의 관학(官學)을 통한 사회과학의 전개 : 관학 대 반(反)관학, 이항대립관계의 구조화」, 『한국정치외교사논총』 37-1, 2015.

전상숙, 「식민지시기 정치와 정치학 : '한국인' 정치 참여 부재의 정치학」, 『사회와역사』 110, 2016.

정연태, 「조선총독 데라우치(寺內正毅)의 한국관과 식민통치 : 점진적 민족동화론과 민족차별 폭압정책의 이중성」, 권태억 외, 『한국 근대사회와 문화 II : 1910년대 식민통치정책과 한국사회의 변화』, 서울대학교출판부, 2005.

정재철, 『일제의 대한국식민지교육정책사』, 일지사, 1985.

정옥자, 「紳士遊覽團考」, 『역사학보』 27, 1965, pp.534~535 ; 김영모, 『조선지배층연구』, 일조각, 1981.

정준영, 「1910년대 조선총독부의 식민지교육정책과 미션스쿨 : 중·고등교육의 경우」, 『사회와역사』 72, 2006.

조경란, 「진화론의 중국적 수용과 역사인식의 전환 : 엄복, 양계초, 노신을 중심으로」, 성균관대학 철학과 박사학위논문, 1995.

조동걸, 『한국민족주의의 발전과 독립운동사연구』, 지식산업사, 1993.

조성구 강술, 『憲法』, 발행처 불명, 1908.

주진오, 「19세기 후반 개화 개혁론의 구조와 전개 - 독립협회를 중심으로 -」, 연세대학교 대학원 박사학위 논문, 1995.

지승준, 「1924~5년 '각파유지연맹'의 정치적 성격」, 『사학연구』 105, 2012.

최창익, 「조선 무산계급운동」, 『偉大한 러씨야 社會主義 十月革命 三十二週年 紀念 朝鮮民族解放 鬪爭史』, 김일성 종합대학, 1949.

최정운, 「서구 권력의 도입」, 하영선 외(2009).

최종고, 『한국의 서양법수용사』, 박영사, 1982.

최종고, 『한국법학사』, 박영사, 1990.

카야노 도시히토, 김은주 역, 『국가란 무엇인가 : 국가의 본질에 대한 역사적 고찰』, 산
　　　눈, 2010.

하라다 도모히토(原田智仁), 「일본 시민성교육의 계보와 사회과의 과제」, 『사회과교육연
　　　구』 19-4, 2012.

한국사회사연구회 편, 『한국의 근대국가형성과 민족문제』, 문학과지성사, 1986.

한국정치학회 편, 『현대한국정치와 국가』, 법문사, 1987.

해롤드 J. 라스키, 김영국 역, 『국가란 무엇인가』, 두레, 1983.

홍인숙·정출헌, 「대한자강회월보'의 운동성과 지향 연구」, 『동양한문학연구』 30, 2010.

R. Koselleck, 한철 옮김, 『지나간 미래』, 문학동네, 1998.

姜德相 編, 『現代史資料 (三·一運動編 1)』, 精興社, 1967.

姜德相·梶村樹水 編, 『現代史資料』, みすず書房, 1982.

國民總力朝鮮聯盟防衛指導部, "內鮮一體ノ理念及其現方策要綱", 1941. 6.

國民總力朝鮮聯盟 編, 『朝鮮に於ける國民總力運動史』, 1945.

國民協會宣傳部 編, 『國民協會運動史』, 1931.

堀尾輝久, 『天皇制國家と敎育 : 近代日本敎育思想史硏究』, 靑木書店, 1987.

鎌塚扶, 「朝鮮に於ける公民科要目に就て」, 『文敎の朝鮮』, 1933. 2.

吉村忠典, 「'帝國'という槪念について」, 『史學雜誌』 108篇3號, 1999.

大江志乃夫, 「植民地戰爭と總督府の成立」, 『岩波講座 近代日本と植民地 4 統合と支配の論
　　　理』, 岩波書店, 1992.

吉村忠典, 『古代ローマ帝國の硏究』, 岩派書店, 2003.

關屋貞三郎, 「朝鮮人敎育に就きて」, 『朝鮮敎育硏究會雜誌』 45, 1919. 6.

金洛年, 『日本帝國主義下の朝鮮經營』, 東京大學出版會, 2002.

內務省文部省訓令, 「靑年團體の健全發達に資すへき要項」, 1918. 5. 3.

渡部學·阿部洋 編, 『日本植民地敎育政策史料集成 : 朝鮮篇』 16, 淸溪書舍, 1991.

朴慶植 編, 『朝鮮問題資料叢書』, アジア問題硏究所, 1982.

渡邊浩, 『東アジアの王權と思想』, 東京大學出版會, 1997.

渡辺治, 「日本帝國主義の支配構造 : 1920年代における天皇制國家秩序再成の意義と限界」,
　　　『民衆の生活·文化と變革主體』(『歷史學硏究』 別冊特輯), 1982. 11.

都丸泰助, 『地方自治制度史論』, 新日本出版社, 1982.

朴慶植 編, 『朝鮮問題資料叢書』 7, アジア問題硏究所, 1982.

蠟山政道, 「現代國家の職能問題」, 吉野作造 編, 『小野塚敎授在職二五年紀念政治學硏究 第
　　　一卷』, 1927.

蠟山政道, 『日本に於ける近代政治學の發達』, 實業之日本社版, 1949.

綠旗聯盟 編, 『朝鮮思想界槪觀』, 綠旗日本文化研究所, 1939.

鹿島平和研究所 編, 『日本外交史』15, 鹿島平和研究所出版會, 1970.

武藤秀太郎, 『近代日本の社會科學と東アジア』, 雲山會, 2009.

牧原憲夫, 『民權と憲法』, 岩波書店, 2006.

木村正義, 「公民教育總論」, 文部省實業學務局 編, 『公民教育講義集 第1輯』, 實業補習教育
　　　研究會, 1924.

閔元植 外, 「衆議院選擧ヲ朝鮮ニ施行ノ件」, 『帝國議會衆議院請願文書表報告』902, 1920.

本山幸彦, 『明治國家の敎育思想』, 京都 : 思文閣出版, 1998.

北河賢三, 『戰爭と知識人』, 山川出版社, 2003.

松田利彦, 「朝鮮總督府秘書課長と'文化政治'」, 『日本の朝鮮, 臺灣支配と植民地官僚』, 國際
　　　日本文化研究センタ, 2007.

矢內原忠雄, 『植民及植民政策』, 有斐閣, 1926.

我妻榮 編, 『舊法令集』, 東京 : 有斐閣, 1968.

阿部洋, 「舊韓末의 日本留學－資料的 考察」(1), (2), (3), 『韓』 3-5, 1974.

柳原前光, 「朝鮮論稿」, 1870, 『日本近代思想大系 12 對外觀』, 岩波書店.

山本四郎 編, 『寺內正毅關係文書－首相以前』, 京都女子大學出版部, 1984.

西尾實·岩淵悅太郎·水谷靜夫 編, 『岩波國語辭典』, 岩波書店, 1993.

石關敬三, 「國防國家論と國體明徵」, 早稻田大學社會學研究所·プレ·ファシズム研究部會
　　　編, 『日本のファシズム-形成期の研究－』, 早稻田大學出版部, 1970.

釋尾旭邦, 「總督政治の方針を論ず」, 『朝鮮』 32, 1910.10.

釋尾東邦, 『韓國倂合史』, 朝鮮及滿洲社, 1926.

小林道彦, 『日本の大陸政策 1895~1914』, 東京 : 南窓社, 1996.

小野寺史郎, 「近代中國の國家問題－淸末から北京政府期を中心に－」, 『中國哲學研究』 24,
　　　2009.

小熊英二, 『'日本人'の境界』, 新曜社, 1998.

松菊公傳記編纂委員會 編, 『松菊木戸公傳』上, 1927, 明治書院.

松下芳男, 『日本軍閥の興亡』 2, 人物往來社, 1967.

水野鍊太郎, 「地方制度改正の要旨」, 『朝鮮』, 1920. 8.

我妻榮 編, 『舊法令集』, 有斐閣, 1968.

安川壽之輔, 『福澤諭吉のアジア認識』, 高文研, 2000.

鈴木武雄, 『大陸兵站基地論解說』, 綠旗聯盟, 1939.

鈴木正幸, 「植民地領有と憲法體制」, 日本史研究會 編, 『日本史講座 9 : 近代の轉換』, 東京
　　　大學出版會, 2005.

永井亨, 「危險思想の解剖－國體觀念の正解－」, 『警務彙報』 306, 1931.

外務省 編, 『日本外交年表竝主要文書 上』, 原書房, 1965.

宇垣一成, 『宇垣一成日記』 2, みすず書房, 1970.

有賀長雄, 『保護國論』, 早稻田大學出版部, 1906.

原奎一郎 編, 『原敬日記』 第3卷, 福村出版, 1965.

有馬學, 「大正でもくらし' 再檢討新射程」, 和田春秋 外編, 『東あじあ近現代史 4 : 社會主義となしょないずむ』, 岩波書店, 2011.

長田彰文, 『日本の朝鮮統治と國際關契―朝鮮獨立運動とアメリカ 1910~1922』, 平凡社, 2005.

井上清, 『日本の軍國主義 : 軍國主義の展開と沒落』 III, 現代評論社, 1975.

井上勳, 「開國と近代國家の成立」, 『近代日本思想史』, 有斐閣雙書, 1980.

齋藤實, 『齋藤實文書』 2, 고려서림, 1999.

齊藤榮治 編, 『高等法院檢事長訓示通牒類纂』, 1942

糟谷憲一, 「朝鮮總督府の文化政治」, 『近代日本と植民地』 2, 岩波書店, 1992.

朝鮮總督府, 『朝鮮總督府編纂敎科書槪要』, 朝鮮總督府, 1917.

朝鮮總督府警務局, 『朝鮮治安狀況(鮮內)』, 1922.

朝鮮總督府, 「我等學校」, 『高等普通學校修身書』 第1 第1課, 1923.

朝鮮總督府 朝鮮軍司令部, 『不逞鮮人ニ關スル基礎的研究』, 1924.

朝鮮總督府, 『治安槪況』, 1925.

朝鮮總督府, 「朝鮮の群衆」, 『村上智順調査資料』 16, 1926.

朝鮮總督府警務局 編, 『最近における朝鮮治安狀況』, 1938.

朝鮮總督府, 『朝鮮總督府時局對策調査會諮問答申書』, 1938.

朝鮮總督府, 『朝鮮總督府時局對策調査會會議錄』, 1938.

朝鮮總督府, 『施政30年史』, 1940.

朝鮮總督府 高等法院檢事局思想部, 『思想月報』, 『思想彙報』.

朝鮮總督府, 『朝鮮總督府官報』, 『朝鮮總督府施政年報』

村崎滿, 「保安法(光武11年法律第2號)の史的素描」, 『司法協會雜誌』 第22卷 第11號, 1943.

竹內泰宗, 「國家主義立脚公民敎育」, 朝鮮初等敎育硏究會, 『朝鮮敎育硏究』, 1933.

沖田行司, 『日本近代敎育の思想史硏究 : 國際化の思想系譜』, 東京大學出版會, 2007.

池田克, 『治安維持法』, 日本評論社, 1938.

陳培豊, 『同化'の同床異夢』, 2001.

倉知鐵吉, 『倉知鐵吉氏述韓國倂合ノ經緯』, 外務省調査部第四課, 1939.

千葉了, 「朝鮮の現在及將來」, 『朝鮮統治問題論文集』 第1集, 京城, 1929.

泉二新態, 「改正治安維持法」, 『司法協會雜誌』, 1930. 8.

靑柳綱太郎, 『總督政治史論』, 京城新聞社, 1928.

春山明哲・若林正丈, 『日本植民地主義の政治的展開 1895~1934 : その統治體制と臺灣の民族運動』, 財團法人アジア政經學會, 1980.

片上宗二, 「公民科」, 『新教育大辭典』 第3卷, 1990.

八尋生男, 『朝鮮に於ける農家更生運動』, 1934.

黑田甲子郎, 『元帥寺內伯爵傳』, 元帥寺內伯爵傳記編纂所, 1920.

Ball, Terence, Farr, James and Hanson L., Russell. (eds.), *Political Innovation and Conceptual Change,* Cambridge : Cambridge Univ. Press, 1989.

Burbank, Jane and Cooper, Frederick, *Empires in World History : Power and the Politics of Difference.* Princeton, N.J. : Princeton University Press, 2010.

Davis, Horace B., *Nationalism and Socialism : Marxist and Labor Theories of Nationalism to 1917,* New York : Monthly Review Press, 1967.

Doyle, Michael W. *Empires,* Ithaca : Cornell University Press, 1986.

Elman R. Service, *Origins of the State and Civilization,* New York : Norton, 1975.

Yasuhiro, Okudaira, "Some Preparatory Notes for the Study of the Peace Preservation Law in Prewar Japan", *Annals of the Institute of Social Science,* Number 14, 1973.

찾아보기

전상숙(田上俶)

이화여자대학교 정치외교학과 졸업
이화여자대학교 대학원 박사
현재 연세대학교 국가관리연구원 연구교수

주요 저서
- 『일제시기 한국 사회주의 지식인 연구』, 지식산업사, 2004.
- 『조선총독정치연구: 조선총독의 '상대적 자율성'과 일본의 한국지배정책 특질』, 지식산업사, 2012 외.